大学入試がわかる本

大学入試がわかる本

改革を議論するための基礎知識

中村高康【編】

岩波書店

序章　これからの入試改革論議に必要なこと

中村高康（東京大学）

●入試改革の「三つの躓《つまず》き」を受けて、改革の理念そのものが問われるべき局面に。
●教育現場や専門研究者の知見を整理して、議論の土台づくりを。

一　入試改革の挫折とその背景

二〇二〇年八月、文部科学省（以下、文科省）は、大学入試改革の一つの柱である「主体性評価」のための情報システム「JAPAN e-Portfolio」の運営をする教育情報管理機構に対して、運営許可を取り消すことを決定しました。報道によれば、実に一八万人もの高校生らが利用していたシステムだということで、急に梯子《はしご》を外されたような形となり、その影響が懸念されています。

これ自体が本来あってはならない、驚くべきニュースなのですが、多くの高校・大学・予備校等の教育関係者には、既視感があったのも事実です。それは、こうした突然の入試制度の変更（梯子外し）が、この一年あまりの間に繰り返されてきたからです。文科省が定める大学入試の基本ルールである「令和三年度大学入学者選抜実施要項」では、「個別学力検査及び大学入学共通テストにおいて課す教科・科目の変更等が入学志願者の準備に大きな影響を及ぼす場合には、二年程度前には予告・公表する。その他の変更についても、入学志願者保護の観点から可能な限り早期の周知に努める」とされています。いわゆる「二年前ルール」というものです。受験生にしてみれば、どのような試験が行われるのかの概要があらかじめわかっていなければ準備に支障がでるでしょうし精神的にも不安ですので、その程度の周知期間の確保が必要だと判断されているわけです。その点で、試験開始まで二年もない時期になされた突然の変更は、一つだけでもそれ自体が驚くべきニュースなのですが、それが何度も繰り返されたということなのです。

最初の躓きは、二〇二一年度入学者の選抜から実施される大学入学共通テストにおける英語民間試験導入の計画でした。「読む・聞く・書く・話す」の英語四技能をバランスよく育むという観点から、とりわけスピーキングのテストをすることが強調され、既存の民間の資格検定試験を活用することが盛り込まれました。しかしながら、複数の民間試験の成績をどのように公平に比較できるのか、受験生に余計な金銭的負担がかかるのではないか、裕福な受験生や都市部の受験生ほど何度も受けられるなどの不公平が生じるのではないか、民間の試験運営団体が公的教育課程に沿った試験を適切にやってくれるのか、障害者にも十分配慮してくれるのか、そもそも試験の質は確保されるのか等々、非常に多くの問題点が教育現場や英語の専門家・研究者から厳しく指摘され、最終的に二〇一九年一一月一日に延期が決定されました。それは英語民間試験の成績を大学に提供するための「共通ＩＤ」の発行申込が始まることになっていた一一月一日当日という、ほんとうにギリギリの決定でした[1]。

二つ目の躓きは、同じく大学入学共通テストに導入予定だった数学・国語の記述式問題です。こちらも高校教育課程で重視されることになっている「学力の三要素」(「知識・技能」「思考力・判断力・表現力」「主体性を持って多様な人々と協働して学ぶ態度」)[2]を大学入試に反映させることを目的として導入が目指されました。数学・国語の記述式問題はその中で、従来のセンター試験では十分でないとされた「思考力・判断力・表現力」を補うものとして構想されました。しかしながら、これも専門家や教育現場からの厳しい批判にさらされました。例えば、多くの大学ではすでに記述式の問題を課した入試を行っているのになぜやるのか、五〇万人もの受験生が受ける試験で記述式を導入したら採点が間に合わないのではないか、採点を間に合わせるためにいい加減な採点方式が採用されたり採点経験のない人にも採点業務を大量に割り当てたりすることになるのではないか、あるいは採点しやすい記述式問題しか出題できず多額の財政支出をともなう割に本来の目的を果たせないのではないか、自己採点がしにくく国公立大学の出願に影響してしまうのではないか、そもそも記述式でなければ思考力や判断力を測れないという前提がおかしく、これまでのセンター試験でもそれらは測れていたのではないか等々、非常に多くの批判がなされました。結局のところ、二〇一九年一二月に実施が見送られることになりました。試験実施までおよそ一年あまりの時期のことです。

そして冒頭に挙げたJAPAN e-Portfolioの運営許可取り消しが三つ目の躓きになります。これも学力の三要素の三番目「主体性を持って多様な人々と協働して学ぶ態度」を大学入試に全面的に導入するものとして計画されました。ポイントは第Ⅱ部4章で解説されていますのでここでは詳細は触れません。ただ、少しだけ述べておくと、「主体性」そのものの評価にはいろいろな立場がありえますが、「主体性」をあらゆる選抜方式で評価しようとすると、高校生活全般を受験に結びつけてしまうおそれがあります（中村 二〇二〇）。そもそも「主体性」のみを切り離して評価しようとすること自体が理にかなっているのかという疑問もよく指摘されています。また、大学側が膨大な受験生の学習・活動記録を入手したところで、どうやって評価するのか目処《めど》が立たなかったというケースもあったでしょう。データ漏洩のニュースが絶えない昨今、受験生の個人情報管理に対する懸念もありました。結果として、JAPAN e-Portfolio を運営する教育情報管理機構は、参画大学の少なさにともなう財政難を主因として運営許可を取り消されることになりました。

では、なぜこのように次々と改革プラン、それも改革の目玉とされていた三つのプランすべてが挫折していくことになったのでしょうか。政治的、財政的、社会的なさまざまな事情はあると思います。ただ、一つ言えることは、学力の三要素に代表されるような机上の理念を制度に直接反映させようとしすぎた結果、現実との乖離《かいり》がはなはだしくなってしまったという面が多分にあると思われます。たびたび批判されてきたように、教育現場や研究者からの知見や批判を十分にフィードバックさせることなく制度実現に強引に突っ走ったような様相です。ただ、私は今般の入試改革の失敗を政治家や文科省のみに帰責することには、若干ためらいがあります。それは、私たち自身が、途中の段階まで改革に対するブレーキをかけきれなかったり、あるいは問題点に気づくのが遅れてしまったということが、暴走を許す環境にもなっていたと思われるからです。これは私の自己反省でもあります。

そこで、これだけの失敗を目の当たりにしてしまったいま、私たちが反省的に議論すべきことは二つあると考えられます。一つは、原点に戻って「改革の理念そのものが本当に妥当だったのか」を再度検討してみることであり、そしてもう一つは、十分に専門家や教育現場の知見・意見を整理して、議論の土台を構築しなおすことなのです。本書の目的は、主に後者にありますが、両者は密接に関連しています。この序章ではこの二つの点について、少し議論をしておきたいと思います。

二　改革の「理念」を問う

いま「机上の理念」と言いましたが、そもそも改革の理念そのものが妥当であったのか、私は疑問に思っています。改革を唱える答申の類いには決まって「これからの時代に必要な○○」が述べられます。ややもすると我々自身、しごくもっともな言い回しのスローガン（例えば「主体性を持って多様な人々と協働して学ぶ態度」）を唱えられると、「そうなればいいなあ」と素直に同意しがちです。今般の改革批判の議論においても、「理念はいいのだけれど、やり方がねえ……」という形の批判をたびたび耳にしました。しかし、変化の激しい時代であればあるほど、「これからの時代に必要な○○」など簡単にはわからないものです。ですので、そのような未来予知的な言説についてはいったん冷静に疑ってかかるのが、真っ当な思考のあり方だと思います。そうした作業を、私自身は拙著『暴走する能力主義』において組み込んできましたし（中村 二〇一八）、こうした作業はぜひ継続する必要があります。ＯＥＣＤが現代に必要な主要な能力として提唱した「キー・コンピテンシー」を育てていけば未来は安泰《あんたい》なのかどうか、流行の「非認知能力」の育成が現状を打破することになるのかどうか、「二一世紀型スキル」は本当に二一世紀固有のスキルなのかどうか。少し考えてみれば、いずれも抽象的であいまいな、それでいてかねてから十分検討・実践されてきた能力やスキルが、言葉だけすり替えられて繰り返し唱えられていることがわかるはずです。能力をめぐる議論は答えがないだけに堂々めぐりしがちな性質があり、現代においてはそうした再帰性（中村 二〇一八）がこれまで以上に高まっていきます。その点を踏まえずに安易に理念に追従していくのは、今回の入試改革の失敗のように相当のリスクをともなうと考えるべきでしょう。

ここでは、改革の理念となってきたものをいくつか例として取り上げて、論じてみましょう。

私自身がこれまで問題として取り上げてきた改革理念の一つに、「知識偏重」「知識の暗記・再生」批判があります。「現状の高等学校教育、大学教育、大学入学者選抜は、知識の暗記・再生に偏りがちで、思考力・判断力・表現力や、主体性を持って多様な人々と協働する態度など、真の「学力」が十分に育成・評価されていない」（中央教育審議会平成二六年一二月二二日答申、三頁）というのがその典型ですが、例えば、高校も大学も「知識の暗記・再生」に偏りがちだと言われて「その通り」とうなずく教員はどれだけいるでしょうか。「知識」が大切であることは当然としても、そればかりに偏っているとの認識は逆に著しくリアリティを欠いているように私には思われます。高校でも当然、思考や主体性を引き出すようなさまざまな授業実践が日々行われているわけですし、大学でもゼミや卒業論文、実験・実習などは大きな比重を占める教育・学習形態ですが、到底「知識の暗記・再生」とは言えません。大学入試に関しても、いわゆるペーパーテストを中心としない推薦入試（学校推薦型選抜）やＡＯ入試（総合型選抜）は、私立大学では入学者の過半数です。国公立大学でも長期的には増えてきていますし、一般入試（一般選抜）でも知識の暗記だけでは対応できない応用問題や記述問題が大量に出題されています。先の答申は果たしていつの時代、どの大学の入試をイメージしてこのように記載したのでしょうか。私には、一見未来を志向しているように見えながら、実は五〇年前の大学入試批判とさして変わらないアナクロニズムが感じられます。それを無批判に受け入れてしまっていないかどうか、私たち自身の認識も問われているのではないかと思います。

もう一つ、私がしばしば批判的に取り上げる教育理念があります。それは、「多様な人材を得るために多様な選抜方法を導入する」という主張です。これも高大接続改革を提言した答申を参照すると、「既存の「大学入試」と「公平性」に関する意識を改革し、年齢、性別、国籍、文化、障害の有無、地域の違い、家庭環境等の多様な背景を持つ一人ひとりが、高等学校までに積み上げてきた多様な力を、多様な方法で「公正」に評価し選抜するという意識に立たなければならない」（中央教育審議会平成二六年一二月二二日答申、八頁）とあります。画一的な従来の選抜方法では、多様な背景をもつ人たちの力を測れないという前提です。従来の方法を画一的だと断罪することの妥当性も問わねばなりませんが、それは百歩譲るとしましょう。たしかに外国籍の人や障害のある人の受験にはこれまで配慮が十分だったとは言えないかもしれません。が、一般論として、多様性を得るためには多様な方法が必要だというロジックは必ずしも妥当ではありません。わかりやすい例で、一科目入試と五科目入試を考えてみましょう。一科目入試、例えば数学だけで合否が決まる入試を考えた場合、数学で高得点を取ることさえできれば、他の科目はまったくできなくても合格できます。一方、多様な受験科目を課す五科目入試では、数学がどんなに高得点でも、他の科目ができなければ不合格になりやすくなります。つまり、一科目入試よりも多様な科目を課した五科目入試のほうが、「数学だけ突出した能力をもつ受験生」は排除されやすくなるのです。これは入学者の多様性を高めたことになるのでしょうか。必ずしもそうとは言えないでしょう。つまり、選抜方法を多様にしたからといって、合格する人の層が多様化するとは限らないわけです。こうしたところにも落とし穴が潜んでいるということに十分注意しなければなりません。

なお、理念の問題を反省的に考える上で、もう一つだけ重要なポイントを付け加えたいと思います。それは私たちの社会が抱え込んでいる選抜の構造を十分踏まえて改革を構想しなければならないのに、いたずらに文脈の違う事例や外国のケースを参照して、現状の大学入試制度の遅れや歪みを指摘するような言説についてです。

そうした議論の中で典型的に多いのが、欧米の選抜システムを参照するケースです。

例えば、昔からドイツやフランスでは、それぞれアビトゥーアとバカロレアという中等教育修了試験が大学入学資格試験を兼ねており、これに合格すれば希望の大学に自由に入学できる、と紹介されてきました。日本の厳しい受験競争と比べてうらやましい、と思った人も多かったことでしょう。しかしながら、その背後にはそれぞれの社会の選抜構造があります。

ドイツでは伝統的に中等教育の初期から進路が振り分けられる分岐システムをとっており、また、日本のように生徒が難なく毎年トコロテン式に進級するとは限らず留年がめずらしくないシステムだとも言われています。その意味では日本よりずっと早期に、厳然たる選抜構造が仕込まれていると見ることもできるわけです。

フランスもドイツと同様に、中等教育段階までの留年が日本に比べて圧倒的に多いと言われています。また、フランスの場合はバカロレア合格後にさらなる厳しいエリート選抜システムをもっています。それはグランゼコールと呼ばれる専門的高等教育機関です。フランスのエリートや支配層の多くを、このグランゼコール出身者が占めています。ここに入学するためには実はバカロレアで好成績を収め、なおかつグランゼコール準備級でしっかり受験勉強した上で、さらにグランゼコールの過酷な入試に合格する必要があるのです(3)。

アメリカもしばしば、理想的な大学入学者選抜をしているように喧伝されてきました。例えば、アメリカの多くの大学が利用している共通テストであるSATやACTは年に複数回の試験があり、何度受験してもよく、その中で一番良い成績の結果を使えるとされています。これを見て「日本も共通テストで複数回受験を」と色めき立つ人がすぐ出てくる(実際に今回の高大接続改革の初期の案には入っていました)のですが、本書第Ⅱ部1章、第Ⅲ部4章で検討されているように、それを考えるには日本の現行の選抜システムの状況を踏まえた丁寧な考察が本来必要です。外国の制度を右から左にそのままもってきてすぐにうまくいくわけではありません。専門的な視点からの丁寧な検討が不可欠なのです。また、しばしばハーバード大学をはじめとする有名私立大学の入学者選抜方法が取り上げられ、テストのスコアに限定されない多様な資料を用いて時間をかけた丁寧な選抜が理想視されて語られてきました。日本のAO入試と言われているものは、アメリカの大学にある Admissions Office(入試事務局)による丁寧な選抜をイメージしてネーミングされているわけです。しかしながら、アメリカに比べて圧倒的に財務能力の劣る日本の大学では、専門性の高い専従職員を多数抱えたアメリカ並みの入試事務局を用意すること自体が非常に困難です。必然的に日本では教授たちが研究と教育の合間に駆り出されて資料を検討したり面接したり、という形になります。また、多様な資料や方法を用いた選抜が、そもそも日本で紹介されるような理想を追求した結果として導入されたわけではありません。アメリカでは二〇世紀初頭にユダヤ人移民により大学キャンパスに増えたユダヤ人学生の数を抑制するための方法として――いまからいえば差別の方便として――、多様な方法が用いられるようになったともいわれているのです(岩田 一九九一、北 二〇〇九など)。あらゆる点でアメリカの方法が進んでいると思い込みすぎないほうがよいのです。さらにいえば、アメリカでは転学も日本より頻繁であり、専門分野を変更して大学院に進むこともよくあります。つまり、高校卒業後にすぐ大学に入る時点での選抜が、必ずしも決定的なものではないということも重要です。大学院への進学歴も将来のキャリアを左右する大きな要素になりえますし、ここでも選抜の焦点は大学入学時点に必ずしも集中していないのです。

社会の選抜構造はそれぞれの社会における教育システム全体の制度的構造や職業キャリア上の選抜の仕組みとも連動しており、大学入試のところだけを弄《いじく》ってそれですべてがうまくいくわけではありません。私たちは、理想の選抜方法を語るときに、しばしばこうした現実の状況を棚上げして語りがちです。しかし、大学入学者選抜の有効な改善を目指すのであれば、こうした現実を踏まえた上での構想が必要となってくるのです。そのためには、さまざまな分野の専門家の知識を総動員する必要があります。そして、それこそ本書で概説しようとしていることなのです。

三　大学入試制度を考えるために必要な基本領域

先ほど述べた通り、現在の大学入試制度を構想するにあたっては、社会の選抜システムの構造や特性を理解する必要があります。そして、そうした構造や特性はしばしば歴史に刻印されたものになります。したがって、私たちは何よりもまず、大学入学者選抜をめぐる歴史を踏まえる必要があるのです。それが、本書第Ⅰ部「歴史と現状」です。

日本の大学入試制度の歴史については、すでに多くの参照すべき研究がなされていますが（増田ほか 一九六一、天野 一九八三、佐々木 一九八四、竹内 一九九一など）、それらの研究を見ても、やはり戦前期から多くの改革がなされてきたことがわかっています。とりわけ、現代の大学入試にあたる旧制高等学校の入試については、厳しい競争試験があったことや似たような改革が繰り返されてきたことなどが指摘されています。そのあたりの実情を、教育史の、とりわけ選抜制度の歴史に通暁している吉野剛弘氏に解説してもらいました(4)。

また、戦後日本の大学入学者選抜の歴史的変遷については、私自身も一部研究の対象としてきましたが、その経験則から、大きく二つの流れを押さえることで全体がイメージしやすくなるとの感触を得ています。具体的には、共通試験の歴史と入試多様化の歴史です。この二つが両輪のように回っていき、ときには相互に影響を及ぼしながら進行してきて、現在に至るのです。前者については、戦後日本の最初の共通試験である「進学適性検査」に関する研究実績のある腰越滋氏に、後者については、入試多様化をめぐる政策に詳しい木村拓也氏に執筆をお願いしました。

続く第Ⅱ部「試験と選抜のあり方」では、具体的な選抜方法についての重要論点を章ごとに説明しています。最初に取り上げるのは、複数回入試についてです。「一発勝負の入学試験」の比重は現在かなり低下しているのは先ほど述べた通りですが、それでも日本の大学入試のイメージとしてはなおも存在感があります。しかし一方で、試験日に風邪をひくのではないか、たまたま調子が出ない日にあたるのではないかなど、一斉試験のストレスは受験生にとって決して好ましいものではありません。そこでそのストレスを緩和する一つのアイデアとして複数回入試が出てきます。しかし、これを真剣に検討するためには、テスト理論と呼ばれる専門分野の知見が必要になります。本書では、テスト理論の専門家で『テストは何を測るのか』(二〇一七)の著者でもある光永悠彦氏にそのあたりを専門的観点から論じてもらいました。

同様に、今回の入試改革で話題となった記述式の問題についても、専門的な検討・研究がすでになされていますが、残念なことにそれが十分に参照されていません。ここでも、テスト理論の観点から記述式や論文形式のテストについて研究実績のある宇佐美慧氏に解説をしてもらうことにしました。

また、現代においてはペーパーテストになじまない側面を入試に取り入れることも多くなっていますが、そのための方法についての議論もいろいろあります。とりわけ、今回の大学入試改革で話題となった英語のスピーキングについては、実際のテスト開発を行っている研究者もいます。羽藤由美氏にはその立場から、英語のスピーキング試験の現状と課題を整理・考察してもらいました。そのほかにペーパーテスト以外の方法としてメジャーなものは、調査書を用いた選抜と面接試験です。前者については、現在調査書や活動記録を電子化して入試に活用しようとする動きが活発化しており、その一つが冒頭に述べたJAPAN e-Portfolioでした。さまざまな論点を含む選抜方法ですが、電子メディアの問題を含む広範な社会的視点から論じてもらうために、この章は教育社会学者の大多和直樹氏にお願いしました。面接試験については、大学入試の問題に造詣が深く面接についての研究もされている西郡大氏に説明をしてもらいました。

第Ⅲ部「高校から大学へ」では、高校と大学の接点に関わる問題群を解説します。今回の大学入試改革が「高大接続改革」の一環であったことからわかるように、大学入試は高校と大学の接点をなすものです。そのためには、高校教育との関係をどうしても考えざるをえません。

まずここで取り上げるのは教育課程との関係です。今回の大学入試改革は、先ほど「学力の三要素」の説明をした通り、従来にも増して高校教育課程との対応関係が強く意識されています。したがって、これまでの教育改革全体の経緯や教育課程の変遷、そしてどのような教育方針が求められているのかを見通せる視点を確保する必要があります。ここでは、『アクティブラーニング』(二〇一八)の著書があり、教育政策や教育課程、教育方法の歴史と選抜の問題いずれにも明るい小針誠氏に執筆をお願いしました。

続いて、高校教育や受験生への悪影響を最小限にするために行われている実務面・実際面でのさまざまな配慮についても私たちは理解をしておく必要があります。実際、大学入試センターでは毎年非常に丁寧な問題作りや試験運営が行われています。どれほどの配慮が実際になされるべきであるのかの現状のスタンダードを理解することは、なんらかの改革を進める上でも必須のことがらです。この点に関しては、大学入試センターの副所長を経験し、入試研究のみならず実務面の問題にも詳しい大塚雄作氏に解説してもらうことにしました。

また、今回の入試改革には、大学入試を変えることで高校教育の中身を変えるきっかけとする意図が明確にありました。高校生の学習を、政策意図通りに進めてもらうのに入試を活用するというアイデアです。私個人はそうした考え方に賛同はしませんが、ここではそうした立場はさておき、この問題に客観的な調査データから迫った研究が比較的最近上梓《じょうし》されました。山村滋・濱中淳子・立脇洋介『大学入試改革は高校生の学習行動を変えるか』(二〇一九)がそれです。その研究成果をもとに、入試改革が高校生の学習をどう変えるのかを山村滋氏に論じてもらいました。

さらに、これまでの入試改革を見ても、試験日程は高校教育への配慮からできるだけ年度の後ろに行われるように規制がなされてきました。そこには高校教育側の学事日程をめぐる現実を踏まえることが入試制度には不可欠であることが示されています。この問題については、現役の高等学校長である杉山剛士氏に実情を論じてもらうことにしました。

第Ⅲ部の最後には、高大接続問題の全体像を俯瞰《ふかん》する立場から、大学入試制度研究および高大接続論の第一人者である荒井克弘氏に論点の整理をお願いしました。荒井氏が早い段階で提起した高大接続論は現在でも関係者が参照すべき重要な論点を含んでいます(荒井・橋本編著 二〇〇五)。

最後に、第Ⅳ部「多様な入試」では、これまでの諸議論から零《こぼ》れ落ちてしまいがちな、それでいて大学入試制度全体を考える上でも必要なポイントとなる部分に光を当てる趣旨で、四つの問題に触れています。中でも、決して見落としてはいけない論点として、障害のある受験生への配慮の問題があります。英語のスピーキングテスト導入にしても、記述式の問題の導入にしても、あるいは設問内に図や絵を織り込んで考察させるような問題を出す場合でも、あらゆる試験でさまざまな障害をもつ受験生への対応が必要です。改革はそうした配慮とセットでなされなければなりません。本書ではこの問題に詳しい近藤武夫氏に解説をしてもらっています。

また、これも見落とされがちですが、日本には附属の高等学校等からの内部推薦でそのまま大学に進学できるシステムがかなり拡がっています。入試改革の議論ではこの部分が取り上げられることはほとんどありませんが、日本社会の中ではそれなりに認知度の高い進学ルートでもあります。そこで、この問題に関して研究実績のある村山詩帆氏に現状と課題を論じてもらいました。

そのほか、入試制度の議論をするときにしばしば忘れられがちなのが、特殊な専門的領域につながる進学ルートの存在です。具体的には、体育系大学・学部への推薦入学、および芸術系大学・学部への進学などの問題です。政府の審議会答申などで学力の三要素や英語スピーキングをすべての受験生に求めようとする姿勢を見るにつけても、こうした多様な専門性に対してどれだけイメージがなされているのか疑問です。程度の差はありますが、それぞれの大学・学部では、各専門分野の特性に応じて入試に課す内容や選抜方法を選んでいるという基本的認識があれば、あそこまで一律に方法を統一しようという発想は出てこないようにさえ思われます。そうした思考を相対化する意味でも、特殊な専門内容を含んだこの最後の二章は貴重です。それぞれについて、専門的に研究している栗山靖弘氏、喜始照宣氏に解説をお願いしました。

大学入試に関して「わかる」ためには、もちろん本書で用意した領域だけで十分なわけではありません[5]。しかし、本書を通読していただくことで、大学入試の問題に関する基本的な認識をもっていただけるように内容を構成しました。今後の大学入試に関する議論では、本書の内容が十分に踏まえられた対話がなされることを期待します。

注

(1) 英語民間試験導入をめぐる問題点については、南風原編(二〇一八)、阿部(二〇一七)、鳥飼(二〇一八)などにわかりやすく説明されています。

(2) 学校教育法では、(1)基礎的な知識及び技能、(2)思考力、判断力、表現力その他の能力、(3)主体的に学習に取り組む態度、という形で表現されています(第三〇条二項)。一方、新学習指導要領では、「資質・能力の三つの柱」と言い換えられ、(1)知識及び技能、(2)思考力・判断力・表現力など、(3)学びに向かう力、人間性など、とされます。微妙に表現が推移している理由はわかりませんが、いずれにしても三つの要素を重視して大学入試も改革しようとしていることには変わりありません。

(3) 二〇〇九年のOECD国際学力調査で同時に実施された生徒アンケート調査のデータによれば、ドイツの留年経験率は二一・四%、フランスのそれは三六・九%という数値があります。同じ調査項目に対して日本は〇・〇%であり、教育システムの構造自体の違いが相当に大きいことが示唆されます(OECD 2010)。

(4) 吉野(二〇一九)を参照。

(5) 二〇二一年一月に実施される予定の大学入学共通テストは、第一日程と第二日程および特例追試用の日程が発表されました。新型コロナウイルス感染拡大による高校等の学習のおくれを考慮してのものですが、これもさまざまな問題点が指摘されています。本書ではこの問題を大きく扱うことはできませんでしたが、いずれこの施策についても検証が必要になると思われます。

参考文献

阿部公彦 二〇一七、『史上最悪の英語政策――ウソだらけの「四技能」看板』ひつじ書房。
天野郁夫 一九八三、『試験の社会史――近代日本の試験・教育・社会』東京大学出版会。
荒井克弘・橋本昭彦編著 二〇〇五、『高校と大学の接続――入試選抜から教育接続へ』玉川大学出版部。
岩田弘三 一九九一、「アメリカにおける大学入学者選抜方法多様化の歴史的背景」『大学研究』七、一〇九―一二八頁。
北美幸 二〇〇九、『半開きの〈黄金の扉〉――アメリカ・ユダヤ人と高等教育』法政大学出版局。

小針誠 二〇一八、『アクティブラーニング——学校教育の理想と現実』講談社現代新書。
佐々木享 一九八四、『大学入試制度』大月書店。
竹内洋 一九九一、『立志・苦学・出世——受験生の社会史』講談社現代新書。
鳥飼玖美子 二〇一八、『英語教育の危機』ちくま新書。
中村高康 二〇二〇、「生活全部が「受験」になる…大学入試改革「主体性評価」の危うさ——高校生活の「受験従属システム化」」『現代ビジネス』二〇二〇年三月一五日(https://gendai.ismedia.jp/articles/-/71054)。
中村高康 二〇一八、『暴走する能力主義——教育と現代社会の病理』ちくま新書。
南風原朝和編 二〇一八、『検証 迷走する英語入試——スピーキング導入と民間委託』岩波ブックレット。
増田幸一・徳山正人・斎藤寛治郎 一九六一、『入学試験制度史研究』東洋館出版社。
光永悠彦 二〇一七、『テストは何を測るのか——項目反応理論の考え方』ナカニシヤ出版。
山村滋・濱中淳子・立脇洋介 二〇一九、『大学入試改革は高校生の学習行動を変えるか——首都圏一〇校パネル調査による実証分析』ミネルヴァ書房。
吉野剛弘 二〇一九、『近代日本における「受験」の成立——「資格」試験から「選抜」試験へ』ミネルヴァ書房。
OECD 2010, *PISA 2009 Results: What Makes a School Successful?—Resources, Policies and Practices (Volume IV)*. http://dx.doi.org/10.1787/9789264091559-en

目　次

Ⅱ　試験と選抜のあり方

Ⅳ　多様な入試

I 歴史と現状

1　入試の試みと失敗史

吉野剛弘
（埼玉学園大学）

●戦前期において、教育機関の整備が進むにつれ入試制度改革は繰り返された。
●学校間格差への対策不足と学力一辺倒の入試スタイルは、戦後にもちこされた。

はじめに

本章では、戦前期の入学試験、特に旧制高等学校の入学試験の歴史を振り返ることで、一〇〇年も前からさまざまな入試制度改革が試みられ、また挫折してきたことを見ていきます。はるか昔に行われたさまざまな改革の中には、その後に似たような改革が実行に移されるものがありますので、過去の失敗に学ぶことは決して少なくありません。

本章で主に扱うのは、旧制「高等学校」の入学試験です。旧制「大学」の入学試験ではないのには、二つの理由があります。第一に、旧制高等学校に入るということは、帝国大学への切符を手に入れることであり、ここがまさしく登竜門だったからです。戦前には、帝国大学以外にも大学はありましたが（帝国大学以外の大学が法的に認められるのは、一九一八（大正七）年のことですが）。しかし、その大学にも序列はあり、帝国大学はその頂点でした。一部の帝国大学には入学試験がありましたが、定員を超過しなければ実施しないという程度のもので、文科系学部では大幅に定員超過しない限り、入学試験は実施されませんでした。東京と京都以外の帝国大学では定員超過は珍しく、一部の帝国大学は高等学校卒業者で定員を満たすことができないため、予科を設置してそこから入学者を受け入れたり、高等学校以外からの入学者を認めたりしました。旧制高等学校の定員は帝国大学の定員に見合うように設定されていたので、定員超過を一部の帝国大学が認める以上、定員を満たせない大学も出ていました。

第二に、旧制高等学校の入学試験は、他の学校と異なり、全国規模で入試制度が定められたからです。高等学校と同じ程度の学校に大学予科と専門学校がありますが、これらの学校の入学試験は個々の学校で決めています。現在の大学入試制度にみられるような大規模な制度改革をともなう入学試験を実施していたのは、高等学校だけだったのです。

本章では、二つの点から戦前期の入学試験を概観していくことにします。第一に、入試制度改革の歴史を時系列で追っていきます。いわゆる筆答試験を中心とした一発勝負の試験が旧制高等学校の入学試験のメインストリームです。まずはそこを追っていきます。

第二に、いくつかの特徴的な試みについて触れていきます。実は旧制高等学校は試験一発の方式のみをとっていたわけではありません。時期としては長くはないのですが、無試験で入れる方式を採用していたこともあります。さらには、大正後期以降の旧制高等学校は、中学校第四学年を修了した段階で入学することが可能になりましたが、この改革は中学校教育に影響を与えてしまいます。メインストリームを概観した上で、このようないくつかの特徴的な試みを見ていくことにしましょう。

本論に入る前に、一つだけ注意しておくべき点があります。旧制高等学校の受験者は、現代人からするとびっくりするほど現実的な選択をしません。先述したように、高等学校に入りさえすれば帝国大学への切符を手にできるというのに、どこの高等学校でもよいから入ってしまえと考える受験生は多くありません。多くの受験生にとっての憧れは、東京にある第一高等学校（以下、第○高等学校は「○高」と表記）です。自分の進路を定めつつ、模擬試験の偏差値などを見て、志望校を決めていく現代の受験生とはだいぶ趣が異なります。

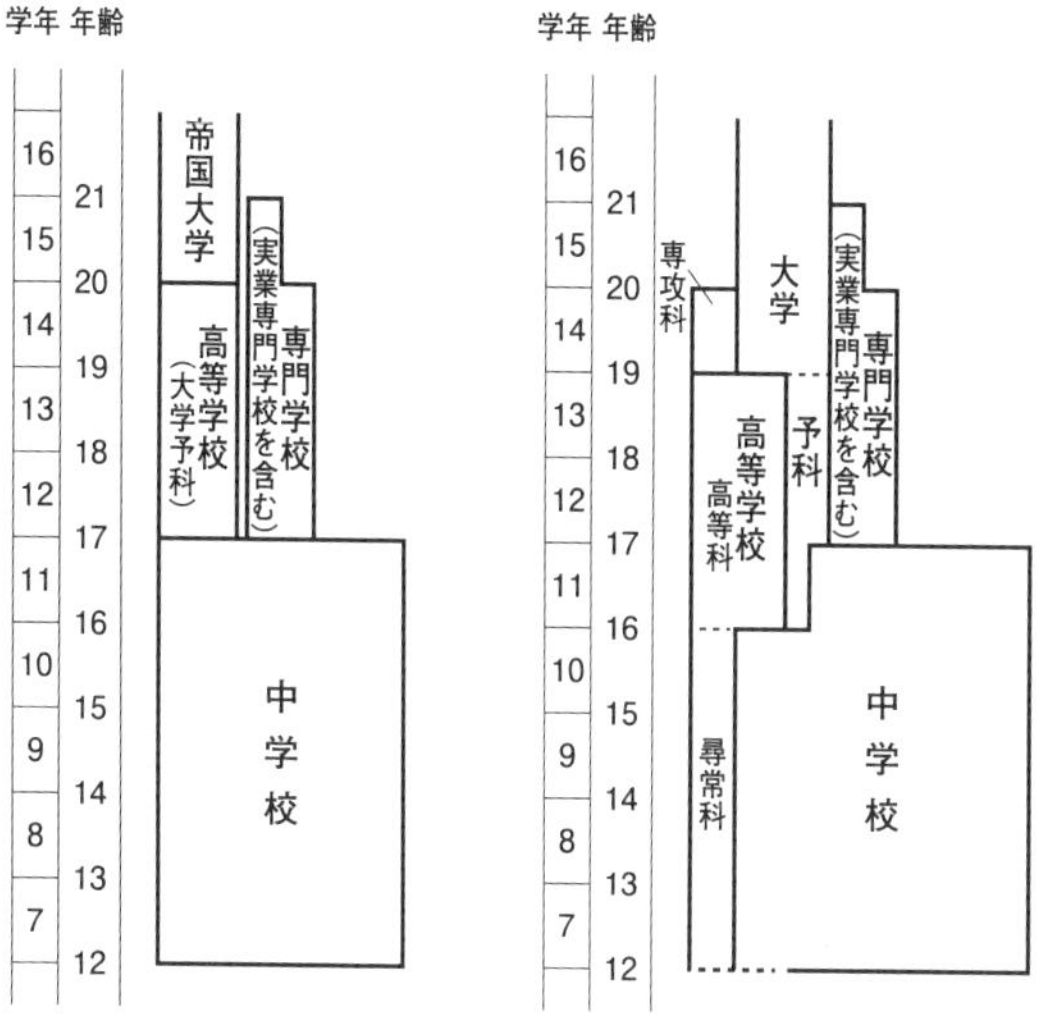

明治41（1908）年　大正10（1921）年

図　戦前の学校系統図（本章で扱う範囲に限る）

　もちろん旧制高等学校の受験生も、どのような分野に進みたいかはある程度は決めていました。一九一八（大正七）年までは帝国大学のどの分科大学（学部のようなもの）に進みたいかによって部類を選択し、一九一九（大正八）年以降は受験時に文科か理科かを決めなければなりません。しかし、部類ないし文理の別さえ決めれば、あとはひたすら上を目指して邁進《まいしん》するのみです。

　しかし、それは当然という側面もありま

す。当時の大学進学率はいまと比べ物にならないほど低いのです（現代と直接比較することはできませんが、数パーセントと思ってよいです）。つまり、一握りのエリートたちが挑むものが旧制高等学校の入学試験だったのです。

一　入試制度改革の歩み

(1)　明治前期の入学試験

一八七七（明治一〇）年に成立した東京大学が、日本で最初の大学です（私学にはもっと古い沿革をもつものがありますが、法令上は大学ではなかったことは先に触れた通りです）。近代化を急いだ日本には、文部省以外の省が設置した高等教育機関もありました。それらの機関の入学試験は、いまの入学試験とは異なるものでした。

明治政府は、まずは初等教育機関の整備に力を注いだので、中等教育機関や高等教育機関の整備は後手に回りました。既存の教育機関のいくつかを統合して東京大学というものをとりあえず作りましたが、中等教育機関の整備はさらに遅れました。つまり、大学はあるものの、そこに入学する学力を身に付けさせるための機関が非常に貧弱だったのです。

そのような状況だったので、入学試験は「資格」として機能するものでした。その学校での学習に堪える学力、具体的にはお雇い外国人が教授する学校での学習に堪える能力を確認するのが入学試験です。一方、受験生からすれば、在学して学習を進めていくのに必要な学力水準を示すものとして機能していました。

この状況は、明治二〇年代の前半くらいまで続きます。一八八六(明治一九)年に東京大学は帝国大学になり、その入学者を供給すべく全国七カ所(第一から第五(東京、仙台、京都、金沢、熊本)、山口と鹿児島)に高等中学校が設置されました。制度上は初等教育から帝国大学まで間断なく教育機関がつながったのです。しかし、その高等中学校でも、正規の課程である本科に入れる者は少なく、本科で学ぶための準備課程の予科、その予科にも入れない者を収容する予科補充科の存在なくして、学校として維持できない状況でした。

明治二〇年代前半くらいまでは、学校制度が整備されていなかったので、入学試験は学校制度を整備するための梃子《てこ》としての役割を果たしていたということになります。高等教育機関は高い水準の入学試験を課すことで教育水準の維持に努め、中等教育機関も入学試験に通用する学力を担保するためにその水準の維持向上に努めた、というよりそうするしかなかったのです。学校体系の確立と維持のために、高等教育機関も中等教育機関も同じ方向を向いていたというべき時代です。

(2) 繰り返される入試制度改革

ところが、そのような流れに変化が生じます。明治二〇年代後半から明治三〇年代前半にかけて中等教育機関の整備が進みます。その結果、高等教育機関の収容定員を上回る中等教育機関修了者が安定的に供給されるようになりました。さらには、教育内容も一定の水準を維持できるようになったので、中等教育機関の卒業生は一定の学力を保持できるようになりました。つまり、高等教育機関で学ぶ「資格」は、中等教育機関の教育課程によって一応は担保されているということです。学校制度の

表　旧制高等学校の入学試験制度の変遷

変更年	1894 (明治27)	1901 (明治34)	1902 (明治35)	1908 (明治41)	1909 (明治42)	1911 (明治44)	1917 (大正6)
官立高等学校数	8	8	8	8	8	8	8
問題作成法	学校別	共通		学校別	共通		
選抜法	学校別		総合選抜	学校別			総合選抜
その他				一部で繰り上げ実施			

変更年	1919 (大正8)	1926 (大正15)	1928 (昭和3)	1938 (昭和13)	1941 (昭和16)	1945 (昭和20)	1946 (昭和21)	1947 (昭和22)
官立高等学校数	12	25	25	25	25	25	25	27
問題作成法	共通		学校別		共通		学校別	—
選抜法	学校別	総合選抜	学校別					—
その他		二班制		口頭試問を導入		内申書で足切り		専門学校と合同

整備により進学希望者も増えたので、入学試験は定員まで絞り込む、すなわち「選抜」としての入学試験に変容していきました。現在にも通じる入学試験の原風景は、この時期に形成されたといってよいでしょう。

選抜の道具と化した入学試験は、よりよい道具とすべく、あくなき改良が試みられます。**表**は、一八九四(明治二七)年の高等学校令以後の旧制高等学校の入試制度をまとめたものです。しばしば入試制度改革が行われていたことが分かります。

旧制高等学校における最初の本格的な入試制度改革は、一九〇二(明治三五)年の総合選抜制の導入です。この新たな選抜方法は、一九〇一(明治三四)年の第六回高等教育会議に諮問され、その後実行に移されたのですが、その諮問案では「各高等学校大学予科に学力優等の者を入学せしめんが為《た》め来学年より其《その》入学試験は問題を同一にし同一試験委員をして其答案を調査採点せしめんとす」と述べられています。優等でない者が入学している実態を問題視しているわけですが、それは取りも直さず競争率の高い一高と三高と、それほど高い競争率でもない他の高等学校との格差をめぐる問題です。一高や三高に落ちた者の中には地方の高等学校の入学者より優秀な者が混じっているではないか、と言いたいのです。

総合選抜制のもとでは、全受験生を成績順に並べて、上位の者から各人の希望する学校に振り分けていきます。しかしながら、総合選抜制を導入したことで、学校間格差はかえって拡大してしまいました。地方の高等学校の中には、合格最低点の最も高い学校(ほとんどが一高)より低い合格最高点を付けてしまう場合がありました。どこでもよいから高等学校に入りさえすれば帝国大学への切符が保証されるというのに、ある高等学校の合格者は誰一人として最もレベルの高い高等学校、すなわち一高(一部は三高)には入れないというのです。

また、総合選抜制のもとでは成績優秀者から希望を聞いていきますので、下位で合格する者はどうしても第二志望以下の学校に振り分けられることになります。不本意入学も増えましたし、第二志望以下の学校に振り分けられるのを嫌って浪人することもありました。

このような状況なので、この総合選抜制には内部からも批判の声が上がります。一九〇六(明治三九)年五月の高等学校長会議で、入学試験は学校別選抜にすることが建議されました。理由は複数あげられましたが、そのほとんどは総合選抜制により地方の学校は劣等の生徒を収容することになったという学校間格差に関わる問題です。総合選抜制は学校間格差の解消を企図して導入されたわけですから、内部からその失敗を指摘されたようなものです。

かくして、一九〇八（明治四一）年の入学試験は完全な学校別選抜に変更され、翌一九〇九（明治四二）年からは共通問題による学校別選抜になりました。

では、一方で高等学校の教員は入学試験をどのように考えていたのでしょうか。文部省視学官を務め、その後八高の校長となった大島義脩《よしなが》は、一九〇九年の入学試験講評で、高等学校の入学試験のあり方について以下のように述べています。

中学校ニ於テハ其《その》卒業者ノ全部ガ高等学校ノ選抜試験ニ応ジテ好成績ヲ示スヤウニ苦慮スルコトハ無用ナルベシ／高等学校ニテハ中学校卒業者ノ学力ヲ試《こころ》ミントスルニハアラズシテ卒業者相互ノ間ノ学力ノ差ヲ見ントスルナレバ其ノ試験ノ程度ヲ標準トシテ中学校ノ教授ヲナス必要ナシ高等学校ノ選抜率　即《すなわち》　志願者ニ対スル入学者ノ比ガ例ヘバ四分ノ一ナレバ中学校卒業者ノ四分ノ一ガ可《か》ナリ満足ニ試験ヲ通過スルヤウニ準備スレバ足ルコトナリ

（文部省専門学務局『明治四十二年高等学校大学予科入学者選抜試験報告』一九一〇（明治四三）年、二六〇―二六一頁）

高等学校は中学校卒業者の上澄みを入学させられればよいのであって、中学校は無理を押して高等学校入学のための対策にいそしむことなどないというわけです。入学試験を梃子にして、高等教育機関も中等教育機関もお互いに頑張っていきましょうという明治前期のような状況ではないということを明確に示しています。

大正期に入っても状況は変わりませんでした。一九一六(大正五)年に文部大臣となった岡田良平は、懸案となっていた高等学校の入学試験について雑誌記者に語りました。少々長いのですが、その内容は以下の通りです。

今迄は全国の八高等学校が同時に試験を施行して居た為め、落第した者は是非共翌年の入学期迄待たねばならなかつた。所が落第する者は凡《すべ》て劣等生かと云ふと決してさうではない、全国の秀才が多く集まる一高や三高の落第生の中には、他の地方の高等学校の入学者よりも成績の優秀な者が沢山居る、現に昨年の成績に依ると、一高及び三高の落第生中七百人丈《だけ》は他の高等学校の入学者のある者より上位の成績を得て居る。即ち地方の高等学校になら立派に入学し得る学力ある者が、一年間無為に暮して居る。之は当人に気の毒なばかりでなく国家の損である。一体十年前迄は文部省で統一的に試験を行ひ、成績の佳い者から志望の高等学校へ入れたのであるが、夫《それ》では一高や三高ばかりに秀才が集まると云ふ地方の高等学校の抗議があつて、現在の制度になつたのであるが、現制度では、却つて前にも云つた通り七百人余の秀才が遊んで、夫よりも劣等な学生が地方の高等学校へ入学して居ると云ふ次第で、現制度はつまり失敗して居る訳である。然し之を十年前の中央試験制に復して文部省で一手に試験をする事は如何にも面倒で、実行不可能であるので、他の一策として一高と三高とで先づ試験を行ひ一週間位の間隔を置いて他の高等学校の試験をやると、一高三高で落伍する前記七百名有余の俊才が、他の高等学校へ分配さるゝ訳になるのである。其上受験者は二回の機会がある訳であるから、運よりも実力に依る事になるだら

う と思ふ。然しかうなると劣等生は愈《いよいよ》入学が困難となるが、劣等生は縦令《たとい》大学を出ても就職難を感ずるのだから他の専門学校へ転じた方がよいだらうと思ふ。尚此の案は四月の中旬にある高等学校長会議に出した上、実行せらる、が、只々入学試験期日を変更すればよいのだから、実行は頗《すこぶ》る容易である。

（「文相高校制度談」『教育時論』第一一四六号（一九一七年二月一五日）二一頁）

明治期の総合選抜制の導入以降、入試制度改革が失敗続きであることを受けて、新しい方法を提案しています。高等学校を二つのグループに分け、入学志願者の多い一高と三高の入学試験のみを先に実施し、そこで不合格となった者に敗者復活の機会を与えるというのです。優秀な者を逃すことは「国家の損」で、劣等者の入学は将来の就職難を招くだけとはずいぶんな言い方ですが、明治期から文部官僚として活躍してきた岡田だから言えることでもあります。

上述の新方式は高等学校長会議に提案し、実行に移されるのだと岡田文相は語っていたのですが、一九一七（大正六）年の入学試験では総合選抜制が再導入されます。この再導入に対しては、関係者からも多くの懸念が示されました。一度失敗しているのですから、当然のことです。もちろん結果は明治期とまったく同じで、学校間格差は解消しませんでした。

（3） 学校数の拡大と入学試験の変化

一九一八（大正七）年までの間、高等学校は八校の体制が維持されましたが、翌一九一九（大正八）年以降は、高等学校数が飛躍的に増大します。一九一八年一二月の高等学校令改正により公私立の高等学校も認められ、昭和初期までの間に七つの公私立高等学校が誕生しますが、増加の原動力となったのは官立高等学校です。原敬内閣の高等教育機関の増設政策に基づいて数を増やし、大正末には官立高等学校だけで二五校という体制になりました。

毎年のように学校数が増え、必然的に受験生の数も増える中、総合選抜制のような方法はとりようもありません。しかも、総合選抜制は二度にわたって導入されながら、見事なまでに失敗しているのです。そこで、一九一九(大正八)年以降の官立高等学校の入学試験は、共通問題による学校別選抜という形で実施されることになりました。

学校数が増えましたが、受験者数の増加は学校数の増加をはるかに上回り、その苛酷さは「受験地獄」という言葉で形容されるようになりました。また、学校数の増加により、学校間格差のありようも変化しました。一高と三高、首都圏と関西圏の学校、地方の学校という序列が形成されます。

多くの浪人生が生み出されていること、学校間格差があることを背景に、一九二六(大正一五)年に二班制が導入されます。全官立高等学校を二つのグループに分け、受験機会を増やすという方式です。受験生は志願の段階で各班から一校ずつを指定することができ(片方の班の学校を指定しないことも可能)、班ごとに実施される入学試験を受験します。それぞれの試験の成績を見た上で、合格者は成績に基づいて第一ないし第二志望の学校に振り分けられます。戦後の一期校・二期校とは異なり、第二班の入学試験まですべて終えた後で、一気に合否判定を出すという方法でした。

二つのグループは以下のように設定されました。

第一班＝一高（東京）・五高（熊本）・七高（鹿児島）・新潟・水戸・山形・松江・東京・大阪・浦和・静岡・姫路・広島

第二班＝二高（仙台）・三高（京都）・四高（金沢）・六高（岡山）・八高（名古屋）・松本・山口・松山・佐賀・弘前・福岡・高知

志願者が多く、かつ合格が難しい一高と三高を分けていますが、全体としては第一班の方に都市部の高等学校が集中しているきらいがあります。二度目の実施に際してグルーピングを見直してはどうかという議論もありましたが、実現しませんでした。

受験機会を増やすことで、第二志望の学校でも入学できることになったわけですが、合格最高点・最低点においても、第二志望の入学者の人数においても、学校の序列が如実に反映される結果となりました。この二班制のもと、第二志望で一高に入学したのは一九二七（昭和二）年の三人だけですが、その他の学校は二ケタ、あるいは三ケタの第二志望での入学者を受け入れます。三高ですら毎年二ケタの第二志望の入学者を迎えました。

しかし、この二班制はわずか二回で廃止されることになります。一九二七年三月、大阪で高等学校の入試問題の漏洩が起きました。金に困った男が印刷所の職員らと共謀して試験問題を漏洩させたというのが事の顚末です。入試問題は金を積んででも事前に知りたいものであり、それゆえに金儲けに利用できる「商品」と見なされていたということなのです。

一九二八（昭和三）年から一九四〇（昭和一五）年までの間、入学試験は完全な学校別選抜となりました。

全国一律の試験問題で実施するから問題が盗まれると大変なことになるのであって、各学校で問題を作ればリスクは下がるという論理です。この学校別選抜の期間は、旧制高等学校の入試制度において最も長いものとなりました。余計なことを何もしない制度が最も長く存続するとは、何とも皮肉な話です。

ただ、この期間は入学試験で課される学科目の指定の仕方に特徴があります。第一に、地理歴史や理科の科目で試験科目の発表は三カ月前ということになりました(一九三九(昭和一四)年からは一カ月前になりました)。過剰な受験対策を諌めるためだったのですが、受験生は何が出てもよいような試験対策をするだけなので、受験勉強が楽になったというわけでもありません。

第二に、入学試験で課す学科目が統一されるようになりました。一九三一(昭和六)年以降は文科において地理か歴史という点が統一され、翌一九三二(昭和七)年からは理科の学科目が統一されました。ただし、歴史の何を出すか(日本史、東洋史、西洋史)、理科のうち博物となった際に何を出すか(動物、植物など)は各校の裁量でした。そして、一九三三(昭和八)年からは文科も理科も完全に同じ学科目が課されることになりましたが長く続かず、一九三五(昭和一〇)年からは文科と理科で別の学科目が課される形に戻しました。

さらには、一九三八(昭和一三)年の入学試験から口頭試問が導入されました。学力一辺倒だった入学試験に、思想チェックを目的とした性行検査が入ってきたということです。

ところで、一九二七(昭和二)年は、中等教育機関でも入試制度改革が行われました。受験競争はさまざまなところに広がっていたのです。中等教育機関の入試制度改革は、とても大掛かりなものでした。まず、筆答試験が禁止され、入学者選抜は口頭試問（面接）と出身小学校から提出される内申書で行うことになりました。しかし、わずか二年後の一九二九（昭和四）年に口頭試問の際に簡単な筆答問題の出題が認められるようになりました。内申書と口頭試問だけでは学力が分からないという中等教育機関側の意見が容れられた形です。

なぜそのようなことになってしまったのでしょうか。それは「情実採点」が横行してしまったからです。そもそも内申書は各学校での成績が記載されますが、要は学校内で完結する書類です。それは評点の付け方次第である程度まで操作可能であることを含意します。事実、小学校の校長たちは、自校の児童を思ってのことでしょうが、それ相応の操作をしていることが判明してしまいました。中等教育機関の校長たちは横のつながりがあるのですが、内申書の情報と入学後の成績との齟齬が話題に上がる中で、内申書が不正確であることが明らかになってしまったのです。

（4）戦時下から戦後の入学試験

一九四一（昭和一六）年に、高等学校の修業年限が二年半に短縮され、入学試験も共通問題による学校別選抜へと変わりました。その後、一九四三（昭和一八）年には修業年限が二年に短縮されます。戦時体制に対応するために理科の定員を拡大させましたが、受験生としては戦時体制への適応というよりは徴兵猶予との関係で理科に多く流れるようになりました。中等教育機関でも勤労動員が始まり、通常の授業が困難になる中、一九四五（昭和二〇）年は通常の入学試験は実施されませんでした。一次試験で内申書による足切りが実施され、二次試験で筆答試験が課されるという異例の方法がとられました。

敗戦後、高等学校は女子にも門戸を開くようになり、一九四七(昭和二二)年には高等学校も七校増設され最終的には官公私立を合わせて三九校となりました。旧制高等学校は一九五〇(昭和二五)年に廃止されますが、入学試験は一九四八(昭和二三)年まで行われました。一九四六(昭和二一)年の入学試験は、戦後間もない時期だったので、基本的には前年を踏襲するということが政府より示されるのみで、各学校でできる範囲で実施というものでした。

一九四七(昭和二二)年以降の入学試験の最大の特徴は、選択式問題の導入です。それまでは記述式でしか実施されていなかったので、大きな路線変更です。さらには、知能検査(「高級知能検査」、第二回目から「進学適性検査」と改称)も導入されます。

旧来型の学力試験とは違う要素が入ったわけですが、考えてみれば当然のことで、この時期の受験生は、戦時下から戦後間もない時期に中等教育機関に在籍していたため、それまでのような選抜方法が通用しないのです。

戦時下から戦後にかけては教育の様相が大きく変わった時期です。あまりにも異なる二つの時期にあって、入学試験については学校教育が正常に機能しないから通常とは異なる選抜方法をとるという極めて消極的な改革にとどまっています。戦前との連続性で考えれば、学力一辺倒の衰微ということになります。

しかし、選択式問題は、新制大学の入学試験に引き継がれます。後の時代との関係で考えれば、「新たな胎動」という評価も可能です。

二　さまざまな試み

(1) 無試験検定

これまで見てきた通り、旧制高等学校の入学試験は筆答試験に圧倒的に傾倒しています。成績優秀者を確実に囲い込むことに終始しているのですから当然のことです。しかも、中等教育機関の入学試験における内申書の問題については先述しましたが、この種の書類があまり信用されていないということもありました。内申書を重視したのは、戦時下の入学試験くらいです。

では、筆答試験によらない制度はまったくなかったかといえば、それもまた違います。明治二〇年代の高等中学校時代(五頁)のことですが、「聯絡《れんらく》」制度というものが採用されました。高等中学校側が認定した尋常中学校の卒業生は、試験を経ることなく入学が可能という制度です。しかし、認定されるにはその尋常中学校が一定の教育水準を維持することが求められており、尋常中学校の教育水準の向上を企図していたところもありました。もちろんその尋常中学校に在籍している生徒には恩恵はありましたし、それを目当てに入学する者もいました。

一九一〇(明治四三)年から、旧制高等学校の入学試験に「無試験検定」が導入されました。各校各部類の定員に超過したときは定員の五分の一以内の範囲で、筆答試験を経ないで入学させることが可能になりました。定員に満たない場合はもっと入れてもよいという論理が成り立ちますが、現実問題としてそのような状況は想定されていません。

無試験検定は現代の推薦入試にも似ているわけですが、実態はかなり異なります。品行方正であることなどは条件として掲げられはしますが、中学校から提出される推薦書には成績と順位しか掲載されません。あくまで成績至上主義です。成績の条件は、中学校三年と四年の成績が学年全体（留年した者は除く）の上位四分の一以内であること、卒業時（中学校五年）の成績が卒業者全体の上位一〇分の一以内であることです。

この制度は一九一八（大正七）年まで続きますが、多くの受験生が入学を望む一高と三高は、一九一四（大正三）年からこの制度の対象外となってしまいました。また、一九一七（大正六）年からは総合選抜制が再導入されましたが、それに合わせて定員の二〇分の一以内と縮小され、高等学校令改正後には実施されなくなりました。

（2）四修の導入

一九一八（大正七）年の高等学校令改正以後、中学校第四学年修了での受験、いわゆる四修《よんしゅう》での受験が可能になりました。この改正により高等学校の入学資格が、中学校卒業から中学校第四学年修了となったためです。中学校を卒業しないでも高等学校に入れるわけですが、いわゆる「飛び入学」とは異なります。

高等学校令改正により七年制高等学校というものが登場するのですが、この七年制高等学校は四年の尋常科と三年の高等科で構成されています。しかも、法令上はこの七年制高等学校が本体となっていました。七年制高等学校は少数にとどまり、多くの高等学校は高等科のみという従来と変わらない形をとるのですが、本体が七年制である以上、高等科の入学資格を尋常科修了（四年）に合わせなければばならなかったのです。

この四修の導入には、二つの大きな問題があります。一つは導入の経緯です。高等学校を七年制にするということ自体が、消去法的に選ばれたものだったのです。高等学校令の改正を審議したのは、政府直属の臨時教育会議という組織です。ここで最大の問題となっていたのは、修学年数の短縮だったのです。帝国大学を卒業する年齢が高すぎるのをどうしたらよいかという議論の中で、義務教育の尋常小学校はいじれない、帝国大学も縮められない、外国語の学習のために高等学校も縮められないということになり、中学校と高等学校には学習内容の重複が多いので、ここを整理すれば何とかなるという形で決定します。七年制高等学校も四修の導入も、帳尻合わせにすぎないのです。

もう一つは、中学校教育の混乱です。中学校は五年制の教育機関ですが、中学校五年の空気を乱すという中学校関係者からの不満が出てきます。中学校五年には、中学校を卒業して社会に出る者、中学校卒業でなければ入学できない上級学校の志望者、そして四修で入学できなかった高等学校進学希望者など、さまざまな生徒が在籍することになります。中学校五年の教室に微妙な空気が流れても不思議ではありません。中学校としては、他人のことは考えずに自分のことだけを考えよと指導するしかありません。

この四修については、中学校側から何度となく反対の意思表明があったものの、廃止されることはありませんでした。それどころか、四修入学者の学業成績は中卒入学者よりも高いという統計まで出てしまいました。高等学校(ひいては帝国大学)には問題なしでも、中学校としては問題があるということです。受験生を受け入れる側と送り出す側との利害はなかなか一致せず、その調整は極めて困難という構図がありました。

おわりに

旧制高等学校の入学試験は、学校制度が整備された明治三〇年代以降、優秀な受験生を確実に囲い込むことが模索されつづけました。しかし、その試みは失敗の連続でした。戦時体制に入っていく前の昭和期の入学試験だけが失敗を免れていますが、その時期の入学試験は各学校で実施という最も平凡な制度を採用していた時期です。長年の懸案である学校間格差への対応を放棄した制度が最も長く続いたのです。

また、旧制高等学校の入学試験は、さまざまな「対策」への意識が極めて希薄です。多くの受験生が一高や三高を目指したがるという志向に働きかけない限り、学校間格差の問題は解決しないのに、そのような受験生の動向を旧制高等学校側はまったく意に介する様子はありません。ひたすら優秀な者だけを合格させたいと動くのみです。

紙幅の関係で触れられませんでしたが、現在の予備校の源流というべきものは明治三〇年代に成立しています。また、単発か、年に一度出る程度であった進学案内書ではなく、逐時性の高い受験雑誌が出始めるのも明治末期です。これらの「対策」のツールは、時代が下るにつれて拡大、普及していきます。受験生は予備校に通ったり、受験雑誌を読んで上昇意欲をかき立てられたりするのですが、そのような状況はけしからんというような意見が出るわけでもありません。

学校間格差を問題にしながらも、そこに直接働きかけることをしないままに繰り返されたという意味で、旧制高等学校の入試制度改革は弥縫《びほう》策というしかありません。一方で、ごく一部の例外を除けば、筆答試験中心で、学力一辺倒な入学試験を貫いたという点において、旧制高等学校の入学試験は一貫しています。この点は定員割れが恒常的であった明治前期からまったく変わることがありません。制度はいろいろ変われども、何のための入学試験なのかという点がぶれることはないのです。

弥縫策としか評しようのない入試制度改革がたびたび行われながらも、大きな混乱を招かなかったのには、この一貫した姿勢が大きな意味をもつのでしょう。塾や予備校などというものは、いまでこそ受験競争を助長するものとして批判されることもありますが、そのような論調が現れてこないのも、入学試験の目的が一貫しているからでしょう。それが当人にとって必要ならば、使えばよろしいのではないかということです。

筆答試験中心の学力一辺倒な入学試験も、予備校や受験雑誌という「対策」のツールも、新制大学の入学試験にそのまま引き継がれます。しかし、旧制の時代とは比べ物にならない規模に拡大する、すなわち受験生の層が下に広がっていく中で、さまざまな問題が新たに生じてきます。その点は後の章にゆずることにします。

さらに深めるための文献リスト

天野郁夫　一九八三、『試験の社会史——近代日本の試験・教育・社会』東京大学出版会。
佐々木享　一九八四、『大学入試制度』大月書店。
竹内洋　一九九一、二〇一五再版、『立志・苦学・出世——受験生の社会史』講談社。
吉野剛弘　二〇一九、『近代日本における「受験」の成立——「資格」試験から「選抜」試験へ』ミネルヴァ書房。

2 共通テストの歴史と現状

●戦後の共通テストは、進学適性検査、能研テスト、共通一次、センター試験と変遷してきた。
●共通テストの歴史は受験競争の緩和、多様な選抜方法、社会の求める能力とのトリレンマ(三重苦)の関係性の中に置かれつづけてきた。

腰越　滋
(東京学芸大学)

はじめに

本章では戦後の大学入学者選抜共通テストの歴史的変遷を通して、大学入学者選抜の現状について考察し、将来の制度改革に向けての含意《インプリケーション》を得ることを目的とします。戦後の大学入試の共通テストといえば、進学適性検査から始まり、能力開発研究所テスト、共通一次試験、大学入試センター試験と繋がってきました。そして、二〇二一年度入学者選抜からは、大学入学共通テストと名称変更され、大学入試センターが実施主体となって継続されるということは、周知のことと思います。

前章にも関連しますが、戦前からも含めて、日本の大学入試は、「失敗史」の繰り返しと捉えられてきました。この背景を悲観的に考えると、入学者選抜が人材の選別・配分を担っているのだから、上には上がいるという、優勝劣敗思想を意味する社会ダーウィニズムと切り離せません。要するに、社会ダーウィニズムに与《くみ》すると、完全に満足する人はほとんど存在しなくなり、結局のところ絶えざる失敗の繰り返しに帰結する、ということになってしまいます。あるいは、大学入試を通過してきた多くの大人が、大なり小なり怨恨感情《ルサンチマン》を抱えてきたがゆえに、制度の批判こそすれ賞賛はほとんどなく、それも失敗史に帰結してしまう遠因となってきたのかもしれません。

しかし、社会分業論的な観点に立てば、適材適所の人材配置は、近代化以降の社会にとっては不可欠な事柄であり、入学者選抜は不可避的なものです。

では一体、どんな制度改革をすれば、大方の満足が得られるのでしょうか。このアポリア(解決できない難問)ともいえる問いへの含意を得たいというのが、本章での狙いでもあります。

一　戦後初の共通テストとしての進学適性検査

(1) 進学適性検査導入の経緯

進学適性検査(以下「進適」)は、第二次世界大戦直後の一九四七(昭和二二)年度から八年度間にわたり実施された戦後初の共通テストです。当時米国で実施されていたSAT(Scholastic Aptitude Test)を、その名称のままに翻訳したのが「進適」でした。ただし「進適」の出題内容は、当時の米国のSATを単に翻訳したというよりは修正変更《モディファイ》したような形式の試験で、日本独自の問題作成が相当に苦労してなされた形跡が窺えます。そして、それまでの大学入学試験に見られた学習到達度を問う学力テスト(Achievement Test)とは、やや類別を異にした試験だったと考えられます。

両者の違いを簡単に説明しましょう。まず学力テストの方は、十分な準備をして受験するほど、すなわち努力するほどに到達度(achievement)が上がり、それが得点上昇に反映すると考えられる試験です。他方「進適」の方は、学習到達度を問うものではなく、知的素質を診る検査でした[1]。実際、開始当初の一九四七年度は「高級知能検査」という名称で我が国の大学入学者選抜に導入され、翌年の第二回目からは「進学適性検査」と改称されたことからも、学力テストというよりも知能テストの意味あいが強い試験だったといえます。

もちろん「進適」に、練習効果がないわけではありませんでしたが(石岡 二〇一六、八五頁)、学力テストほどには練習効果が上がるわけではないと考えられました。つまり発想としては、あくまでも知的素質としての(進学)適性(aptitude)を診ることが企図されていたわけです。

当時の日本は敗戦直後のカタストロフィー状況下にあり、社会復興前の段階で、学校に紙や鉛筆などの準備が十分に整えられる状況にはなかったと推察されます。そんなときに、学力テストに比して、特段の準備が要らないとされた「進適」は、当時の国情には合致していたと考えられ、当時の文部省は推進・導入の立場に立ちました(腰越 一九九三、一七九頁)。

もう一つの導入理由は、敗戦にともなって日本へ派遣された第一次米国教育使節団の影響です。その報告書(『第一次米国教育使節団報告書』一九四六年三月三〇日提出、同年四月七日公表)の第六章「高等教育」には、「才能ある青年を常に豊富に供給すること」[2]こそが高等教育に求められた旨が明記されており、この内容を受けた連合国側(主として米国のGHQやCIE[3])が、従来の高等教育機関の選抜方法を見直し、機会均等の立場にたって才能ある青年を選抜する方法を入試に加えるよう、日本側に勧告したのでした。当時の文部省にとっても、旧制高等学校の入試(現在の大学入試に相当)を中心とした試験地獄は、戦前からの一つの懸案事項でしたので、この勧告に従うこと、やぶさかではなかったと考えられます。

（2）「進適」をめぐる論争とその廃止

このような経緯で始められた「進適」でしたが、わずか八年度間の実施をもって廃止されました。廃止理由としては、公的には以下の五つが挙げられています（文部省大学学術局大学課　一九五八）。

①「進適」のための準備が激しくなり、受験者には学科試験の準備と二重の負担となり、高校教育に支障の生ずる恐れがあるとされたこと。
②苦労して出した「進適」の成績を、大学は積極的に利用していないということ。
③「進適」実施の予算、特に謝金が少なく実施上の困難が生じたこと。
④「進適」の科学的検討の資料が、発表されていなかったこと。
⑤国立大学協会、全国高等学校長協会からそれぞれ中止の要望があったこと。

これらのうち、③④は廃止理由として首肯するところ大です。まず③については、敗戦直後の国家予算窮乏の中、米国のＥＴＳ（Educational Testing Service）のような、良問をプールしておいて適宜利用する問題項目バンク・システムが確立したテスト専門機関をもたぬ我が国では、毎年「進適問題作成委員会」なるものを編成し、極秘に問題作成を行わねばなりませんでした。問題作成委員としては、主に心理学者や教育心理学者が選出されましたが、大学職務の合間を縫っての作業が困難を極めたであろうことは想像に難くありません。おまけに問題作成委員への謝礼は薄謝でしたから、毎年度問題作成をするために膨大なエネルギーを費やす中、インセンティブを維持するどころか、疲弊感のみが募っていったことが窺われます。

次に④ですが、大学紀要などを中心に、「進適」の「科学的検討の資料」らしきものを幾つか見出すことができます。しかし、「科学的検討」を現在の眼で「信頼性・妥当性の検討」と読み替えて考えると、「進適」の「信頼性・妥当性」を決定づける研究は出てこず、結局のところ廃止を否定する根拠は見出されないままでした。

かくして「進適」は八年度間で廃止されたわけですが、①②⑤については疑問も残ります。まず①ですが、「進適」廃止後も特定銘柄大学では、学力試験による二段階選抜が実施されましたから、「進適」と学力試験の組み合わせが、二段階選抜学力試験に取って代わられたに過ぎません。ですので、「進適」の廃止が受験生の負担軽減に寄与したかどうかは、本当のところはよくはわからないわけです。

次に②ですが、国立大学ではさまざまなバリエーションでの利用がなされていましたし、私学での利用が仮に消極的だったにせよ、それほどまでに「進適」が信用されなかったという理由が判然としないままなのです。

そしてもう一点の⑤ですが、全国高等学校長協会からの要望書にある、「進適」廃止を望む理由の中に興味深い事由があります。それは、「進適の成績と高校における教科成績、または入試の学科成績との相関度は極めて低く、知的能力測定の目的に沿い得ない」という言説です。「進適」と学力試験との相関関係が高くないということにこそ、まさに両者の測定しようとしたものが異なるという事実が暗示されています。にもかかわらず、高校の教科成績や学力検査との相関が低いというだけで「進適」の価値が疑われたということは、学力検査には全面的に信頼が置かれていたが、「進適」はそうではなかったことになりうるわけです。

「進適」の元々の狙いの中には、受験生の過去・現在・未来の能力を、それぞれ調査書・学力検査・「進適」の三者に分けて診ていくという考え方があ(4)りました。しかし、こうした考え方は、国立大学協会、全国高等学校長協会はもとより、当時の生徒やその父母、高校教諭に理解されたり受け入れられたりはしなかったのでした。

二　能力開発研究所テスト

(1)「進適」廃止から能力開発研究所テスト開始まで

しかし「進適」の廃止後も、文部省(当時)は統一試験の実施や「進適」の妥当性を追求することを、諦めてはいませんでした。例えば「進適」廃止決定直後には、「大学入学者選考およびこれに関連する事項についての答申」(中央教育審議会　一九五四)が出されており、一九五五(昭和三〇)年度入学者選抜実施要項に対して、六つの留意事項が付されています。その要点を纏《まと》めれば、①入学者選抜に際しては、学力検査のみならず、高校時代の記録(調査書)や本人の資質考査の成績も加味すること、②資質考査の改善実施に関する調査研究は継続すること、③国による全国一斉学力検査を実施し、合格者を各国立大学に決定させる方法を調査研究すること（公私立大学の参加は自由）などが盛り込まれていました。

それにしても、世論などの猛烈な反発を受け排斥されたはずなのに、なおも文部省が「進適」のような資質考査の復活にこだわっていた理由は何だったのでしょうか。木村（二〇一〇）は、大学入学者選抜に関する「ルール」として、「エドミストンの三原則」を紹介しています。これは受験生のパフォーマンスを、過去・現在・未来に分けて測定評価しようとする考え方で、CIE所属のエドミストン博士によって提言されました。より具体的に説明しましょう。まず過去とは、①受験生の過去の成績を最終三カ年の成績で診ること、すなわち調査書を指します。次に現在とは、②受験生の現在の理解力ということで、学力検査の成績となります。そして未来とは、③受験生の将来の傾向を予測するという意味で、進学適性検査を指します。この三者を等価にみて入学者選抜を行うというのが、「エドミストンの三原則」の「ルール」というわけです。

「エドミストンの三原則」は、ナショナルカリキュラムが存在せず、生徒の就学環境に大きな違いのある米国では、「環境の差異があっても資質のあるものこそ合理的に選抜されるべき」（木村 二〇一〇、二四九頁）という理屈が自ずと成り立ち、実に合理的な考え方だったといえます。ところが日本の国情では、どうしても三者が等価ということはありえず、学力検査がメインで「進適」がこれに加わり、調査書などはおざなりになりました。この背景には「同一カリキュラム・学習指導要領の下での就学環境が存在し、あとは本人の努力如何に全てが委ねられる選抜が最も合理的だとする日本と、先のアメリカとのテストを巡る文化の違い」（同）があったと理解されます。

そうであればこそ、「進適」は斥けられたわけです。ですが、「進適」受験者の追跡調査研究を行っていた国立教育研究所（当時）は一九五九（昭和三四）年に、「進適」が学力検査よりも知的素質検査としては優れていて、特に大学院の専門課程の成績との相関が高いなどという知見を公表しました。これと、「進適」廃止後に大学受験浪人の増加が顕著になっていた事態もあいまって、日本では通用しないかにみえた「エドミストンの三原則」ルールは完全棄却とはされず、むしろ文部省の大学入試協議会では「素質検査の実施」が検討されたりもしました。そして、一九六三（昭和三八）年一月二八日の中央教育審議会（以下、中教審）による「大学教育の改善について」の答申では、大学の入学試験の改善を重視し、具体的改善方策として信頼度の高い結果をうる共通的・客観的テストの研究・作成および実施とその主体となる専門の機関の設置が提案されています。

ただ、財団法人能力開発研究所（以下、能研）の設立は前記答申直前の一九六三年一月一六日で、一九六二年一〇月一五日の中教審の中間報告「大学入学試験について」を受けて、能研設立の準備はすでに始められていました。そして、その後の段取りも瞬《また》く間に行われ、一九六三（昭和三八）年度から一九六八（昭和四三）年度までの六年度間、能力開発研究所テスト（以下、能研テスト）が実施される運びとなりました。いわば能研テスト開始は、能研による拙速ないし勇み足だったことが窺われます。

（2）政策的要請の色彩が強かった能研テスト

「エドミストンの三原則」ルールが日本の文化や社会的土壌には合致していなかったにせよ、「進適」に次ぐ共通テストとして、能研テストは実施されました。ですが案の定、その導入プロセスが拙速に過ぎたこともあいまって、一九六三(昭和三八)年度から一九六八(昭和四三)年度のわずか六回の実施で、能研テストは頓挫します。加えてその評判の悪さは、当時喧伝されたマンパワー・ポリシーの風潮と、無縁ではありませんでした。

マンパワー・ポリシーは、一九六〇(昭和三五)年一二月に池田勇人内閣が策定した「国民所得倍増計画」に深く関連しており、日本が経済大国化するためには教育が重要で、「人的能力の向上と科学技術の振興」が計画本文で謳《うた》われました。もっとも、経済と教育の計画が連動した事例がそれまでになかったわけではなく、一九五七(昭和三二)年一二月に岸信介内閣により策定された「新長期経済計画」では、科学技術者需要予測が行われ、一九六〇年度までに大学の理工系学部入学者を八〇〇〇人増員する計画が立てられ、それがほぼ計画通りに実現されたりもしています。

ただし、「国民所得倍増計画」では、その本文に「経済の側からの教育論」がより大胆に提示されていました。すなわち、これまでの経済発展は「豊富な安価な労働力」に恵まれていたからでしたが、今後は産業技術高度化による「質的向上」が強く要請されるようになったので、「経済政策の一環として」人的能力の向上を図る必要がある(黒羽 一九九四、二五七頁)、ということが謳われたわけです。

このように能研テストはマンパワー・ポリシーの影響を色濃く受けていました。すなわち、「能力」による人材配分政策、すなわち能力主義的教育政策の一環として位置づけられており、大学側はもとより、後述するように高校側の激しい反発をも招来することになりました。能研テストの成績利用の仕方も、科目ごとの得点のみならず、(1)就職・進学希望別に本人の科目別の全国順位、(2)原則として大学・学部別、科目別の得点分布表、(3)適性能力テスト解説書の三つが、本人に通告されることになっていました。要するに、進路や進学先を冷厳なテストの成績で選択させることになっていたのです(佐々木 一九八九、五五頁)。

(3) 能研テストへの反発、そして廃止へ

当初能研テストは、三年間の試行期間が設けられていました。能研としては、この間にテスト問題、実施体制の改善を重ねるとともに、受験者の成績を各大学に送付して追跡調査研究などをしてもらうことを企図していました。そして四年目くらいから大学入試に本格利用してもらうべく、三年目までの試行期間に、全国の高校生のなるべく多くに受験してもらい、実績を重ねることを目論《もくろ》んでいました。しかし実際は、能研側の思惑とは異なり、日本教職員組合(日教組)と、日本高等学校教職員組合(日高教)のうちの一橋派[5]日高教が、能研テストの動きに早くから反対する態度をとりました。特に日教組は、一九六一(昭和三六)年以降中学生に実施されていた一斉学力テストについて、中学校教育を人的能力開発政策に従属させるものだとして反対し、全国規模で文部省と激しく闘ってきた経緯がありました。当然日教組は、能研テストも中学生への一斉学力テストと同列のものだと受けとめました。

こうした流れの中、当時の高校生たちも能研テストの政策的企図を見抜き、受験しないのみならず、中には反対宣伝行動に立ち上がる生徒も現れました。結果、東京都の公立受験校の多くの生徒が能研テストを利用しないというような事態も生起し、受験者数は下がる一方で、当初予測されたような実績を能研テストが上げることはありませんでした(**表1**)。

大学側の活用状況はというと、私大では、一九五四(昭和二九)年の「進適」廃止後には独自に一般

表1　能研テストの受験者数

年度		1963(S38)	1964(S39)	1965(S40)	1966(S41)	1967(S42)	1968(S43)
学力テスト	2年 3年	198,311 124,379	133,727 92,912	139,101 124,967	121,282 101,360	82,643 77,136	52,238 47,999
	計	322,690	226,639	264,068	222,642	159,779	100,237
進適テスト	2年 3年	185,185 95,691	232,453 90,424	180,957 76,175	181,875 76,505	143,929 44,254	97,258 29,664
	計	280,876	322,877	257,132	258,380	188,183	126,922
職適テスト	1年 2年 3年	— — —	140,100 142,301 —	126,961 118,880 14,009	111,911 115,169 10,419	78,480 82,595 5,756	53,388 52,860 3,224
	計	—	282,401	259,850	237,499	166,831	109,472
合計(人)		—	831,917	781,050	718,521	514,793	336,631

出所：佐々木(1989, 56頁)をもとに作成.

能力検査を課し、調査書との組み合わせで第一次選抜を実施していた国際基督教大学(ICU)が、一九六七(昭和四二)年度のみ能研テストを利用しました。ですが、在学する学生からの反対運動もあり、すぐに利用をやめてしまいました。他の私大も参考利用はあったものの、入学者選抜試験の要件とする大学は一校もありませんでした。

能研テストに含まれる能研「学力テスト」[6]の大学の利用状況も、能研側の宣伝にもかかわらず、消極的でした。能研としては当初から能研テスト受験者の追跡調査研究を各大学に依頼していましたが、非協力を表明した大学が少なからずありました。また入試への活用についても、大学基準協会・入試制度研究分科会が一九六五(昭和四〇)年三月二五日の中間報告で、能研テストを大学入試の全部または一部に代えることは妥当でないという見解を表明していました。

こうした状況を踏まえて佐々木(一九八九、五六頁)

は、「後年の共通第一次試験制度の場合とは違って、文部省が国大協（国立大学協会）を動かさなかったこと、あるいは動かそうとしたのかも知れないが動かなかったことは、注目すべきことであった」と纏めています。

かくして、能研テストを一般入試に活用する大学は少なく、教職員組合も能研テストに猛反対を続けた結果、一九六八年を最後に能研テストは中止され、一九六九年三月には能研自体が解散となりました。

三　共通一次試験制度の導入、そして大学入試センター試験へ

（1）一期・二期校制から共通一次試験へ

能研テスト廃止後、その轍《てつ》を踏むまいとして、導入に際して入念に準備されたのが共通一次試験制度（以下、共通一次）でした。その開始は一九七九（昭和五四）年からで、本制度は実施主体である大学入試センターから通知される共通一次の成績と、各国公立大学（当初）が独自に行う二次試験の成績とによって志願者の学力を判定し、入学の可否を決定するものです。

我が国の場合、一九四七（昭和二二）年度に始まった新制大学制度により、一九四九（昭和二四）年からの国立大学入学者選抜を一期校・二期校に分けて行う「一期・二期校制」が採用されていました。いわゆる旧帝国大学と呼ばれる銘柄大学は一期校グループに属していましたから、勢い一期校グループに属する特定銘柄大学への入学をめぐっての競争は激甚となりました。当然のことながら、一期校入試で不合格の者が二期校入試に回ることになり、学（校）歴格差のような二期校コンプレックスが、大

きな問題とも見做《みな》されていました。そこで一発試験のみでなく、面接などの多面的側面を加味しての入学者選抜を目指して、一期・二期校制を廃止し、共通一次が導入されたわけです。

実際、共通一次開始当初は、学力試験以外の多様な選抜方法が模索された形跡が窺えます。**表2**は、共通一次開始初年度に、各大学の二次試験で小論文や面接を実施した学部数ですが、例えば面接を行った医学部の大半は一九七〇年代に新設された医科大学でした。また筑波大学などでも医学専門学群、体育専門学群、芸術専門学群で面接が実施されていることから、新構想系大学で新しい選抜方法の導入が積極的に試みられたという見方もできます。とかく偏差値による大学の序列化の元凶として、批判の矛先を向けられ仮想敵視されてきた感のある共通一次ですが、少なくとも制度の開始当初は、学力試験以外の多様な選抜方法の模索に寄与した、とも解せます。

表2　1979年度入試で小論文・面接を行った学部

系統	小論文	面接
人文科学	6	0
法文学	4	1
法学経済学	7	1
理工学	8	1
農水産学	5	2
教育学	18	5
医学	14	12
その他	3	5
合計(学部数)	65	27

出所：大谷ほか(2017, 3頁)をもとに作成.

このように、初発においては小論文や面接などの教科の枠を越えた二次試験での多様な選考方法が、幾つかの大学で試みられましたが、継続的な取り組みには至りませんでした。結果、一期・二期校制の時代と変わらない特定銘柄大学に向けての受験競争という課題が、共通一次導入後にも解消されないまま残されることになりました(**表3**)。

多様化後退の流れについては、大谷ほか(二〇一七)に詳述されていますが、例えば宮城教育大学では、共通一次開始の一九七九年度から一九八三年度二次試験までは、「学

表3　一期・二期校制実施期と共通一次実施期の大学入試の対比（目的・特徴・課題など）

	一期・二期校制（1949年度〜）	共通一次試験（1979年度〜）
目的	• 各都道府県に大学を設置し，都市部への進学集中を抑止 • 複数の特定銘柄大学への受験を阻止	• 一度の試験ではなく面接を含む多側面から選抜 • 難問／奇問を排し，良質な問題確保 • 大学間学校歴による差別意識の緩和
特徴	• 国立大学を一期校・二期校に分類 • 試験日程は一期校3月初旬，二期校は3月下旬 • 大学独自の試験内容	• 国公立大学で同日・同問題にて試験実施 • 高校の教育課程を元にした5教科7科目のマークシート方式 • 1月の共通一次，3月の二次試験の二段階の選抜制度 • 1987年度からは，受験機会複数化で最大3大学の国公立大学受験が可能に
課題	• 一期校・二期校の分類に学部の偏り • 分類による学校歴差別 • 一期校を中心とした特定銘柄大学に向けての受験競争 • 難問／奇問の出題	• 一発勝負方式で受験競争が激化 • 1987年度からの受験機会複数化による入学辞退者の増加 • 大学ごとの偏差値による学校歴差別 • 偏差値重視の進路指導

力は共通一次で判定し、二次では自分の得意な分野での力を判定する」というコンセプトで、「七系入試」が実施されていました。これは、人文・社会・数学・自然・音楽・美術・体育の七系から一つを選択して課題（例えば自然系では講義の聴講とその要約）に応じるというものでしたが、共通一次との得点配分比率が一対一であったために、共通一次得点の低い受験生が殺到するという事態が生起し、翌年度にはさらに低学力受験層を集める現象を招来しました。結果、「七系入試」を謳った宮城教育大学も、一九八四年度からは他大学と同様、学力試験を二次試験で実施することに回帰してしまいました。

（2）大学入試センター試験への転換と、二次試験の重視へ

結局、共通一次による大学の序列化は回避できず、国公立大学がとった措置というのが、二次試験の重視でした。こうした対応は、学習指導要領の改訂によって高校の教育課程がゆとり教育へシフトしていく流れの中で、共通一次のみでは当該受験生の学力を十分に把握できないという危機感をも反映していたようです。こうして国公立大学では、二次試験における小論文や面接、実技試験などの多様化路線が頭打ちになっていき、学力試験での「多様化」が進行します。つまり傾斜配点方式や特定教科の高得点者を優遇する方向に舵が切られていったわけです。

表4　大学入試センター試験実施期の大学入試の目的・特徴・課題

	大学入試センター試験(1990年度～)
目的	•学習達成度を判断する良質な問題の確保 •大学入試の多様化→偏差値による進路決定や学校歴差別の解消
特徴	•6教科30科目のマークシート方式 •1月のセンター試験，2～3月の各大学の二次試験から成る二段階選抜制度 •大学の特色に合わせて，利用教科や科目数を決定 •国公立大学のみならず，私立大学でも一次試験として利用可能
課題	•思考力や問題解決能力が必要な時代に合う試験内容とはいえないとの指摘あり

こうした現象が憂慮されてか、臨時教育審議会（臨教審）が一九八四年に設置され、受験体制下での知識偏重、画一化が改善されていないと指摘します。加えて、受験機会の複数化の要請が高校関係者等からも強く寄せられました。そのこともあいまって、共通一次は変容を迫られ、一九八七（昭和六二）年度から各大学・学部がA日程グループとB日程グループ（ただし公立大の一部は別日程）とに分かれて試験を実施する「連続方式」が導入されます。これにより、受験生は最大三つの異なる国公立大学・学部を受験で

き（受験機会複数化）、すべての大学に合格した場合には、希望の大学・学部に入学できるようにはなりました。

しかし、二段階選抜方式を実施した競争率の高い大学では、共通一次の第一段階で不合格者が大量に出る問題が、新たに発生しました。結果共通一次は、私大参加を認め受験科目の設定を各大学の裁量に委ねること等を盛り込んだ、「大学入試センター試験」に、改編されることになったのでした。

表4は、大学入試センター試験実施期の国公立を中心とした大学入試の特徴などを簡略にまとめたものですが、一九八九（平成元）年度入学者選抜からは、「連続方式」に加えて、受験生の選択の機会の拡大や多様な選抜方法の導入をさらに促進する観点から、各大学が学部の入学定員を前期と後期に分け、前期日程の試験、合格発表、入学手続を実施したあと、改めて後期日程の試験、合格発表、入学手続を実施する「分離・分割方式」が併用されることになりました。この場合、前期日程試験に合格し入学手続をした者は、後期日程またはB日程試験を受験しても、合格者にはならないとされました。

その後は現行の前期日程・後期日程入試に一本化されましたが、多くの大学で前期日程では学力試験を課し、後期日程で小論文や面接を実施するという方略がとられました。結局、共通一次開始当初に導入が推奨された小論文や面接などの選抜方法は、分割された後期日程に追いやられたような格好になりました。

おわりに――大学入試の現状と、将来の制度改革に向けての含意

二〇二一（令和三）年度に向けて、大学入試センター試験は大学入学共通テストに改編されますが、英語に民間の資格・検定試験を活用することは白紙に戻され、国語・数学にはマークシート方式に記述式を加えるなどの変更も延期となりました。まさに予断を許さぬ混迷の状勢下で、将来の入試制度はどうあるべきなのでしょうか。本章では、適性テストを含む「進適」や能研テストは頓挫し、学力試験が基本である共通一次は大学入試センター試験へと改編される形で生き残ってきた史実を素描してきました。これらの史実からは、受験生の能力を過去・現在・未来に分けて診断する「エドミストンの三原則」の「ルール」は、我が国ではなかなかに通用しないということが示唆されます。

木村（二〇一〇、二五八―二六一頁）は、「日本型入学者選抜の三原則」[7]として、「公平性の確保」、「適切な能力の判定」、「下級学校への悪影響の排除」があるとし、これらを満たす帰結として、共通一次導入がなされたと説明しています。適性テストが排斥され、必要悪としての学力試験が残ってきたのも、「日本型入学者選抜の三原則」が、暗に、しかし強く作動する文化のゆえなのかもしれません。

また竹内（一九八八、四四頁）は、戦前からの日本の入試改革失敗史を評して次のように述べています。

> 内申書の重視と軽視、面接の有無、客観式テストか記述式かも同じように振子運動をしてきた。要するに試験制度が片方に移動すると、反対方向への圧力が高まり、次には逆の世論や改革運動がおこる。結果としては、同じことを繰り返しているわけである。こういう日本の入試改革は「建設と破壊」の歴史というより「リボルビング・ドア・ポリシー」（回転ドア政策）と呼べるだろう。

さらに竹内（一九九一）は、努力と勤勉を重んじる近代日本人のエートス（倫理的な習性）を体現したような受験のモダンの時代は昭和四〇年代で終焉を迎え、それ以降の時代は受験のポスト・モダンの時代だとします。これを踏まえて考えると、受験のモダン時代までは近代型能力たるアチーブメントなどの認知能力を評価する客観式の学力試験でよかったのだけれども、ポスト・モダンの現代では、ポスト近代型能力たる非認知能力(8)などを社会が重視しだしました。ハイパー・メリトクラシー（本田二〇〇五）、コミュニケーション力などという概念は、非認知能力の象徴と考えられます。けれども、非認知能力を評価する試験の作成は不可能に近いもので、仮に奇跡的にそのような試験ができてそれで選抜を行うとなると、その試験の精度が高ければ高いほど、落ちた人のダメージは極大になってしまいます。というのは、認知能力で負けても、「勉強する力のあるタダのガリ勉に及ばなかっただけ」と嘯《うそぶ》いてもいられますが、非認知能力で敗れるとなると、「人間力というか人間性までもが劣る」という烙印《スティグマ》を、当該の受験者に与えかねないリスクを孕《はら》むからです。

もう一つ、件《くだん》の竹内は佐藤優との対談(9)で、コミュ力に長《た》けたお笑い芸人を引き合いに出しながら、次のように発言しています。

> コミュ力とは、「コミュニケーション（意思疎通）能力」のことだが、これまでの、知識量や協調性、勤勉性などの「近代型能力」に対して、これからの時代は、創造性や能動性、交渉力といった「ポスト近代型能力」が必要だと言われ出したことが背景にある。しかし、こうした「コミュ力」

をはじめとした「ポスト近代型能力」は、具体的にどういったものを指し示すかといったことや、どのようにその力を付けるかは分かりにくい、あいまいさも伴っている。（中略）考えてみれば、生き馬の目を抜くような芸人の世界も、実は律儀さや「近代型能力」を発揮しながら生き抜いているはずで、そうみれば近代型能力を軽く見てはいけないのです。

この言を参酌すると、現行の学力入試がダメだからといって、「ポスト近代型能力」を入試で評価しようとしてそれに囚われすぎると、「近代型能力」を持った人材をも駄目にしてしまうという考えにも及びます。

以上のように考えてくると、大学入学共通テストなどの今後の入学者選抜では、受験者の「近代型能力」を限定的に評価することに徹してみる、という案もありえるでしょう。そして合格者に対しては、例えば能力を「区別」した文脈でしっかりと顕彰してあげるけれども、「ポスト近代型能力」などに象徴される、社会で通用するための能力は、また別であることをしっかりと合格者に自覚させ、落ちた人のことを睥睨《へいげい》などさせないようにします。そして、単に入学者選抜のみならず、その後の大学入学以降の教育内容の改変と大学卒業資格試験[10]の制度化などをも検討することが、将来の制度改革に向けての一つの含意になるように思料されるのです。

注

（1）石岡（二〇一六、八七頁）に、進適の出題例の紹介があり、「基本的には心理検査・知能検査の応用であり、問題の質としてそれほど難易度の高いものではなかった」と説明されています。

(2) ＧＨＱ(the General Headquarters of the Allied Powers)は、連合国最高司令官総司令部を指し、第二次世界大戦終結後、日本で占領政策を実施した連合国軍機関。

(3) ＣＩＥ(Civil Information and Education Section)は、民間情報教育局を指し、ＧＨＱ幕僚部の専門部局の一つ。

(4) 後節にて紹介する大学入学者選抜に関する「エドミストンの三原則」という「ルール」が該当します。

(5) 当時の日高教は、主導権を左派の一橋派が握っており、右派である麴町派と内部対立していました。

(6) 一九六三年一一月に全国一斉実施されたのは、能研「学力テスト」と能研「進学適性能力テスト」の二種でした。翌一九六四年からは、さらに能研「職業適応能力テスト」が加わり、三種のテストを総称して能研テストといいます。大学入試には「学力テスト」と「進学適性能力テスト」の部分を活用してもらうことが企図されていたといえましょう。

(7) 大膳(二〇〇七、二三九頁)は、同様のことを佐々木享(一九八四)のまとめに倣いながら、「大学入試の三原則」として紹介しています。具体的には①能力・適性の原則、②公正・妥当の原則、③高校教育尊重の原則を指し、元々は文部省が大学入試に関して全国の大学に通知する「大学入学者選抜実施要項(昭和六〇年度版)」の前文に下記のようにあるところから、そう考えられました。「大学入試の選抜は、①大学教育を受けるにふさわしい能力・適性等を備えた者を、②公正かつ妥当な方法で選抜するように実施するとともに、③入学者の選抜のために高等学校の教育を乱すことのないよう配慮するものとする」。

(8) 非認知能力とは、動機づけ(やる気)・粘り強さ(忍耐力)・自制心(協調性)などから成る能力概念であり、二〇〇〇年にノーベル経済学賞を受賞したヘックマン(Heckman. J. Joseph)による就学前教育の研究によって人口に膾炙しました。非認知能力については、拙稿(腰越 二〇一八)でも議論しています。

(9) 竹内洋・佐藤優対談 二〇二〇、「大学受験を考える(第五回)」より(https://gentosha-go.com/articles/-/24317)(二〇二〇年六月二九日閲覧)。

(10) 我が国の状況を鑑みますと、高校卒業段階ではなく、敢えて大学卒業前に資格試験を設け、知的成熟度を診るという考え方はありうると思います。端的には、英国の大学入試で採用されているＡレベル(Advanced Level General Certificate of Education)と呼ばれる共通試験などを想定しています。詳細は竹内(一九九三)やジョン・フアーンドン訳書(二〇一七)などをご検討ください。

参考文献

石岡学 二〇一六、「研究ノート 戦後初期大学入試における進学適性検査の「練習効果」に対する認識——言説主体の立場性に着目して」『文化情報学(*Journal of Culture and Information Science*)』一一(二)、八四—九三頁(March 2016)、(https://doors.doshisha.ac.jp/duar/repository/ir/23765/039000150019.pdf)(二〇二〇年六月二九日閲覧)。

大谷奨・島田康行・本多正尚・松井亨・白川友紀 二〇一七、「共通第一次学力試験実施に伴う個別学力検査の多様化についての再検討」『大学入試研究ジャーナル』第二七号、三七—四二頁。

木村拓也 二〇一〇、「共通第一次試験・センター試験の制度的妥当性の問題」中村高康編著『リーディングス 日本の高等教育① 大学への進学——選抜と接続』第四部第二章所収、玉川大学出版部、二四四—二六四頁。

黒羽亮一 一九九四、『学校と社会の昭和史(下)』第一法規。

腰越滋 二〇一八、「読書する子は学力が高いか?」『児童心理』一〇五五(七二(四))、二〇一八年三月号、六〇—六六頁。

腰越滋 一九九三、「進学適性検査の廃止と日本人の階層組織化の規範——適性か努力か」『教育社会学研究』第五二集、一七八—二〇七頁。

佐々木享 一九八九、「大学入試の歴史(第二四回)能研テスト——新たな共通試験」『大学進学研究』第一一巻三号、五四—五七頁。

佐々木享 一九八四、『大学入試制度』大月書店。

大膳司 二〇〇七、「戦後日本における大学入試の変遷に関する研究(一)——臨時教育審議会(一九八四〜一九八七年)以降を中心として」広島大学高等教育研究開発センター編『大学論集』第三八集(二〇〇六年度)、三三七—三五一頁。

竹内洋 一九九三、『パブリック・スクール——英国式受験とエリート』講談社現代新書。

竹内洋 一九九一、『立志・苦学・出世——受験生の社会史』講談社現代新書。

竹内洋　一九八八、『選抜社会――試験・昇進をめぐる〈加熱〉と〈冷却〉』リクルート出版。
中央教育審議会　一九五四、「大学入学者選考およびこれに関連する事項についての答申（第六回答申（昭和二九年一一月一五日））」（https://www.mext.go.jp/b_menu/shingi/chuuou/toushin/541101.htm）（二〇二〇年六月六日閲覧）。
本田由紀　二〇〇五、『多元化する「能力」と日本社会――ハイパー・メリトクラシー化のなかで』ＮＴＴ出版。
文部省大学学術局大学課　一九五八、『大学入学試験に関する調査』四二―四九頁。
Farndon, John 2009, *Do You Think You're Clever?: The Oxford and Cambridge Questions*, Icon Books Ltd.（ジョン・ファーンドン、小田島恒志・小田島則子訳『オックスフォード&ケンブリッジ大学　世界一「考えさせられる」入試問題――「あなたは自分を利口だと思いますか？」』河出文庫、二〇一七年）

3 入試の多様化の経緯と現状

木村拓也（九州大学）

●入試の多様化には、高等教育の大衆化と収容定員の問題、ひいては大学経営の問題が関係している。
●「公正な機会の確保」の理念のもとに制度化された「入試の多様化」は、近年社会人入試や帰国子女入試が低調になり、AO入試に収斂する傾向が見られる。

一　「入試の多様化」の経緯――三つの「多様化」から論じる視点

「入試の多様化」と聞いてまず思い浮かべるのは、推薦入試やアドミッション・オフィス入試（以下、AO入試）であろう。だが、「入試の多様化」について、もう一歩踏み込んだ理解をするためには、大きく三つの側面から読み解く必要がある。三つの側面とは、「大学へのアクセス」の多様化、「入試区分」の多様化(1)、「評価観点」の多様化(2)である。言い換えれば、誰が、どの入試区分で、何を評価されて、大学へ入学していくのか、が「入試の多様化」を読み解く鍵である。

二　「入試の多様化」の時代背景とその表向きの理念

まず、それぞれの「入試区分」が設定された時代背景について、根拠となった答申を順に追っていくと、推薦入学の導入は、一九五四（昭和二九）年の中央教育審議会答申で謳われた、受験競争の激化という状況把握のもとでの、学力試験偏重から調査書重視への入学者選抜政策の転換の流れに沿ったものであった。一九六三（昭和三八）年の中央教育審議会答申で調査書重視が再度謳われた直後に、同年度から高校での学習到達度を測るテストとして能研学力テストが設計・開始されていく。一九六八（昭和四三）年度を最後に能研テスト構想自体は頓挫するものの、一九六七（昭和四二）年度から制度化された調査書を選抜資料とする推薦入学が、その残滓《ざんし》として継続されていったのである。

帰国子女特別選抜、中国引揚者等子女特別選抜、社会人特別選抜、専門高校卒業生選抜の創設に大きく影響を与えたのは、一九八五〜八七（昭和六〇〜六二）年の臨時教育審議会答申であり、高等教育への門戸開放や国際化への対応が謳われたことに基づく制度化であった。

ＡＯ入試については、一九八五（昭和六〇）年臨時教育審議会第一次答申以降、一九九一（平成三）年の中央教育審議会答申、一九九三（平成五）年の大学審議会報告、一九九七（平成九）年の中央教育審議会答申の中で繰り返し謳われた、個性重視を実現するための、詳細な書類審査と時間をかけた丁寧な面接等を組み合わせる、評価尺度の多元化に基づいた制度化であった。

三　大学入学をめぐる公正な機会の確保としての「入試の多様化」

前節で述べた経緯が、表向きに語られる「理念」としての「入試の多様化」であるとすれば、その裏側にあったのが、高等教育の大衆化という事実であり、それにともなう大学入学資格の弾力化という経緯であった。このことから、誰が大学にアクセス（入学）する権利を手にするか、という大学入学の公正さをめぐるせめぎ合いとして「入試の多様化」を整理することを試みたい[3]。

戦前の高等教育への選抜方法は、一九二七（昭和二）年から、進学適性検査が始まる一九四七（昭和二二）年まで、口頭試問を重視した総合判定方式であった（村上 一九六八、四八―四九頁）。戦前の学校体系は複線化されており、旧制高等学校や大学予科に至るまでに事前に選抜されることで、「旧制大学の入学選抜は、高等学校と大学との収容定員に大きな開きがなく、進学が容易であった」（村上 一九六八、四七頁）。その意味で、旧制から新制への制度変更によって、複線化されていた中等後教育の学校群が、戦前に社会的評価の高かった「大学」で括られることで、大学入学資格を誰に与えるかについての制度的矛盾が一気に噴出することとなる。つまり、連合国軍総司令部（ＧＨＱ）が、普通科と職業科を含んだ「総合制」の原則（文部省 一九九二、一三一頁）を打ち出したことにより、新制大学は普通科と職業科の生徒に対して公正に入学の機会を確保する必要に迫られたのである。実際に、文部省は、一九五一（昭和二六）年度入試において、職業教育を受けた高校生に対して大学入学をめぐる機会の公正な確保をすべく、学科試験（社会・数学・理科）の代替科目として職業科目の出題を求める通知を出している（文部省大学学術局長 一九五〇）。

また、一九六七（昭和四二）年度から始まった推薦入学が、受験競争の激化を軽減する施策として謳われた一方で、制度開始から一〇年経った一九七六（昭和五一）年度に文部省が行った大学入学者選抜実態調査において、推薦入学制度による入学者のうち、国立大学で昼間部二六%、夜間部五五%、私立大学で昼間部二三%、夜間部四三%の学生が職業高校出身者として入学している事実（文部省大学局大学課 一九七六、九頁）は、推薦入学が「傍系」からの大学入学ルートの確保として実際は機能していたことを示唆している。さらに、理科教育及び産業教育審議会や臨時教育審議会などで繰り返し職業高校の特性に応じた「入試の多様化」を長年謳い続け、総合学科の創設を謳った一九九一（平成三）年の中央教育審議会で「職業高校卒業生を特別配慮するのも、みな公正の観念に入り得る」（中央教育審議会 一九九一）とされたことで、一九九六（平成八）年度から専門高校卒業生選抜が開始され、一九九四（平成六）年に設置された総合学科の完成年度を迎えた一九九七（平成九）年度入試からは専門高校・総合学科卒業生選抜と名称が変更された。専門高校・総合学科卒業生選抜は、ＡＯ入試の記載が始まる直前の二〇〇一（平成一三）年度まで、大学入学者選抜実施要項の「第一選抜方法」において一般選抜と同列に記載されていたのである。[4] 併せて、大学入学資格についても、戦後、学校教育法やその施行規則の改正や告示を繰り返す中で、「正規の一二年の学校教育課程を修了した一八歳」という原則を弾力化していくことで、[5] 帰国子女生、私費留学生、国内外のインターナショナルスクール修了生、高等専修学校生などに、順次、大学入学をめぐる機会の公正な確保がはかられていった。

また、この大学入学をめぐる公正な機会の確保という観点は、大規模統一テストとの関係においても整理される必要がある。先述の推薦入学制度創設につながる調査書重視の入学者選抜政策では、一九七一（昭和四六）年の中央教育審議会答申に述べられたように、共通第一次学力試験が「調査書を補正する」テストとして設計されるものの、その構想は実現することなく、国公立大学の文字通り「共通」の一次試験としての役割のみが制度化されていく（木村 二〇〇七、二〇〇八、二〇一〇、二〇一二b）。その後、臨時教育審議会において、当時の新テスト構想、つまり大学入試センター試験を審議し、導入していくことになる。アラカルト方式や私立大学への大規模統一テストの開放とともに、文字通り、

「高等教育への門戸開放」理念に照応し、原則五教科すべてを受験という制約を課していた共通第一次学力試験が、一九八五(昭和六〇)年度入試における新教育課程履修者から、職業高校・職業科の生徒向けに簿記会計Ⅰ・Ⅱ(一九九七(平成九)年度入試の新教育課程履修者より簿記、二〇〇六(平成一八)年度の新教育課程履修者より簿記・会計)、工業数理(二〇〇六年度の新教育課程履修者より工業数理基礎)といった「代替科目」を導入し(安野 二〇一三、四七六―四七八頁)、職業高校・職業科の生徒の「理科Ⅰ」や「現代社会」の受験を認めたり(文部省初等中等局職業教育課 一九八八、九二頁)、大学入試センター試験では、一九九七年度の新教育課程履修者より情報関係基礎を「代替科目」として導入していった(安野 二〇一三、四九九―五〇四頁)[(6)]。また、推薦入学については長らくⅠ(共通第一次学力試験・大学入試センター試験を課さない)とⅡ(共通第一次学力試験・大学入試センター試験を課す)が設定されており、それらは一九八九(平成元)年度から二〇〇六年度までの実施要項に規定されていた。大規模統一テストが課されると途端に問題となるのは、普通科以外の「傍系」からの大学入学の困難である[(7)]。そして、臨時教育審議会答申の後、一気に進んだのが、帰国子女特別選抜(中国引揚者等子女を含む)と社会人特別選抜の制度化であった。これらの受験者層は、海外赴任や経済的困窮などの家庭の事情により一般選抜での受験が困難であり、こうした「入試の多様化」の制度化を経て、大学入学へのアクセスが開かれたのである。つまり、新制大学の誕生時と同様、共通第一次学力試験や大学入試センター試験といった大規模統一テスト制度の開始が「入試の多様化」と「大学入学資格の多様化」の必要性を生じさせた、と整理することができよう。

加えて、こうした「入試の多様化」自体は、大学入学者選抜実施要項に規定される前から制度の間隙をぬって実施されていた経緯もある。推薦入学については、「実施要項に選抜方法の一つとして取り上げられる以前に、文部省と協議のうえ実施していた大学があり、昭和四一年度に既に実施していた大学は三一校もあった」(文部省大学学術局大学課 一九七〇、四二—四三頁)。AO入試についても、慶應義塾大学が国公立大学に先駆けて一九九〇(平成二)年度から実施している。帰国子女特別選抜や社会人特別選抜も、私立大学の実施の方が国公立大学よりも早かった。[8][9] そういう意味では、公正な大学入学の機会確保の観点から始まったニーズを後付けで制度化していった過程ともいえる。また、AO入試が、受験生の能力適性を多面的、総合的に判定するという理念のもとで、その設定自体が自由に設計できるかのような定義であったがために、実際にはさまざまな入試形態を包含しながら発展した。推薦入試からの転換であったり、実質、社会人入試や帰国子女入試であったり、[10] 退職後の団塊世代をはじめとしたシニア対象の入試(杉原・上田才 二〇〇九)であったりなど、AO入試という新たな「入試区分」が、既存の多様な「入試区分」の境界領域を曖昧化する形で実施されていったことは付け加えておかねばなるまい。

四 「入試の多様化」の過去一〇年間の推移

推薦入学による募集人員については、一九九三(平成五)年の大学審議会報告において、大学で三割、短期大学で五割を超えない目安を提案され、青田買いの横行の懸念から一一月以降の選抜日程を提案されたように、「抑制」の対象でもあった。その後、一九九五(平成七)年度の大学入学者選抜実施要項からその旨が記載されるものの、AO入試の開始にともない、大学では二〇〇〇(平成一二)年度から私立大学の附属高等学校からの推薦入学を除いて募集単位の五割が上限となり、二〇〇四(平成一六)年度からは私立大学の附属高等学校からの推薦入学を含めて募集単位の五割が上限となった。二〇〇六(平成一八)年度からは私立大学の限定がなくなったものの、現在までこの上限規定は残ったままである。また、短期大学については、五割の上限が、二〇〇〇年度の改訂でなくなっている。AO入試の試験期日についても、入学願書受付を八月一日以降にすると、二〇一一(平成二三)年度より規定されており、二〇二一(令和三)年度入試の総合型選抜からは九月一五日以降と規定されている。一方、二〇一七(平成二九)年に、国立大学協会が、二〇二一年度までに国立大学全体としてAO入試、推薦入試の占める割合を入学定員の三〇%とすることを目標に掲げる(国立大学協会 二〇一七、五頁)など、一般入試以外の入試制度の「量的緩和」に舵を切っている。こうした設置者別の抑制/緩和をめぐる緊張関係は、高等教育の大衆化とその収容定員の問題、ひいては大学経営の問題として「入試の多様化」を整理していく視点を必要とする。そうした観点も踏まえて、「入試の多様化」が、近年どのように進んできたのか、文部科学省が毎年発表している各年度の「国公私立大学入学者選抜実施状況」「国公私立短期大学入学者選抜実施状況」のデータから、二〇一〇(平成二二)年度入試から二〇一九(平成三一/令和元)年度入試までの過去一〇年の推移を見ていく(表1、表2)。

(1) 一般入試、推薦入試、AO入試の入試区分の状況

一般入試による入学者に関して、過去一〇年間、国立大学は、割合にして、全入学者の八四%程度で推移しあまり変化がない。公立大学は、二〇一〇(平成二二)年度に大学数が七八であったのが、二

〇一九（平成三一／令和元）年度には九〇になるなど、その数が増加している影響もあると思われるが、二〇一九年度の一般入試による入学者は二〇一〇年度の一・一二倍、人数にして二〇一〇年度の二万一二一五人から二〇一九年度の二万三七八八人と、二五七三人増加している。ただ、割合で見ると、二〇一九年度の一般入試による入学者は全入学者の七一・七％であり、二〇一〇年度の七三・五％からその割合を徐々に下げてきていることが分かる。私立大学も同様に、一般入試による入学者の割合が、二〇一四（平成二六）年度の四九・六％をピークに、四九・〇％、四九・〇％、四八・五％、四七・三％、四五・六％と年々低下傾向にあることが分かる。比率で見ても、二〇一九年度は、二〇一〇年度の〇・九七（二二万一三九六人［▼七五〇六人］）となるなど、他の入試区分の影響が見てとれる。

推薦入試による入学者に関して、過去一〇年間、国立大学は、割合にして全入学者の一二％程度で推移し、あまり変化がない。公立大学は、大学数が増加している影響もあると思われるが、二〇一九年度の推薦入試による入学者は二〇一〇年度の一・二四倍、人数にして六七四五人（二〇一〇年度）から

AO 入試の状況

2017 (H29)	2018 (H30)	2019 (H31/R1)
82,583	82,086	81,459
84.0	83.7	83.2
0.98	0.97	0.97
22,780	23,425	23,788
72.6	72.1	71.7
1.07	1.10	1.12
236,096	228,967	221,396
48.5	47.3	45.6
1.03	1.00	0.97
11,953	11,949	11,990
12.2	12.2	12.2
0.98	0.97	0.97
7,664	8,008	8,344
24.4	24.6	25.1
1.14	1.19	1.24
197,378	198,057	206,672
40.5	41.0	42.6
1.01	1.02	1.06
3,249	3,603	4,016
3.3	3.7	4.1
1.26	1.40	1.56
761	899	927
2.4	2.8	2.8
1.13	1.33	1.37
52,020	55,329	56,184
10.7	11.4	11.6
1.04	1.11	1.12

表1　2010年度から2019年度までの一般入試，推薦入試，

			2010 (H22)	2011 (H23)	2012 (H24)	2013 (H25)	2014 (H26)	2015 (H27)	2016 (H28)
一般入試	国立大学	入学者数	84,195	84,630	84,097	84,279	84,438	84,308	83,752
		割合(%)	84.1	84.2	84.1	84.4	84.5	84.6	84.5
		比率	1.00	1.01	1.00	1.00	1.00	1.00	0.99
	公立大学	入学者数	21,215	21,644	21,815	21,866	22,109	22,494	22,457
		割合(%)	73.5	73.7	73.3	73.3	73.2	73.2	72.8
		比率	1.00	1.02	1.03	1.03	1.04	1.06	1.06
	私立大学	入学者数	228,902	227,448	227,977	232,268	232,867	234,172	234,331
		割合(%)	48.1	48.4	49.1	48.9	49.6	49.0	49.0
		比率	1.00	0.99	1.00	1.01	1.02	1.02	1.02
推薦入試	国立大学	入学者数	12,620	12,568	12,428	12,327	12,228	12,096	12,013
		割合(%)	12.6	12.5	12.4	12.3	12.2	12.1	12.1
		比率	1.00	1.01	1.00	1.00	1.00	1.00	0.99
	公立大学	入学者数	6,745	6,953	7,153	7,205	7,292	7,361	7,527
		割合(%)	23.4	23.7	24.0	24.1	24.1	24.0	24.4
		比率	1.00	1.03	1.06	1.07	1.08	1.09	1.12
	私立大学	入学者数	194,745	190,929	187,361	191,635	186,329	191,548	191,823
		割合(%)	40.9	40.7	40.3	40.3	39.7	40.1	40.1
		比率	1.00	0.98	0.96	0.98	0.96	0.98	0.98
AO入試	国立大学	入学者数	2,579	2,704	2,855	2,640	2,629	2,679	2,794
		割合(%)	2.6	2.7	2.9	2.6	2.6	2.7	2.8
		比率	1.00	1.05	1.11	1.02	1.02	1.04	1.08
	公立大学	入学者数	676	537	561	567	604	663	690
		割合(%)	2.3	1.8	1.9	1.9	2.0	2.2	2.2
		比率	1.00	0.79	0.83	0.84	0.89	0.98	1.02
	私立大学	入学者数	49,984	48,654	47,210	49,095	48,129	50,143	50,531
		割合(%)	10.5	10.4	10.2	10.3	10.3	10.5	10.6
		比率	1.00	0.97	0.94	0.98	0.96	1.00	1.01

注：「割合(%)」は，全入学者に占める割合，「比率」は，2010(平成22)年度を1とした際の比率.

八三四四人(二〇一九年度)と一五九九人増加している。割合としては二五%前後で、年々その割合が増えてきていることが分かる。私立大学も同様に、推薦入試による入学者の割合が、二〇一四年度の三九・七%をボトムに、四〇・一%、四〇・一%、四〇・五%、四一・〇%、四二・六%と年々増加傾向にあることが分かる。比率で見ても、二〇一九年度は、二〇一〇年度の一・〇六(二〇万六六七二人[△一万一九二七人])となるなど、一般入試区分が減少しているのとは真逆の現象が見てとれる。

一方、大学入試全体で見て、AO入試による入学者数は概ね増加に転じている。ここで興味深いのが、全入学者に占める割合は、国立大学で一・五八倍の割合倍の割合になった(二〇一〇年度の二・六%から、二〇一九年度の四・一%)が、公立大学や私立大学では、若干の増加はあるものの、ほぼ変化がない(公立大学は二・五%程度、私立大学は一一%程度で推移)。それに対して、二〇一〇年度の入学者数を一とした比率を見てみると、二〇一九年度は、国立大学が一・五六(四〇一六人[△一四三七人])、公立大学が一・三七(九二七人[△二五一人])、私立大学が一・一二(五万六一八四人[△六二〇〇人])となっていることであり、概ねいずれの設置区分においても二〇一六年度頃を境に伸びていることが分かる。

(2) 一般入試、推薦入試、AO入試以外の入試区分の状況

二・三節で見てきたように、さまざまな時代背景のもとに、大学入学をめぐる公正な機会の確保のために「入試区分」を次々に設定していったが、現在では、そのすべてがうまく機能しているわけではない。

具体的な数値で見ていくと、社会人入試による入学者についていえば、過去一〇年間、いずれの設

置区分においても、入学者数を減少させている。社会人入試による入学者は、二〇一〇(平成二二)年度の入学者数を一としたとき、国立大学で〇・五六(二八一人[▼二二一人])、公立大学で〇・四三(八八人[▼一一五人])、私立大学で〇・三五(三六九人[▼七〇〇人])である。また、全入学者に占める割合は非常に小さく、二〇一九(平成三一/令和元)年度は国立大学で〇・三%、公立大学で〇・三%、私立大学で〇・一%である。社会人入試については、一九九九(平成一一)年の大学院設置基準等の改正にともなう大学院入学資格の弾力化により、大学院の個別審査を経れば、大卒以外の学生も受け入れることが可能であり、そうした動向とも無関係ではない、と思われる。

また、帰国子女入試による入学者についていえば、全入学者に占める割合は非常に小さく、二〇一九年度は国立大学で〇・一四〇%(一三七人)、公立大学で〇・一〇八%(三六人)、私立大学で〇・一四五%(七〇三人)である。また、中国引揚者等子女入試による入学者については、二〇一九年度では、私立大学に一人あったのみである。この一〇年間でいえば、国立大学では二〇一六(平成二八)年度以降、公立大学では二〇一三(平成二五)年度以降この「入試区分」での入学者はいない。ちなみに、公立短期大学では、過去一〇年間当該「入試区分」での入学者はおらず、私立短期大学では、二〇一四(平成二六)年度に一三人、二〇一八(平成三〇)年度に一人の入学者があったのみである。

専門学科・総合学科卒業生入試による入学者の割合については、二〇一〇年度の段階で、全入学者に占める割合が、国立大学で〇・〇二八%(二八人)、公立大学で〇・〇〇三%(一人)、私立大学で〇・一五一%(七一八人)と、どの設置者でも高くはない。二〇一〇年度を一とした比率で見てみても、二〇一九年度には、国立大学が〇・八六(二四人[▼四人])、私立大学が〇・一一(七九人[▼六三九人])と減少していることは否めない。大きく減少に転じるのは、二〇一六年度入試からであることが分かる。
一方、これらの数値は、帰国子女や専門学科・総合学科卒業の該当者が年々少なくなり、これらの「入試区分」の意義が薄れてきていることを意味するというよりも、そうした生徒が我が国で顕著に減少していない限り、他の「入試区分」が選抜要件を緩和することにより、従前まで「入試区分」を別に設けないと大学に入学することが困難であった層を受け入れている、と考える方が妥当である。この点は、表向きの数値のみでの議論では見えてこない点である。つまり、元来志願区分が厳密な定義をもつ「入試区分」で入学していた学生が、三節で見た通り、志願区分をそれほど厳密にしない形で行われることも多いAO入試という「入試区分」によって、大学へアクセス（入学）している可能性を指摘できる。その意味では、「入試区分」の多様化により新たに創設されたAO入試が、従前あった多様な「入試区分」を取り込む形で、実質的に「入試区分」の整理統合をもたらす、といったような、当初の設立理念が想定していなかった作用を引き起こしていることは、注目に値する。

入試の状況

2017 （H29）	2018 （H30）	2019 （H31/R1）
27 0.027 0.96	23 0.023 0.82	24 0.025 0.86
2 0.006 2.00	6 0.018 6.00	6 0.018 6.00
107 0.022 0.15	102 0.021 0.14	79 0.016 0.11
157 0.160 0.82	133 0.136 0.70	137 0.140 0.72
43 0.137 1.19	38 0.117 1.06	36 0.108 1.00
775 0.159 0.85	711 0.147 0.78	703 0.145 0.77
0 0.000 0.00	0 0.000 0.00	0 0.000 0.00
0 0.000 0.00	0 0.000 0.00	0 0.000 0.00
0 0.000 0.00	1 0.000 0.50	1 0.000 0.50
361 0.4 0.72	326 0.3 0.65	281 0.3 0.56
147 0.5 0.72	125 0.4 0.62	88 0.3 0.43
481 0.1 0.45	455 0.1 0.43	369 0.1 0.35

表2 2010年度から2019年度までの一般入試，推薦入試，AO入試以外の

			2010(H22)	2011(H23)	2012(H24)	2013(H25)	2014(H26)	2015(H27)	2016(H28)
専門学科・総合学科卒業生入試	国立大学	入学者数	28	38	36	39	33	38	31
		割合(%)	0.028	0.038	0.036	0.039	0.033	0.038	0.031
		比率	1.00	1.36	1.29	1.39	1.18	1.36	1.11
	公立大学	入学者数	1	6	6	4	3	5	6
		割合(%)	0.003	0.020	0.020	0.013	0.010	0.016	0.019
		比率	1.00	6.00	6.00	4.00	3.00	5.00	6.00
	私立大学	入学者数	718	534	483	454	419	420	168
		割合(%)	0.151	0.114	0.104	0.096	0.089	0.088	0.035
		比率	1.00	0.74	0.67	0.63	0.58	0.58	0.23
帰国子女入試	国立大学	入学者数	191	186	155	146	133	121	130
		割合(%)	0.191	0.185	0.155	0.146	0.133	0.121	0.131
		比率	1.00	0.97	0.81	0.76	0.70	0.63	0.68
	公立大学	入学者数	36	41	34	37	28	41	36
		割合(%)	0.125	0.140	0.114	0.124	0.093	0.133	0.117
		比率	1.00	1.14	0.94	1.03	0.78	1.14	1.00
	私立大学	入学者数	913	1008	786	834	802	812	911
		割合(%)	0.192	0.215	0.169	0.176	0.171	0.170	0.190
		比率	1.00	1.10	0.86	0.91	0.88	0.89	1.00
中国引揚者等子女入試	国立大学	入学者数	2	4	1	0	0	1	0
		割合(%)	0.002	0.004	0.001	0.000	0.000	0.001	0.000
		比率	1.00	2.00	0.50	0.00	0.00	0.50	0.00
	公立大学	入学者数	3	2	2	0	0	0	0
		割合(%)	0.010	0.007	0.007	0.000	0.000	0.000	0.000
		比率	1.00	0.67	0.67	0.00	0.00	0.00	0.00
	私立大学	入学者数	2	3	6	3	6	1	0
		割合(%)	0.000	0.001	0.001	0.001	0.001	0.000	0.000
		比率	1.00	1.50	3.00	1.50	3.00	0.50	0.00
社会人入試	国立大学	入学者数	502	432	447	394	407	374	354
		割合(%)	0.5	0.4	0.4	0.4	0.4	0.4	0.4
		比率	1.00	0.86	0.89	0.78	0.81	0.75	0.71
	公立大学	入学者数	203	178	179	157	165	170	124
		割合(%)	0.7	0.6	0.6	0.5	0.5	0.6	0.4
		比率	1.00	0.88	0.88	0.77	0.81	0.84	0.61
	私立大学	入学者数	1069	908	767	698	613	631	556
		割合(%)	0.2	0.2	0.2	0.1	0.1	0.1	0.1
		比率	1.00	0.85	0.72	0.65	0.57	0.59	0.52

注：「割合(%)」は，全入学者に占める割合，「比率」は，2010(平成22)年度を1とした際の比率.

五　複雑な「入試の多様化」をシステムとして理解する

「入試の多様化」を総論として論じることはきわめて難しい。二・三節で見てきたように、新たな入試を設計する意図が時代によって異なり、新たな「入試区分」が誕生する一方で、従前の「入試区分」が遺物のように残ったままである。さらに四節で見たように、一八歳人口が減少していく中、こうした「入試の多様化」を利用し、学生募集の点から、どの「入試区分」でどういった学生を確保するのか、という各機関の戦略が交錯する(11)。それは、理念や選抜方法だけで物語れる生易しい現象では決してない。そのことは、先のAO入試の意図せざる結果としての「入試区分」の大括り化でも明らかである。

また、四節で見たように、設置者カテゴリーにより各「入試区分」の位置付け、増減の様子、全入学者に占める割合などがまるで異なる。併せて、大学の数とその中に入れ子のようになっている学科数まで数えれば、入試の数は膨大なものとなるし、それが頻繁に改廃を繰り返す。大学入試の偏差値による難易度も当然入学者選抜制度には影響がある。なので、十把一絡げに、「入試区分」ごとにデータを見ていくには限界があるが、それでも、次善の策として、入試システム全体として、どの設置者がどの「入試区分」で学生を入学させているか、というマクロな動きを経年で見ていくことは、「入試の多様化」がもたらした変化を捉える上では、一定の意義が見込めるだろう。

次の図1、図2、図3は、設置者カテゴリーごとの、過△欠員(「入学者数」－「募集人員」)について、一般入試、一般入試以外、そして、全体のグラフで表したものである。

国立大学から見ていくと、二〇一五(平成二七)年度入試を境に、一般入試以外で欠員が生じていることが特徴的である。二〇一六年度入試からは、東京大学が推薦入試(初年度、募集人員一〇〇人程度に対して入学者七七人)を、京都大学が特色入試(初年度、募集人員一〇八人に対して入学者八一人)を開始したが、それでも欠員は四〇人程度しか説明できない。欠員が年々増加している傾向が今後続いていくのかについては注視が必要である。次に、公立大学を見ていくと、先述の通り、公立大学自体の大学数

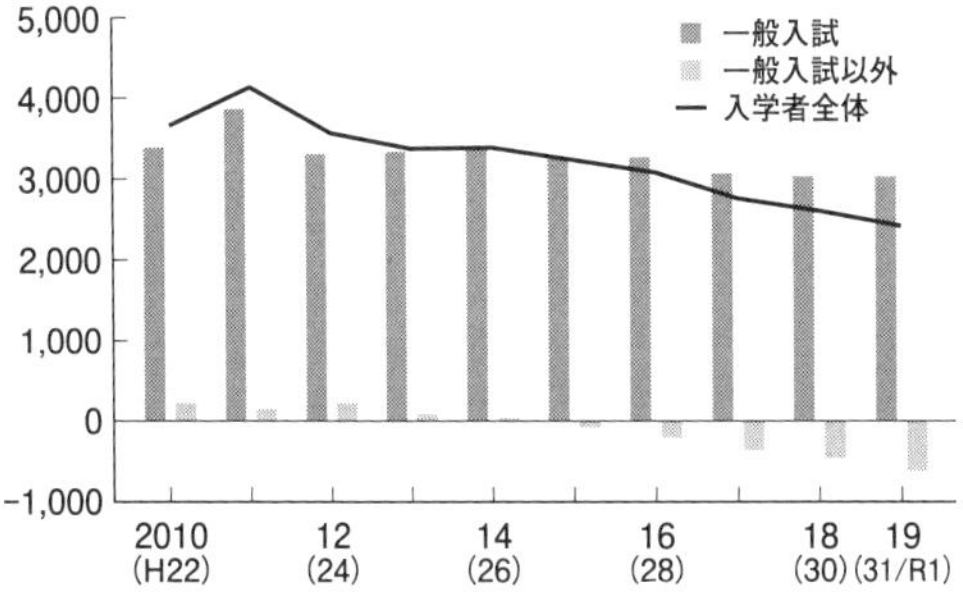

図1　過去10年の国立大学の入学者選抜状況

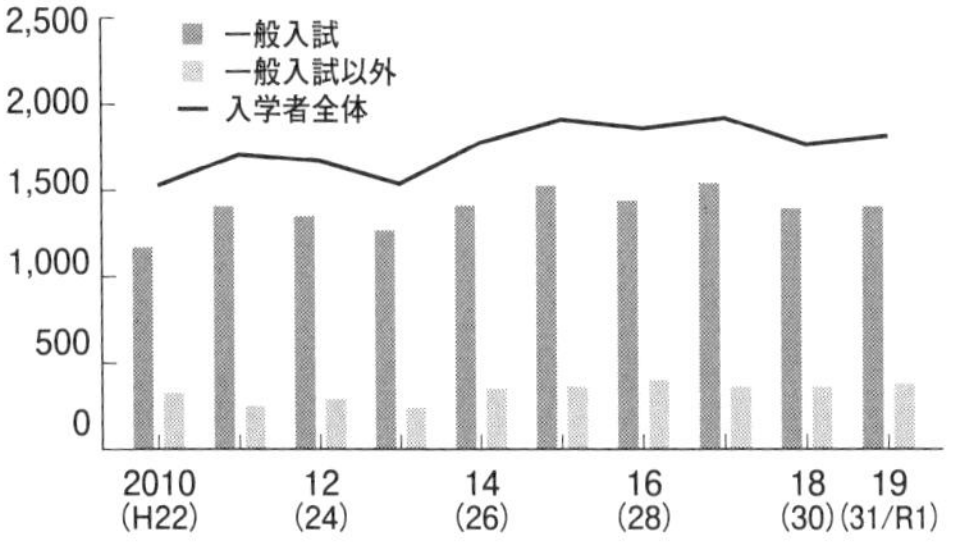

図2　過去10年の公立大学の入学者選抜状況

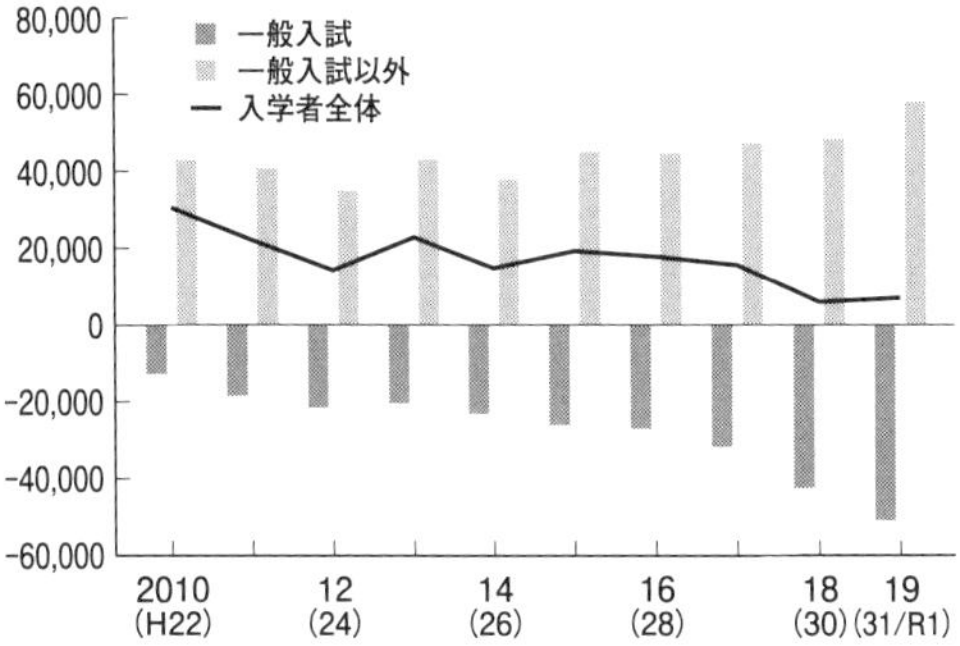

図3　過去10年の私立大学の入学者選抜状況

の増加があるので一概にはいえないが、比較的安定した入学者数になっている。そして、私立大学を見ていくと、全体の過△欠員が、二〇一〇（平成二二）年度には、二万九七八四人だったのが、二〇一九（平成三一／令和元）年度には七〇七三人に落ち着いている。このことは、二〇一七（平成二九）年の基準改正（厳格化）により、二〇一九年度に厳格管理に成功した機関への補助金増額といった私学助成における定員管理の適正化政策（文部科学省高等教育局 二〇一五、二〇一七）の効果といえるのかもしれない。元々、一般入試の欠員が年々大きくなっていたところに、二〇一五年度入試を境に、一般入試以外の「入試区分」による入学者が増加しており、一般入試以外の「入試区分」で早期に定員を確保し、時期的に後にある一般入試を「調整弁」として機能させている可能性がある。

　複雑な「入試の多様化」をシステムとして理解する、という意味はこの点に集約される。つまり、いくら高等学校以下の教育を改善するために入試改革論議を行えども、いくら教育改革の理念のもと新しい「入試区分」を創設しようとも、この間の経緯を見れば、単に政策や制度の意図通りの結果をもたらした、とはいい難い。それよりも、「入試の多様化」は、高等教育の大衆化への対応として、いかに普通科以外の「傍系」も含めた学生を大学に入学させる枠組みとして活用し、入学定員を確保するのか、という大学経営の視点が常に入り込む事実を抜きには語れない。もう一つは、高校側の、生徒を大学に合格させたいという思惑である。受験生にとって受験したいというインセンティブにつながる入試期日、入試科目に大学側が調整し、高校側がそれを利用して合格者数を確保するという両側の思惑を抜きにした入試改革論議を行ったところで、高等教育が大衆化し、かつ、一八歳人口が減少する時代には、功を奏さない徒労に終わる可能性があるといえる。

注

(1)　文部科学省が毎年五月末頃に公表する「大学入学者選抜実施要項」には二〇二〇(令和二)年度入試において、一般入試のほか、(1)アドミッション・オフィス入試、(2)推薦入試、(3)専門学科・総合学科卒業生入試、(4)帰国子女入試(中国引揚者等子女を含む)・社会人入試が挙げられている(文部科学省 二〇一九、二頁)。これらの「入試区分」が「大学入学者選抜実施要項」に最初に登場するのは、推薦入学(二〇〇六[平成一八]年度より「推薦に基づく選抜」、二〇一〇[平成二二]年度より「推薦入試」、二〇二一[令和三]年度入試より「学校推薦型選抜」と名称変更予定)が一九六七(昭和四二)年度、帰国子女特別選抜、社会人特別選抜(二〇〇六年度より「帰国子女選抜」「社会人選抜」、二〇一〇年度より「帰国子女入試」「社会人入試」、二〇二一年度入試より「帰国生徒選抜」「社会人選抜」と名称変更予定)が一九八九(昭和六四)年度、帰国子女特別選抜に「中国引揚者等子女を含む」が追加されるのも同じく一九八九年度、専門高校卒業生選抜が一九九六(平成八)年度(一九九七[平成九]年度より「専門高校・総合学科卒業生選抜」、二〇一〇年度より「専門高校・総合学科卒業生入試」、二〇一五[平成二七]年度入試より「専門学科・総合学科卒業生入試」に名称変更)、ＡＯ入試(二〇二一年度入試より「総合型選抜」に名称変更予定)が二〇〇二(平成一四)年度である。

(2)　これに付随するのが、学力検査、小論文、面接、集団討論、プレゼンテーションや活動報告書、大学入学希望理由書および学修計画書、資格・検定試験等の成績、などの成績資料の活用という「選抜方法」の多様化であるが、紙幅の関係から本章では扱わない。

(3)　こうした観点から、カリフォルニア大学の入試制度を整理した研究にDouglass (2007)がある。アメリカにおける教育資格の勃興を、階級間の葛藤の帰結として描き出した研究にCollins (1979＝1984)がある。

(4)　二〇〇二(平成一四)年度の大学入学者選抜実施要項より、大学の意向によって取られうる選抜方法の一つとされた。二〇〇四(平成一六)年度までは「国立大学の入学者選抜」の項の「特別の選抜」(推薦入学)の前に位置付けられていたが、二〇〇五(平成一七)年度は「その他の選抜」に位置付けられ、二〇〇六(平成一八)年度からは「国立大学の入学者選抜」からは記載がなくなり、「選抜方法」の項のみでの記載となる。

(5)　具体的には、一九五一(昭和二六)年に大学検定試験の実施開始とともに大学検定試験合格者を追加、一九七八

（昭和五三）年に在外教育施設修了者を追加、一九七九（昭和五四）年に国際バカロレア資格を追加、一九八五（昭和六〇）年に高等専修学校の生徒を追加（文部省高等教育局私学部私学行政課 一九八六）、一九九五（平成七）年にアビトゥア資格を追加、一九九六（平成八）年にバカロレア資格を追加、二〇〇三（平成一五）年に国際的な評価団体認定外国人学校（国内）の修了者を追加、一九九七（平成九）年に国内「飛び入学」者を追加、二〇〇三年に大学が個別の入学審査を行うことを許可、二〇一六（平成二八）年にGCEA資格を追加および一二年課程に満たない者を追加、二〇一九（平成三一）年に外国における課程を修了した一八歳以上の年齢制限を撤廃している。

（6） 大学入試センター試験に、一九九七（平成九）年度より中国語が、二〇〇二（平成一四）年度より韓国語が外国語として追加されている。

（7） 佐藤（二〇〇五）は、帰国子女特別選抜と中国引揚者等子女特別選抜を比較し、前者が海外での生活体験や学習体験を評価するのに対し、後者がそれを評価するよりも日本語や日本の学校で身に付く学力を評価するという非対称性を指摘している。同様の入試における国際化の矛盾を、倉石（二〇〇九）は、私費留学生特別選抜、帰国子女特別選抜、中国引揚者等子女特別選抜の各大学での設置順序でパターン化し、外人／非外人、マジョリティ／マイノリティ、一般学生／その他という包摂と排除のメタ論理があると分析している。

（8） 社会人特別選抜は、名古屋大学法学部で一九八三（昭和五八）年度から国立大学として初めて実施（文部省大学局 一九八三、六八頁）したが、その前に立教大学法学部が一九七七（昭和五二）年度から我が国で初めて実施した（野村 一九八八）。帰国子女特別選抜は、国立大学では、第二学期推薦入試（九月入学）として、筑波大学が一九七六（昭和五一）年度に先行実施（西岡 一九八九、三二頁）、私立大学では、上智大学が一九七一（昭和四六）年度入試から一般受験生と別枠で海外帰国生徒を受け入れ、慶應義塾大学と南山大学が特別受け入れを一九七九（昭和五四）年度入試から開始した（佐藤 二〇〇五、七九頁）。一九八一（昭和五六）年度から始まる京都大学法学部の帰国子女選抜についても先駆の一つとして語られる向きがあるが、設計としては「外国学校出身者のための特別入学」であった（谷口 一九八九、三二―三三頁）。

（9） 例外は、中国引揚者等子女特別選抜であった。一九八七（昭和六二）年一一月に国立大学協会が通知を出したことに始まる（国立大学協会 一九八七）。一九八八（昭和六三）年度入試から開始した新潟大学法学部を皮切りに、翌年には、東京都立大学、室蘭工業大学、鳥取大学と国公立大学を中心に始まった。私立大学では、一九九一（平成三)年度入試の広島修道大学が最初である(倉石 二〇〇九、四六二頁)。
(10) 例えば、二〇〇〇(平成一二)年に東北大学はAO入試Ⅰ期を社会人入試、Ⅳ期を帰国子女入試として開始した。
(11) データは、安野(二〇一四)に詳しい。

引用文献

木村拓也 二〇一四、「大学入試の歴史と展望」繁桝算男編著『新しい時代の大学入試』金子書房、一一三五頁。
木村拓也 二〇一二a、「「多様な大学入学者選抜制度」の今日的状況——その理念と現実とが邂逅する「現場」からの所感」『教育制度学研究』一九、三八—五三頁。
木村拓也 二〇一二b、「共通第一次学力試験の導入の経緯——「日本型大学入学者選抜の三原則」の帰結として」東北大学高等教育開発推進センター編『高等学校学習指導要領vs大学入試——高校教育の規定要因を探る』東北大学出版会、一二五—一五六頁。
木村拓也 二〇一〇、「共通第一次試験・センター試験の制度的妥当性の問題——戦後大学入学者選抜制度史の視点から」中村高康編『リーディングス 日本の高等教育 第一巻 大学への進学——選抜と接続』玉川大学出版部、二四四—二六四頁。
木村拓也 二〇〇八、「格差を拡げる入試制度はどのように始まったのか?——日本におけるオープンアドミッション・システムの淵源」『クオリティ・エデュケーション』一、九一—一一三頁。
木村拓也 二〇〇七、「大学入学者選抜と「総合的かつ多面的な評価」——四六答申で示された科学的根拠の再検討」『教育社会学研究』八〇、一六五—一八六頁。
倉石一郎 二〇〇九、「「中国帰国生徒特別選抜入試」の挑戦」蘭信三編『中国残留日本人という経験——「満洲」と日本を問い続けて』勉誠出版、四五七—四七六頁。
国立大学協会 二〇一七、「二〇二〇年度以降の国立大学の入学者選抜制度——国立大学協会の基本方針」一—七頁。
国立大学協会 一九八七、「中国引揚者等子女の入学者特別選抜について」国大協総第一一三号、一—二頁。
佐藤郡衛 二〇〇五、「帰国生徒の受け入れと特別入試の意義と課題——「積極的差別是正策」の視点から」『国際教育評論』二、七六—八九頁。

杉原敏彦・上田才節雄 二〇〇九、「シニア世代の大学入学制度と学生支援――「広島大学フェニックス入学」に関するアンケート調査をもとに」『大学入試研究ジャーナル』一九、一―六頁。
谷口安平 一九八九、「外国学校出身者受け入れ体験」『大学入試研究の動向』七、三二―四六頁。
中央教育審議会 一九九一、「新しい時代に対応する教育の諸制度の改革について(答申)」。
中村高康 一九九六、「推薦入学制度の公認とマス選抜の成立――公平信仰社会における大学入試多様化の位置づけをめぐって」『教育社会学研究』五九、一四五―一六五頁。
西岡隆 一九八九、「帰国子女を対象とした筑波大学第二学期推薦入学制度について」国立大学入学者選抜連絡協議会編『大学入試研究の動向』七、三二―三六頁。
野村浩一 一九八八、「立教大学・法学部社会人入試制度の現状――その一〇年間の推移」文部省高等教育局編『大学資料』一〇七・一〇八合併号、五二―五九頁。
水野富士夫 一九七七、「海外子女の大学入試に関する提言」日本私立大学連盟編『大学時報』一三二、三二―三五頁。
村上智 一九六八、「わが国における入学者選抜制度の変遷とその特徴」文部省編『文部時報』一〇九〇、四一―五六頁。
文部科学省高等教育局 二〇一八、「平成三一年度以降の定員管理に係る私立大学等経常費補助金の取扱について」(三〇文科高第四五四号、私振補第四九号)、一―一一頁。
文部科学省高等教育局 二〇一五、「平成二八年度以降の定員管理に係る私立大学等経常費補助金の取扱について」(二七文科高第三六一号、私振補第三〇号)、一―一一頁。
文部科学省高等教育局長 二〇一九、「令和二年度大学入学者選抜実施要項」(元文科高第一〇二号)、一―一七頁。
文部省 一九九二、『学制百二十年史』ぎょうせい。
文部省高等教育局私学部私学行政課 一九八六、「高等専修学校卒業者に対する大学入学資格の付与について」文部省高等教育局学生課編『大学と学生』二三八、六一―六三頁。
文部省初等中等教育局職業教育課 一九八八、「大学入学者選抜における職業高校生に対する配慮について」文部省高等教育局編『大学資料』一〇七・一〇八合併号、八九―九三頁。
文部省大学学術局大学課 一九七〇、「昭和四五年度大学入学者選抜について」文部省大学学術局編『大学資料』三四、四〇―五一頁。

文部省大学学術局長　一九五〇／一九六一、「昭和二六年度新制大学等入学者選抜のうち学力検査実施教科科目について」（文大大第二九〇号）増田幸一・徳山正人・齋藤寛治郎『入学試験制度史研究』東洋館出版社、三〇五―三〇六頁。

文部省大学局　一九八三、「名古屋大学法学部社会人入試について」『大学資料』八六、六八頁。

文部省大学局大学課　一九七六、『昭和五一年度大学入学者選抜実態調査』、一―三七頁。

安野史子　二〇一四、「長期的視点での大学入学者選抜状況とシステム変更との関連」『大学入試研究ジャーナル』二四、六九―八〇頁。

安野史子　二〇一三、『戦後日本における全国規模テスト（改訂増補第二版）』一―五五七頁。

Collins, R. 1979, *The Credential Society: An Historical Sociology of Education and Stratification*, Academic Press（新堀通也監訳『資格社会――教育と階層の歴史社会学』有信堂高文社、一九八四年）

Douglass, J. A. 2007, *The Conditions for Admission: Access, Equity, and the Social Contract of Public Universities*, Stanford University Press.

II 試験と選抜のあり方

1　複数回の共通入試は実施できるのか
――公平性を確保する項目反応理論とは

光永悠彦
（名古屋大学）

●共通入試の年複数回化は、受験者を一発勝負のプレッシャーから解放し、受験者に都合の良い受験機会を提供できるため、前向きに検討されてもよい。
●複数回の異なるテストの結果を公平に比較するために、項目反応理論を応用した方法が提案され、実用化されている。

はじめに

大学入試センター試験（以下「センター試験」）は、高校で学習すべき内容がどれだけ身についているかを測る達成度テストではなく、高大接続の一環として、大学における学びのために必要な資質をも測るというスタンスで実施されてきました。そんな中、高大接続の議論と合わせて、大学入試のための新しい共通テストを導入する方針が浮上し、具体案について検討が重ねられてきました。新しい共通テストの特徴として、センター試験とは異なり達成度テストとし、それ以上の内容を問うのは大学の個別入試で、という考え方があります。しかし、これまでの大学入試改革の議論では、受験生への負担を考慮するという姿勢はほとんどみられませんでした。

数少ない例外として、新しい共通テストの制度設計では、初期の段階より項目反応理論（item response theory：以下、ＩＲＴ）を用いた年複数回実施について検討する方針が示されていました（高大接続システム改革会議 二〇一六、五九頁）。また、過年度生（浪人生）に配慮し、スコアを複数年にわたって有効とするという提案もなされています。これらの仕様に基づくテストを入試で行うこと自体、決して不可能ではありません[1]。受験生にとっても、自分自身の都合のよい時に、科目ごとに異なる回を選んで受験できる制度は、一発勝負のプレッシャーから解放されるということで、大きなメリットであるといえます。

しかし、これまで共通テストを年複数回実施する案が提起されても、いまだ現実化していません。その背景としては、日本における従来の前提が「年に一度、全国一斉に、同じ問題冊子を用いてテストを実施し、スコアは素点（正答の数）と配点に基づくものとし、出題した問題は実施直後直ちに公開する」といった「日本的テスト文化」（前川 二〇一五）にしばられている点が挙げられます。また共通テストが年複数回行われると、高校がその対策に追われることになる点も指摘されています[2]。

それでも、受験者不在のまま大学入試改革の議論が進んでしまった、という点を反省するなら、今後の議論においても、受験者にとってメリットの多い「新しい共通テストの年複数回化」の実現可能性を検討することが求められることは間違いありません（以下、年複数回化された新しい共通テストを「複数回共通テスト」とよびます）。そこで本章では、公平性を保ったままで複数回共通テストを実施する方法について、テスト理論の立場から実現可能性を述べます。

一　公平性を確保するためのテスト理論

複数回共通テストにおける公平性の確保

複数回共通テストが十分な公平性をもつことは、入試が社会的に受け入れられるために必須といえます。この点について従来のセンター試験では、問題内容に疑義が生じたり、実施手順にミスがあれば、受験者全員に加点する、再試験を行うなどの措置を適切に講じ、受験者やその保護者、大学といったテストの当事者が発する公平性の疑問に対してできる限り誠実に対応してきました(3)。ただこのようなきめ細かな対応は、センター試験の本試験がこれまで年一回全国一斉に、同じマニュアルに基づいて実施されており、受験環境をそろえることが比較的容易であるという前提があるからでしょう。テストを年に複数回行うと、これらの要素は大きく変わらざるを得なくなります。複数の受験機会で数多くの会場があり、会場ごとだけではなく受験機会の間でも公平でなければならないのです。

公平性に関わる要素としては、問題の難易度も重要といえます。実施回の間で問題の難易度に差があった場合、たまたま易しい問題が出題された回の受験者だけが有利にならないよう、スコアを調整したり、問題の難しさを統制したりする必要があります。

また、複数回のテストの間で問題が完全に異なることも必要です。複数回共通テストが同一の問題を用いて年二回行われるとしたら、第一回を欠席し、第二回だけを受験した人は、第一回で出題された問題を初めて見ることになりますが、第一回と第二回の両方を受験する人は、第一回ですでに目にした問題を第二回でもう一度目にすることになります。両者でみると、圧倒的に後者の方が有利であることはいうまでもありません。

さらに、テストによって問われる出題内容、すなわち概念が、複数の回で同じであるということが求められます。幅広い受験者が受験する複数回共通テストは、教科・科目の出題範囲から幅広く出題することで、その教科・科目の全般にわたる学力を測ることが求められますが、実施回の間で測定される概念が異なるならば、回をまたいで同じ条件であるとはいえず、テストが不公平であるという批判を招くことにつながります。そこで、テストを実施する側が測りたい概念と、実際に測っている概念が同一であるとは限らないため、両者が限りなく近いということをさまざまな証拠をもって批判的に検証する必要があります。数学のテストとして出題された問題が、実際には受験者の数学力ではなく、注意力や日本語読解能力の違いで正解・不正解が分かれる傾向がみられたとしたら、それは数学のテストとして妥当とはいえないでしょう。このような過程はテストの妥当性の検証とよばれ、テストを実施する上で欠くことのできないステップです(4)。

モニター試験によるテストの質保証

テストの公平性を保つために考慮しなければならない要素の多くは、実際に問題を解いた受験者の解答状況を分析してはじめて分かることであるといえるでしょう。そこで、受験者と同等の実力をもっていると想定される大学一年生などをモニター受験者として募り、複数種類の問題冊子を解かせ、解答の状況から問題の難易度やテスト尺度の妥当性を検討します。このような試行的なテストを「モニター試験」とよびます。

一方で、大学入試が一生を左右するテスト、すなわちハイ・ステークスなテストである以上、本試験実施前に問題が外部の第三者へ漏洩することは、公平なテスト制度の妨げとなり、あってはならない事態です。モニター受験者が本試験の受験者と共謀して問題を漏洩させる事態を考えると、モニター試験の実施は本試験と同時か、後に行うことが望ましいでしょう。

標準化テストの重要性

モニター試験を行い、複数回の問題冊子の間で難易度を比較することができれば、相対的に難しいとされた回を受験した者のスコアに加点(またはやさしい回のスコアから減点)することで、問題の難しさの違いを考慮したスコアを返すことができます。しかし、この方法でスコアを調整したとしても、受験者からすれば理不尽な事態が起こる可能性があります。

複数回共通テストの第一回テストを受験して九〇点だった受験者Aと、第二回テストを受験して一〇〇点だった受験者Bがいたとします。難易度を比較したところ、第一回テストが第二回テストよりはるかに難しいということが分かり、第一回テストのスコアがかさ上げされることになり、受験者たちのスコアは一斉に三〇点高められたのですが[5]、Aのスコアは一〇〇点とされました。理由は、このテストの満点が一〇〇点だからです。しかしAからすれば、本当は自分には一〇〇点以上のスコアに値するほどの実力があると思っているのに、それらが一律「一〇〇」という数値になってしまうことに不満があるでしょう。仮にAとBが同じ大学を受験し、Aが個別入試で六〇点、Bが六五点だったとすると、二人の共通入試と個別入試でのスコアの合算は一六〇対一六五で、Aが下位に落ち、不合格になる可能性もあります。一〇〇点満点という制約がなければ、Aの複数回共通テストのスコアは一二〇点、個別入試との合計が一八〇点となり、Bを上回っていたはずなのです。

このような理不尽な事態は、テストの満点や0点が決まった値であることと、入試がスコアを競わせる性質をもつがゆえに、特に高いスコアに矛盾が集中しやすいことに原因があるといえます。そもそも満点・0点は、問題の難しさに依存して意味するところが変わります。一言に満点といっても、易しい問題ばかり出題されて全問正解だった者と、難しい問題ばかり出題されて全問正解だった者とでは「満点」の表す意味が異なります。そのため、複数回のテストの結果を同じ尺度に乗せるのであれば、毎回のテストの難易度に応じてばらばらに定められる学力尺度の範囲に縛られない、複数回行われるテストの間で共通の意味をもつ学力尺度を考える必要があります。

すなわち、年に複数回実施する入試は、妥当性の検証以外に、最低限、以下の要件を満たすテストである必要があります。

- 複数回のテストの結果(スコア)が、相互に比較可能であること。同じ学力をもった受験者であれば、解いた問題の難しさにかかわらず、同じスコアとなること。
- 複数回の実施に際して、問題が完全に異なること。
- スコアは、複数回行われるテストをまたいで共通の学力尺度上で表され、問題の難しさに依存して意味が変わりうる満点や0点といった範囲を定めない尺度とすること。

このような要件をすべて満たすテストを開発し、実施していくことには多くの困難がともないますが、これらの要件をすべて満たすテストとして、TOEFLやTOEICなどがすでに実用化されています[6]。なお、一番目の要件を満たすテストは「標準化テスト」と呼ばれることがあります（光永二〇一七、二七頁）。

偏差値ではダメなのか

ところで、これまで多くの入試対策の模擬試験では、偏差値を用いてスコアを比較してきました。問題がまったく異なる模試を年に複数回行い、それぞれのスコアを偏差値に換算すれば、それらの結果が相互に比較可能になるのではないかということです。しかし、この方法をそのまま入試に用いることには、公平性に関わる大きな問題があります。

そもそも偏差値は、テストの受験者集団（大学入試の場合は大学に入学を希望する全高校生・過年度生からなる集団）の出来・不出来に左右された尺度にならざるを得ません。たまたま出来の良い受験者が多く集まった回の複数回共通テストを受験した者は、かなりたくさん正解をしないと高い偏差値にならないのに対し、そうでない回を受験した者はそれ相応の正解数であっても、より高い偏差値になります。

仮に、日本の受験生の学力が毎年同じように分布し、年ごとに学力分布に変動がないのであれば、偏差値は相互に比較可能かもしれません。しかし実際の受験動向を調査した内田・橋本（二〇一九）のセンター試験のスコアを用いた一連の研究により、受験者の受験動向は毎年変動していることが明らかとなっています。一部の出来のよい受験者層が複数回共通テストを受験するかしないかで、その年の偏差値がもつ意味が変わってくるのですから、偏差値を用いた年複数回化は公平なテスト制度をもたらさないのです[7]。

二　ＩＲＴによる標準化テストの実践

ＩＲＴとは

標準化テストを行う上で重要な理論的背景の一つに、項目反応理論（ＩＲＴ）があります。詳細は概説書（加藤・山田・川端（二〇一四）や、光永（二〇一七）など）にゆずり、本節では標準化テストの実施のためにＩＲＴがなぜ必要なのかについて、概要を説明します。

高校生に数学の問題を一〇問出題したとします。その結果、高い平均正答率であったとしましょう。ところが、出題した問題がすべて中学一年生向けの平易な内容の問題だったなら、高い平均正答率は問題が易しかったことが原因であったといえます。一方で、高校生に別の数学の問題を一〇問出題し、平均正答率が高かったとします。前の例とは違い、出題した問題は高校生向けの問題だったとすると、高校生が全体的に数学の学力が高かったことが原因であるといえます。これら二つの例では、高い平均正答率であった、という結果は同じです。

これらの例から、正答数や正答率を試験の得点として用いることは、そのスコアが得られた原因を特定できないため、受験者の集団に依存しない学力を表す指標としては不十分であることが分かります。問題の学年別難易度レベルや受験者の学年別学力レベルという要因を考慮し、学年をまたいで比較可能にするためには、まず受験者の学力の影響を除去した問題ごとの困難度指標を割りだしておき、次にそれらの指標を用いて受験者の学力を推定する必要があります。ＩＲＴは、受験者の学力[8]と問題の困難度を統計的に分離するためのテスト理論です。

能力値、識別力、困難度は何を表すのか

出題した問題に対する正解・不正解の状況をデータとし、IRTによる分析にかけると、受験者の集団に依存しない学力を表す指標(以下「能力値」とよびます)[9]と、受験者の学力の分布から切り離された問題ごとの困難度指標を推定できます。同時に、どの程度受験者の学力の違いを判別できるかを示す「識別力」の指標を問題ごとに推定することもできます。

センター試験では問題作成者が問題ごとに配点を決め、正答数に配点で重み付けをした値を全問題について足し合わせた値(正答数×配点の合計)がスコアとなりますが、配点はあくまで問題作成者の主観で決定されています。一方、IRTによる識別力指標は、受験者の能力値を最も精度よく推定できる、問題ごとの重み付けに相当することが知られています。すなわち、学力の指標を最も精度よく推定できるような「配点に相当する値」を、正誤データを根拠にして推定できるということです。その意味で識別力の指標は、問題ごとの「質」を数値で表したものとみることもできます。

IRTにおける困難度は、受験者の学力の尺度と同じ軸上で表現されます。すなわち、受験者の学力が1であると推定されたら、困難度が1の問題に対しては正解する確率が五〇%である、というように、問題の困難度と受験者の学力が、正答確率で結び付けられるという「確率モデル」を用いた尺度化ができます。その際、問題の正解・不正解をばらつかせる唯一の要因を「学力の違いという共通因子」として仮定します。例えば、英語の読解テストの一〇問に対する正解・不正解は、その背後に

共通因子として「英語読解能力」がある、と仮定し、その仮定が十分確からしいとされた場合に、共通因子上の尺度でスコアを表示できる、ということです。この仮定の確からしさを検証するためには、IRTによる分析を行う前に、正解・不正解のデータから検証する必要があります。

複数回共通テストでは、出題される問題が違えば、各回でスコアの範囲が変わりうるのが自然でしょう。一般にIRTによる能力値の尺度は、尺度の原点と単位を任意に決めることができます。あるテストで全問正解、すなわち素点で満点をとった受験者がいたとして、その受験者に対応する能力値は、出題した問題群の困難度や識別力に依存して変わります。異なる回のテストで全問正解した受験者の能力値を比較すると、平均的に困難度が高いテスト問題を解いた者の能力値が高くなる傾向があります。

なお、IRTを用いたテストで、出題された問題の困難度や識別力を公開しているテストはありません。また、センター試験では配点が公表されているので自己採点が可能でしたが、IRTによるテストでは問題ごとの困難度や識別力が能力値の計算法とともに公開されない限り、自己採点は行えません。

規準集団の意義とフィールドテストの導入

複数回共通テストは、どの実施回でとったスコアも意味が同じでなければなりません。そのためには、基準となるスコアの尺度を本試験の実施前に決めておき、本試験のスコアはすべて先に決めた基準となる尺度で表示するという手続きをふみます。具体的には、本試験の年複数回実施の前に、受験者と同等の学力をもつであろう者（例えば大学一年生、専門学校生など）をモニター受験者として募ってテストを行い、その学力分布を基準として、モニター受験者のテストに続いて行われる複数回共通テストの尺度は、すべてモニター受験者の基準上で表示する、という方法をとります。モニター受験者集団を「規準集団」と考え、毎回のテストのスコアはすべて規準集団上の学力尺度で表示することで、規準集団を介してスコアが比較可能となっている、ということです。以下、規準集団の尺度を定めるためのテストを「フィールドテスト」とよぶことにします。

先述のように偏差値による複数回共通テストでは、毎回のテストでの学力分布に依存して偏差値の意味が変わってきますが、規準集団を設けることで、複数の実施回をまたいで共通の尺度でスコアが表示できるようになり、受験者がどの実施回を受験しても、常に規準集団上の尺度で比較可能なスコアを得ることができるようになります。この点は、偏差値にはない利点です。

規準集団上の尺度に等化し、項目バンクに記録する

規準集団上の尺度で毎回の複数回共通テストのスコアを表示するためには、もう一工夫が必要です。毎回の複数回共通テストの解答データのみ用いてＩＲＴによる分析を行うと、そのときの受験者集団の学力分布を前提とした困難度が推定されます。しかし、この困難度の値は規準集団上での尺度で表されているわけではありません。学年末間際の複数回共通テスト受験者は全体的により勉強を重ねているため、規準集団に出題したのと同じ問題を解いたとしても、その困難度の値は規準集団から求められた困難度よりも低めになるでしょう。そこで、毎回の複数回共通テストの受験者から求められた

困難度を、規準集団上の尺度に乗せる手続きにかける必要があります。この手続きを等化(equating)とよびます。気温を華氏の尺度から摂氏の尺度に変換するように、困難度の値もある定数倍して別の定数を足すという操作を行い、毎回のテストの尺度を規準集団上の尺度にそろえます。

等化に当たっては、毎回のテストでどの問題を誰に出題するかについて事前に計画を立て、尺度が比較可能になるように出題する必要があります。そのためには、複数のテストで共通に出題される問題を一定数含めるか、複数種類の問題冊子を同じ受験者集団が解答するかの、いずれかである必要があります。

次節で説明する例では、規準集団に出したことがある問題を毎回のテストで出題することにより、複数のテストで共通に出題する問題を含むように計画し、毎回のテストにおける受験者の尺度上で求められた困難度を、規準集団上の尺度での困難度に等化しています(10)。等化後の識別力や困難度は、問題文、出題履歴とともに「項目バンク」としてデータベース化しておき、厳重に保管しておきます(11)。

三　ＩＲＴを導入した複数回共通テスト

年複数回化案①

これまで説明したＩＲＴの枠組みを用いて、複数回共通テストを実施する計画を図1の左側①に基づいて述べます。

まずフィールドテストにより、規準集団の尺度を定義します。モニター受験者を募り、問題に解答させ、規準集団の尺度上で識別力と困難度を見出し、項目バンクに入れます。問題数は、複数回共通

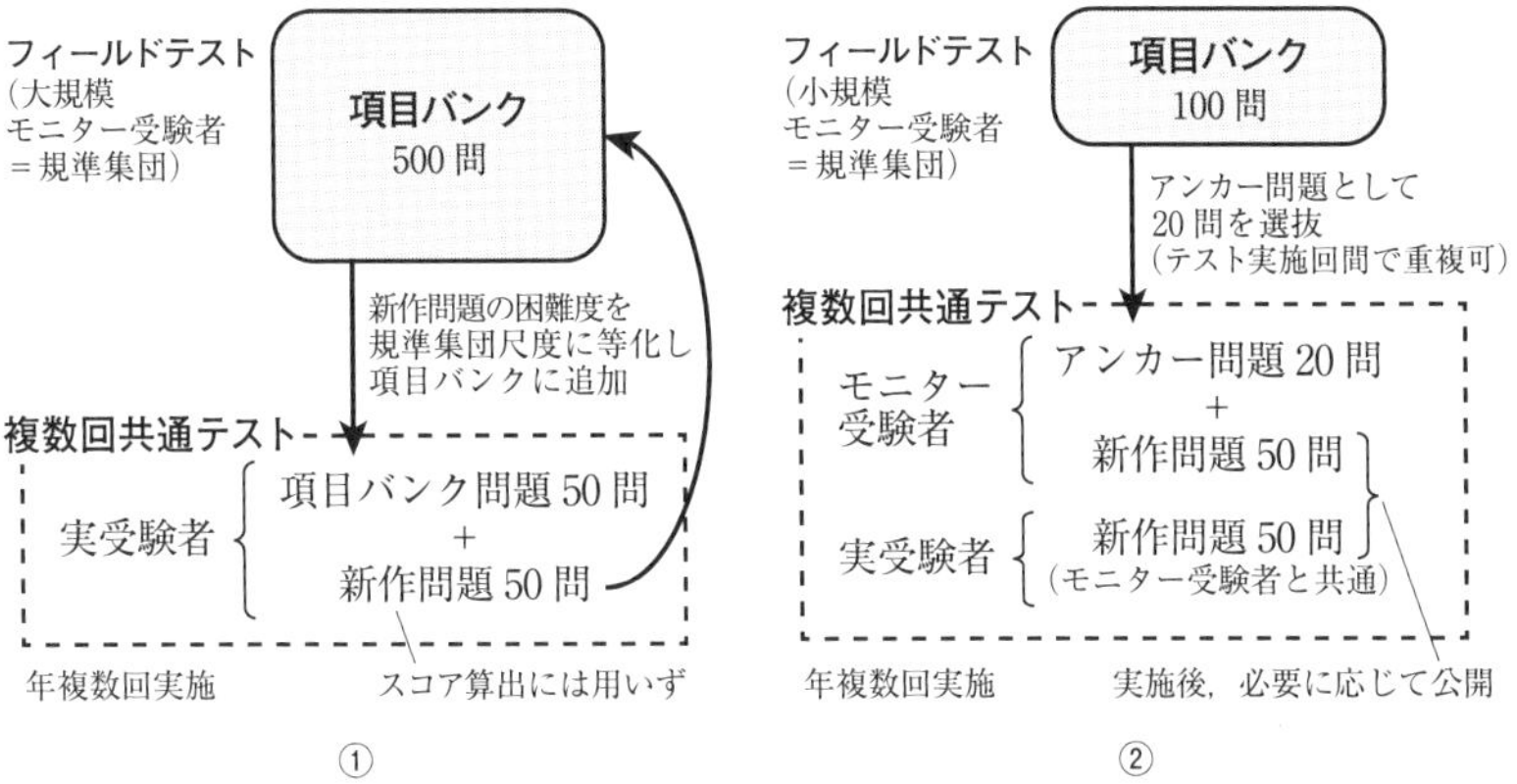

図1　IRTによる2種類の複数回共通テストの計画案

テストを年何回実施するか、一回あたり何問出題するか、さしあたり何年実施するかに依存して決まります。年に二回、五〇問ずつ五年間とするなら、2×50×5で、最低五〇〇問の問題が必要です[12][13]。

毎回のテスト（本試験）では、項目バンクにある五〇〇問の中から出題します。どの問題を出題するかについては、識別力指標や問題の内容などをもとにテスト実施の前に決めておき、本試験の受験者（以下「実受験者」とよびます）に年々出題していきます。規準集団の尺度で求められた識別力・困難度を用いて、実受験者の能力値を規準集団の尺度上で推定し、スコアを算出します。

しかし、項目バンク内の問題は使い切りとするため、五年経過すれば項目バンク内の問題が枯渇してしまいます。そこで、本試験を行う都度、新規に問題を作り（以下「新作問題」とよびます）、実受験者に解答させ、新作問題の識別力・困難度を規準集団上の尺度に等化した上で、項目バンクに追加します[14]。

それでもこの計画には問題が残っています。この計画では、ある回の新作問題が、将来の回の実受験者に提示されることになるため、悪意のある実受験者が新作問題をこっそり記録し、将来の実受験者にその内容を教えたら、公平なテストとはいえなくなります。よって、テスト実施後に問題冊子を回収し、非公開とする措置が求められます。しかし、ハイ・ステークスなテストでは受験者が過去問題を用いて受験対策を徹底するでしょうから、秘密が保たれるかは疑問なところです。実受験者には新作問題だけを出題し、かつ、問題を公表できるように計画を改良する必要があります。

年複数回化案②

前述の要求を満たすため、フィールドテストだけではなく毎回の本試験でもモニター受験者を募り[15]、以下のような手順でテストを実施することを考えます(**図1**の右側②)。

- まずフィールドテストを行い、規準集団の尺度を定義する。問題数は一〇〇問程度とする。
- 本試験を年複数回実施する。毎回の本試験では実受験者と同時にモニター受験者も参加する。実受験者は新作問題のみ解答する。モニター受験者には新作問題とともに、規準集団の尺度へ等化するために、項目バンク中の一〇〇問からも二〇問程度を共通問題(アンカー問題)として出題する。アンカー問題の規準集団上での識別力・困難度を基準にして、新作問題の識別力・困難度を等化[16]した上で、実受験者のスコア算出に用いる。

この計画では、項目バンク内の問題(秘密にすべき問題)は本試験のモニター受験者だけに提示する一方、実受験者には新作問題のみ提示し、これらは使いまわしません。よって、実施後直ちに新作問題を公開することも可能です。フィールドテストのモニター受験者も少なくて済み、より実践的な計画であるといえるでしょう。

実施上の諸課題

共通テストの年複数回化には多くの労力を要します。従来の問題使い切りテストとは異なる事務的負担、専門的知見を要することや、モニター受験者を確保すること(特に案②では本試験を行うたびにモニター受験者が必要)、受験者やその保護者、高校や大学に、規準集団を介したスコアの比較を前提とし、満点や0点には意味がない点を理解してもらうことが必要です。そして、IRTによるテストでは自己採点が不可能ですから、テストを実施する団体は即時に結果を返すような仕組みづくりが求められます。

また年複数回テストを行うため、問題数も必然的に多くなります。センター試験以上に大々的な問題作成体制が必要です。モニター受験者に支払う謝金やテスト会場費、試験監督者の人件費も、年複数回実施に応じた額が必要です。

受験者の立場に立った公平なテストのために――むすびにかえて

年複数回化案②は、受験者の利便性に配慮したテストを、公平性を確保して実施するための最も現実的な方法の一つです。もし、ＩＲＴを使わずに年複数回化しようとしたら、どのようになるのでしょうか。

現行のセンター試験は本試験以外に「追試験」があり、すべての教科・科目について毎年二種類の問題を作成しています。そこで年複数回化に当たって、本試験を第一回、追試験を第二回として、年二回実施することを考えます。平均点の高かった方の回に、低かった方の回のスコア分布を近づける形で、分位点差縮小法による得点調整を行えば、得点は相互に比較可能になります。第二回テストの実施後、各大学の個別入試が行われる前までに大学入試センターは得点調整の結果を、第一回と第二回のスコアの対応表として公表し、受験者は調整後のスコアで個別入試に臨むことになります。

現在のセンター試験で行われているような、問題の難易度を問題作成者の経験によってコントロールする体制を維持できれば、得点調整で満点が続出するような極端な事態も想定されにくくなります(17)。また、ＩＲＴの難解さがないため、受験者や高校の教員にとってはとっつきやすい制度になるといえるかもしれません。

しかし、この方法には多くのデメリットがあります。

- 受験者のスコアが確定するのは(受験した回にかかわらず)第二回テスト終了後であるため、第二回テストより前に行われる個別入試(推薦入試など)にはスコアを利用できない。
- 年をまたいで得点調整をしないため、異なる年のテストの間でスコアの比較ができず、過年度卒生に対して公平性を欠く。

・問題作成者の主観による配点に依存したスコアとなり、問題ごとの識別力指標を加味したスコアによって成績を表示できない。

ＩＲＴを用いたテストはこれらのデメリットを解消でき、さらなる公平性をもたらします。また日本の大学入試志願者全体における学力の経年変化や、受験者個人の学力の伸び、あるいは量的指標による問題ごとの質も検討可能であるというメリットがあります。

ＩＲＴによるテストの年複数回化は、現在、多くの語学テストやＩＴパスポート試験、医療系大学間共用試験実施評価機構による「共用試験（ＣＢＴ）」などで行われています。これらのテストでは、テストに期待されている教育的意義をふまえ、実施のあり方を綿密に検討した上で、学習者・受験者やスコアを利用する者の立場に立った制度設計が行われています。同様に、入試の年複数回化に際しても、入試の教育的意義に関する議論は不可欠でしょう。複数回共通テストを単に導入しただけでは、高校生に過度な受験対策を強いることにつながりかねません。そこで複数回共通テストを達成度テストとして設計・実施し、個別試験と合わせて選抜に用いる一方で、高校における生徒の学習をサポートする手段として活用するといったような工夫が必要でしょう。さらに、公平性を保った形で受験者にとって役に立つ複数回共通テストを設計するには、ＩＲＴによる年複数回化も視野に入れた議論が待たれます。入試改革に関して立ち止まって考えなおす機会となったいま、あらゆる可能性を検討の俎上に載せるべきではないかと考えます。

注

(1) 日本の大学に私費で入学したい外国人が主に受験する「日本留学試験」は、センター試験の留学生版という位置づけですが、年二回実施されており、スコアも二年間有効です。

(2) 宮本(二〇一八、三三頁)は、年複数回実施されている民間英語四技能テストが入試に導入されると、高校では大学受験対策期間の長期化が不可避であると指摘しています。共通テストが年複数回実施されると、同様の影響が予想されます。

(3) 例えば、ある特定の会場だけ試験実施中に突然照明が消えたり、騒音が発生したりといったことがあった場合、たまたまその会場にいたというだけで受験者が心理的に動揺し、スコアが低くなったのではないかという可能性を考慮する必要が生じます。そのため、再試験等の対策をすることで、公平性を保っているのです。

(4) 具体的な妥当性の検証方法については、本章では割愛します。

(5) イメージしやすい例として一律に同じ得点を加点する例を挙げましたが、実際の得点調整は複数のテストの成績分布に基づいて、統計学的により厳密な方法で行われます(詳細は前川(二〇一八)を参照)。センター試験では「分位点差縮小法」とよばれる方法を用いてきました。この場合、すべての受験者に一律の得点を加点するわけではありません。

(6) TOEFLやTOEICにも満点や0点は存在しますが、これらは出題される問題の難しさに応じて複数の実施回ごとに独立して決まる値ではなく、それぞれのテストで測定可能な学力の範囲を表す値です。

(7) ただし、実際の大学個別入試では、選抜のために得点を偏差値に変換して用いる場合がありますが、その大学や学部の受験者の中で順位付けをするために偏差値を使っています。大学や学部をまたいで偏差値を比較することは、学力分布の異なる受験者集団の間で比較していることになり、意味をなしません。

(8) IRTを扱う文献では受験者の「能力」という表現がなされますが、本章では大学受験を扱っているため「学力」と表記します。

(9) 能力値は通常、0を中心とする値で、多くの受験者において−4から4程度の範囲の値になることが多いです。

(10) 規準集団上での尺度は、原点と単位を任意に定めることができます。例えば、平均が500、標準偏差が50になるように定めたとすれば、規準集団上に等化された本試験において五五〇点をマークした受験者の学力は、規準集団における平均点よりも1標準偏差程度優れていると解釈できます。

(11) このように項目バンクを設ける利点として、困難度や識別力、問題の妥当性が十分であるかをテスト実施前に確認できるという点が挙げられます。

(12) これらの問題が教科・科目上の学力を測っているといえるか、あるいは一次元の尺度上に乗るのかといった、尺度の妥当性の議論も大切です。特に一次元性の仮定は項目反応理論の前提として検証されなければならない点で重要ですが、詳細は割愛します。

(13) 五〇〇問をモニター受験者に一度に提示すると、五〇〇問の問題を受験者一人ひとりが解くことになってしまい、現実的とはいえません。そこで「重複テスト分冊法」とよばれる方法を用いて、受験者一人当たりの問題数を減らす工夫をします。ただし、幅広い学力層にわたる多数(少なくとも一～二万人規模)のモニター受験者を必要とします。

(14) 新作問題については、標準化された識別力・困難度を求めるための出題であるため、本試験受験者のスコア算出には使用しません。

(15) あくまで目安ですが、フィールドテストのモニター受験者は三〇〇〇名、本試験のモニター受験者は毎回一〇〇〇～二〇〇〇名程度を最低限確保するのが理想です。センター試験では毎年の本試験と追試験の難易度を比較するために、四〇〇名程度の大学一年生によるモニター調査を行っています(「独立行政法人大学入試センターの第三期中期目標期間の終了時における業務の実績に関する評価」二六頁)。

(16) 等化の手法についてはＩＲＴに基づく方法以外にも、素点に基づく方法として分位点差縮小法など複数の方法があるため、これらの手法を比較検討することが必要ですが、紙幅の都合により詳細は割愛します。

(17) 二〇二〇年度から開始予定のセンター試験に代わる大学入学共通テストにおいて、記述式に代表される新機軸の問題が多数導入され、このような問題作成者の経験により問題の難易度をコントロールする体制が維持されなくなった場合、この節で述べた方策はとれないこととなります。

参考文献

内田照久・橋本貴充 二〇一九、「センター試験利用による私立大学出願の特徴と年次推移」『日本テスト学会誌』一

五、七九—九七頁。
加藤健太郎・山田剛史・川端一光 二〇一四、『Rによる項目反応理論』オーム社。
高大接続システム改革会議 二〇一六、「高大接続システム改革会議「最終報告」(平成二八年三月三一日)」https://www.mext.go.jp/component/b_menu/shingi/toushin/__icsFiles/afieldfile/2016/06/02/1369232_01_2.pdf(二〇二〇年二月二六日最終閲覧)。
前川眞一 二〇一八、「テスト得点を同じ物差しにのせる——対応付けとQQプロット」『統計』六九(八)、八—一五頁。
前川眞一 二〇一五、「試験の日本的風土」独立行政法人大学入試センター入学者選抜研究に関する調査室編『大学入試センターシンポジウム二〇一四 大学入試の日本的風土は変えられるか』(https://www.dnc.ac.jp/albums/abm00004972.pdf)。
光永悠彦 二〇一七、『テストは何を測るのか——項目反応理論の考え方』ナカニシヤ出版。
宮本久也 二〇一八、「高校から見た英語入試改革の問題点」南風原朝和編『検証 迷走する英語入試——スピーキング導入と民間委託』岩波書店。
文部科学大臣 二〇一六、「独立行政法人大学入試センターの第三期中期目標期間の終了時における業務の実績に関する評価(平成二八年九月文部科学大臣)」https://www.mext.go.jp/content/1376680_2.pdf(二〇二〇年六月一二日最終閲覧)。

2　記述式問題の現在――テスト理論から見た検討課題

宇佐美　慧（東京大学）

●共通テストへの記述式問題の導入には、「思考力」「判断力」「表現力」を評価したいという狙いがあるが、信頼性や妥当性の問題がある。
●導入には採点やコストの問題に焦点が当たりがちであるが、信頼性や妥当性の観点から問題数や制限字数などの設定についても見直す必要がある。

はじめに

二〇一九（令和元）年一二月一七日、二〇二〇年度の大学入学共通テスト（新テスト）から予定されていた記述式問題の導入見送りが発表されました。記述式問題は国語と数学で実施予定でしたが、見送りが発表される以前は、二〇二四年度以降、地理歴史・公民分野や理科分野等でも記述式問題を導入する方向で進めていくという方針でした。

記述式問題の導入には、新学習指導要領にも記載されているように、「受験者の「思考力」・「判断力」・「表現力」をより的確に評価すること」という狙いがあります。導入が見送られるまでに検討されていた記述式問題の実施方法は、次のようなものです。国語では、実用的・論理的な文章を主たる題材とした小問三問で構成される大問一問を出題し、最も長い問題で八〇～一二〇字程度を解答字数の上限として、他の小問はそれよりも短い字数を上限として設定します。そして、文章等の内容や構造を把握し、解釈して、考えたことを端的に記述することを求めます。また、数学は、数式等を記述する問題をマーク式問題と混在させた形で小問三問を作成するという方針でした。しかし、「大学入試改革の二本柱」とも言われた、記述式問題の導入と民間試験[1]を活用した英語四技能の評価の双方が見送られた形になりました。ただし、共通テストそのものが廃止されるということではなく、現在は、これらの観点を含めた今後に向けての議論が「大学入試のあり方に関する検討会議」にて二〇二〇年一月から行われています(七月現在で計一二回の開催)。

記述式問題の導入が見送られた理由は何でしょうか。「大学入学共通テストにおける記述式問題について指摘された課題」(大学入試のあり方に関する検討会議(第一回)配布資料)では、①質の高い採点者の確保、②正確な採点、③採点結果と自己採点の不一致の解消、④守秘義務の徹底、⑤民間事業者が行う他の教育事業との関係、⑥障害等がある受験者に対する配慮、の六点が挙げられていました。これら以外にも、採点の時間的・経済的コストの問題や、(二次試験ではなく)共通テストで記述式問題を実施する必要性、また「思考力」・「判断力」・「表現力」はそもそも記述式問題でなければ評価できないのか、などのさまざまな論点が、国語教育やテスト理論、大学入試等の専門家、および教育関係者から早い段階で指摘されてきました[2]。

このように、記述式問題の導入をめぐる論点は多岐にわたりますが、本章の目的は、記述式問題の導入やその設計のあり方が改めて議論されている現状を踏まえて、テスト理論(test theory)と呼ばれる方法論上の観点から、共通テストの記述式問題における検討課題についての視座を与えることです。

テスト理論とは、一言で言えば、テストスコアの統計学的または測定論的性質(3)を踏まえて、テストの作成・実施・評価の方法を検討するための方法論です。入試に限らず、語学試験・留学試験・資格試験、他にも心理学や教育学・疫学等のテスト(検査)を扱う研究領域において、テスト理論に基づく考え方や方法論は重要な役割を担っています。

本章ではまずテスト理論の基本的事項を概説し、それが記述式問題を含めた入試改革をめぐる議論において一つの重要な視点であることを説明します。そして、テスト理論の観点から、現段階における記述式問題の導入に向けての検討課題を指摘します。

一　測定論的観点から見たテストの良さとは――信頼性と妥当性(4)

皆さんはテストの結果を受けて、何か疑問に思ったことはないでしょうか。例えば私の場合、国語がとても苦手だったのですが、センター試験の勉強のために過去問を解くと年度によって得点が大きく変わるので、良い点が取れても「偶然良い点が取れただけで、自分の実力を反映したものでないのでは？」と不安に思ったものです。一方、英語は比較的得意でしたが、私の受験当時のセンター試験にはリスニング問題がありませんでしたので、「このテストで点が良くても自分の英語力が総合的な意味で高いとは限らないだろうな」と漠然と感じていたものです。

このような疑問は「そのテストって測りたい能力を正確に測れているの？」または「信用していいの？」と言い換えられます。このような「正確性」に直結する、テスト理論における主要な概念に、信頼性(reliability)と妥当性(validity)の二つがあります。

信頼性

信頼性は、テストスコアの安定性を意味する概念です。例えば、少し極端な例ですが、ある年度に資格試験を受けたら不合格で、その後特に勉強もせず翌年再度受験したら合格した、というのはテストの信頼性が低い状況です。

通常、テストを構成する問題には非常に多くの候補が考えられます。例えば国語のテストでは、どのような素材の文章を使ってどのように作問するかのレパートリーは非常に多く考えられます。その意味で、例えばある年度のセンター試験で出題される国語の問題は、そのような多様なレパートリーの中から抽出された一部とみなすことができ、また年度により問題が変わるという意味での偶然性をともなっています。テストスコアの安定性を意味する信頼性とは、このような偶然性がスコアに影響しない程度、つまり今の例で言えば、ある年度のテストを受けた受験者が仮に違う年度のテストを受けてもスコアが一貫して高い（または低い）結果となる度合いということになります(5)。

そのため、信頼性が低いテストは、「本来合格する力のある受験者が誤って不合格となってしまった」、また逆に「本来合格する力がない受験者が誤って合格してしまった」という二種類の選抜のミスを犯す危険性が高くなります。したがって、良いテストとは何かを考える上で、信頼性の高さが重要なのは明らかでしょう。大学入試など自分の人生を左右しかねない重要なテストにおいて、いくらそれが崇高な教育理念の下で、そして作問上工夫を凝らしてできたものであったとしても、「今年は不合格だったけど、実は来年のテストをもしもいま受けられたら合格している」と分かったら、受験

図1　ダーツにたとえた，テストにおける信頼性と妥当性の関係
測定したい能力の範囲をダーツの的として，また個々の問題が実際に測定している能力を矢の刺さった位置で表現．宇佐美(2016c)から抜粋．

者は納得できないでしょう。

妥当性と信頼性の関係

妥当性とは、測定を意図した能力や特性がテストスコアに正しく反映されている程度を指します。つまり、先程の「そのテストって測りたい能力を正確に測れているの？」という、テストの質に関わる根本的な問いとも言えます。本章で議論する記述式問題の文脈で言えば、「三問で構成される記述式問題のスコアから受験者の「思考力」・「判断力」・「表現力」を的確に評価できるのか？」という問いになります。

信頼性と妥当性は測定論的な意味でのテストの良さをそれぞれ異なる側面から捉えた概念ですが、互いにまったく無関係なものではありません。この点を理解する上で分かりやすいのが、**図1**にあるようなダーツを用いた例です。図では、測定したい能力の範囲を灰色部分のダーツの的として、また個々の問題が実際に測定している能力を矢の刺さった位置で表現しています（あくまでたとえ話のため、問題が実際に測定している能力範囲を矢の定点で表現しているところなどは少し厳密性に欠けています）。

図では、三種類のパターンを示しています。まず、信頼性も妥当性も高いテスト（左側）の場合、各ダーツの矢が的の中に入っており、測りたい能力が安定して測れている状況を表現しています。真ん中の図は信頼性は高いけれども妥当性は低い例です。矢は安定して同じところに刺さってはいますが、的の中には入っておらず、結果として測りたい能力は測れていません。右側の図は信頼性も妥当性も低い条件です。信頼性が低いということは、ある一定の範囲に矢が集まらない、つまり毎回投げた矢がどこに飛ぶか分からないということです。つまり、各問題で測っている能力がそれぞれ互いに関連せず、別々のものを測っているということです。これより、信頼性が低くなると妥当性も低くなり、信頼性は妥当性を充足する上での必要条件と考えることができます。したがって、妥当性はテストの測定論的な意味での質の評価において根本的で最も重要な視点となりますが、まずは信頼性の担保がテストの設計上重要になります。

二　テストの信頼性を高めるための要件

それでは、信頼性が高いテストとはどのようなテストでしょうか。信頼性を高めるための最も基本的な要件は二つあります。一つは、異なる問題間の統計的な意味での関係性の強さです。例えば、A、B二つの問題がともに計算力の測定を目的としているならば、「問題Aで高い点数を取れる（正答できる）人ほど、問題Bでも高い点数を取れる（正答できる）」という相関関係（correlation）の高さがある程度は成立すると期待されます。テストの中に含まれる問題が全体としてこのような高い相関関係を示しているほど、合計のテストスコアの安定性が高まり、テストの信頼性も高くなります。

もう一つの基本的要件が問題数です。一般に、物事の平均的な傾向を推し測ろうとするとき情報（データ）の数は重要な意味をもちます。これは経験的にも分かることで、例えばある野球選手の打率からその選手の能力を推し測ろうとするときに、わずか一試合の成績から判断するよりは、一シーズン全体の成績で判断する方がずっと信頼できます。他にも、一〇〇世帯に基づく視聴率調査よりも一万世帯の調査の方がずっと視聴率の推定値は信頼できます。テストの場合も同様であり、他の条件が同じであれば、問題数が多ければ多いほど、受験者の能力像をより安定して捉えることができるのです。

これまで信頼性についての概念的な説明を行ってきましたが、実は信頼性には数学的な定義があり、それに則ってテストの信頼性の高さを数値的に表現することができます。信頼性の高さを実際に推定する方法として最もよく利用される指標に、α係数と呼ばれる指標があります。α係数は、

$$\alpha\text{係数} = \frac{\text{問題数} \times \text{問題間の相関係数の平均}}{1 + (\text{問題数} - 1) \times \text{問題間の相関係数の平均}}$$

のように、問題数と、問題間の相関係数の平均（例えば、三問からなるテストでは、問題一と問題二、問題一と問題三、問題二と問題三の計三組の相関係数の平均）で決まる値です。α係数と問題数、問題間の相関係数の平均との関係を示したのが**図2**です。問題数や問題間の相関係数（の平均）が大きくなるほど、α係数が高くなる様子が分かります。信頼性（α係数）は0から1の範囲で定義される指標値です。あくまで一つの目安であり絶対的な基準ではありませんが、例えば0・8または0・9以上の信頼性を確

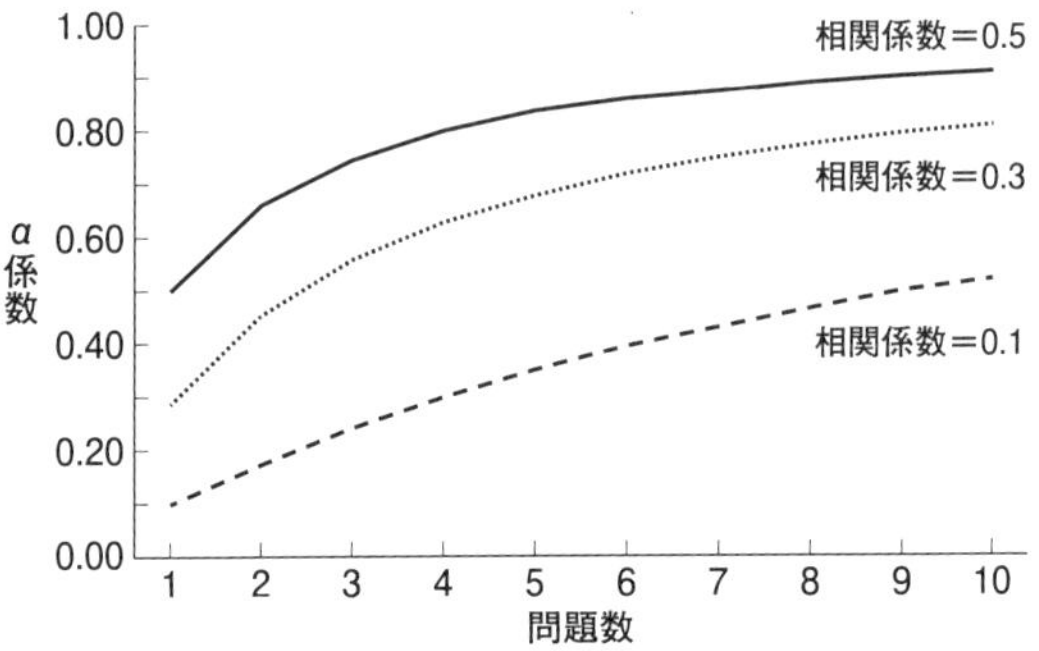

図2　α係数と問題数，問題間の相関係数（の平均）との関係
相関係数は－1から1の値をとる量で，大きな正の値をとるほど「一方の問題ができれば他方の問題もできる」という関係性が強いことを意味する．宇佐美（2016c）から抜粋．

保することが望ましいとされています。

それでは、信頼性が0・8や0・9のテストとは実際にどのくらい信頼できるテストなのでしょうか。もし、テストスコアが左右対称で単峰《たんほう》性の（＝一つの山をもつ）正規分布と呼ばれる統計分布に従うと仮定した場合、実際は合格する力がない受験者のうち誤って合格してしまう者の割合（＝偽陽性率）、および本来合格できる力のある受験者のうち誤って不合格となってしまう者の割合（＝偽陰性率）を、テストの信頼性および合格率（倍率の逆数）の違いに応じて示したのが**図3**です。

例えば、仮に合格率六〇％のテストにおける信頼性が0・8の場合、偽陽性率は約一八％、また偽陰性率は約一二％となります。この数字は結構大きいと思われないでしょうか。テストにはどうしても偶然的な要素が絡んでしまい、その結果選抜のミスが必然的に生じてしまうのです。仮にテストの信頼性が0・9と高くなれば、偽陽性率と偽陰性率はそれぞれ一二％、八％と減少します。つまり信頼性を高めることで選抜のミスを極力減らすことができるのです[6]。

実際に運用されているテストでも、信頼性を推定し、またその情報を開示しているものがあります。

これは、受験者への説明責任という点で大きな意味があるでしょう。例えば、入試選抜を目的としたテストではありませんが、ビジネス場面における英語運用能力を評価する検定試験として知られるTOEICでは、二〇〇四年に実地試験(field trial)として行われたリーディングとリスニングのテスト(各一〇〇問)の信頼性が0・9を少し超える水準であることを報告しています。

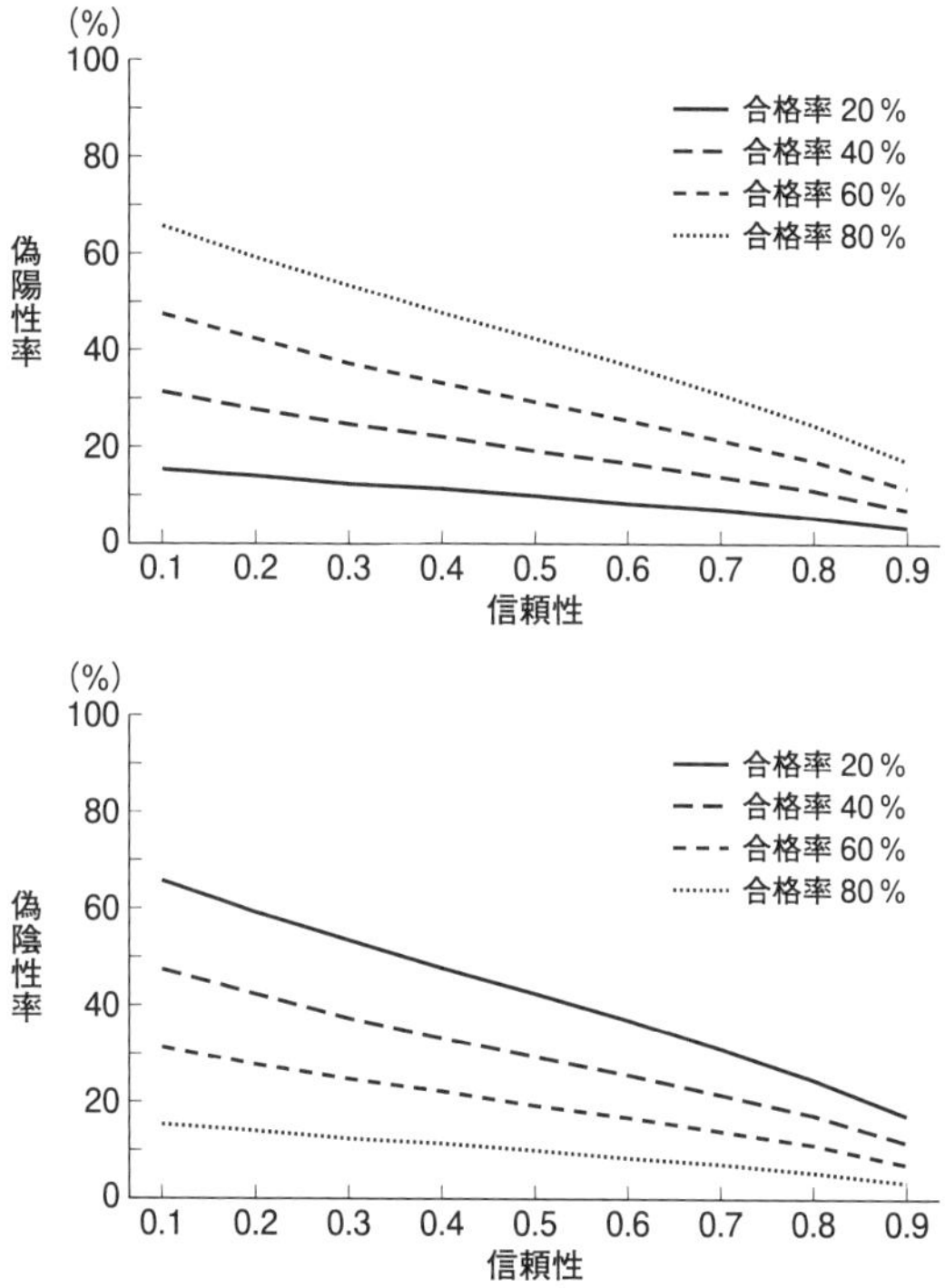

図3　(上)信頼性・合格率別にみた偽陽性率(実際は合格する力がない受験者のうち誤って合格となる者の割合)(下)偽陰性率(本来合格する力がある受験者のうち誤って不合格となる者の割合)

合格率100×P%における偽陽性率のグラフは，合格率100×(1−P)%における偽陰性率のグラフに一致する．

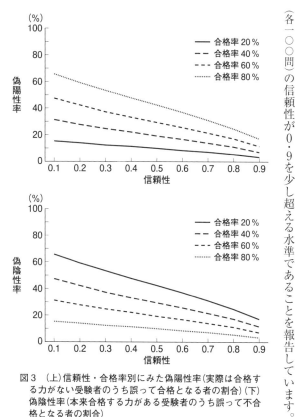

三　記述式問題における信頼性――採点の問題

テストが選択式（客観式）なのか、それとも記述式（論述式・小論文）なのかといったテスト形式の違いに拠らず、問題間の相関や問題数は信頼性を高める上での基本的要件となります。しかし、記述式（論述式・小論文）問題の場合は、採点者の違いによるスコアの変動も考慮する必要があります。実際に、程度の差こそあれ、異なる採点者の間で評価観点が違っていたり、採点の厳しさが異なるということが生じます。共通テストでは、特に国語において強く関わる問題です。

記述式問題の信頼性を高める上では、問題間の相関や問題数の他に、「採点者Aが高い（または低い）評点を与えているときに採点者Bも高い（または低い）評点を与えている程度」である、採点者間相関の高さも重要になります。加えて、採点者間で評点がずれるのであれば、その変動の大きさに応じた採点者数を確保することも一般に必要です。実際の採点現場では、採点者間相関を高めるために、詳細な採点基準や答案例を作成することや、採点者に採点のトレーニングを行いその質を高めるなどの実践がしばしば行われます。例えば、さきに挙げたＴＯＥＩＣを作成しているEducational Testing Service（ＥＴＳ）では、小論文試験（essay test）やパフォーマンス評価の場合における評価のガイドラインを作成しています。

なお、採点の正確性やコストの観点から、自動採点など別の可能性も模索されています。自動採点システムと人間との採点結果の間には高い相関があることを示す結果がこれまで多く示されてきています（石岡 二〇〇九）。その一方で、システムが文章の「質」の差異を完全な精度で識別可能な水準に到達しているとは現段階では言えず、ゆえに人間の採点者を配置することは依然として必要です。加えて、自動採点の基盤となる採点モデルの構築・改良や、モデルが学習するデータの適切な整備・選択など、また別のコストも要すると言えます。したがって現段階では、自動採点システムは記述式問題における採点の精度やコストの問題を完全に解決するものとは考えられず、またその利用については慎重な議論が望まれるところでしょう。

四　テスト理論から見た検討課題

テストの基本的な考え方について少し丁寧に説明してきましたが、これまでのテスト理論の内容を踏まえて、現段階における記述式問題の導入に向けての、幾つかの検討課題について述べたいと思います。

問題数

記述式問題の場合は、一問あたりの解答時間が概して長くなることや採点上のコストの理由から、あまり多くの問題数を実施できない場合が多いです。国語の二次試験では、特に四〇〇字・八〇〇字など長い小論文試験の場合、わずか一題しか出題されないことも珍しくありません。繰り返しになりますが、記述式問題のレパートリーは原理的には非常に多く（あるいは無限に）あると考えられますので、実際のテストで利用される問題は、その中からたまたま選定されたものにすぎないとも言えます。**図2**でも説明したように、問題数が限られることは、信頼性の観点からすれば明らかに望ましくありません。そのスコアを最終的にどのような方法で選抜に活用するのかという点にも拠りますが、記述式問題に基づくスコアから精度の高い評価を実現するためには、一定の問題数を確保し、関連して作問や採点においても相応の手間暇をかける必要がどうしてもでてきそうです。

記述式問題が見送られる前の案では、先述のように国語・数学ともに問題数は(小問)三問でした。ただし、国語の場合は小問三問で構成される大問一問です。このような小問形式では、例えば小問一に解答できなければ、その後の問題の出来不出来にも影響を及ぼすことがあります。こうした場合、まったく独立に異なる素材から三問出題する場合に比べ、一問から三問という問題数の増加が信頼性の向上に寄与する程度は低下します。そのため、期待される信頼性は図2で示したものよりも低くなります。

小問三問、あるいは小問三問で構成される大問一問という条件設定は、記述式問題の今後の本格的な導入を見据えた上での試行的なものであったと捉えることもできます。また、当然ながら、いくら問題数が重要といっても、記述式問題ばかりを出題することは、解答時間や作問・採点のコストを考えても現実的には難しいでしょう。このように他の諸条件を踏まえて考えていく必要がありますが、それでも、とりわけ国語においては、このような条件設定の下で「思考力」・「判断力」・「表現力」が果たして適切に評価できるのか疑問が残ります。

しかし、むしろ私が問題に感じているのは、記述式問題、あるいは国語・数学を含めた各科目のテストの信頼性の目標値がどの程度で、また現行の条件設定がそれを達成するにふさわしいと言えるのか、さらに今後どのような改善・工夫ができるのかについての、テスト理論を踏まえた事前検証と議論が十分なされていないまま入試改革が進んでしまったという点です。

そもそも、大学入試に限らない問題ですが、テストの信頼性に代表される測定論的指標が公表されているケースは必ずしも多くないという事実があります。本章で述べているようなテストの設計を多角的に検討・改善していくための判断材料を与える上でも、また受験者に対してテストの品質に関わる説明責任を果たすという意味でも、そうした指標を開示することには大きな意義があるはずです。例えば果物を購入する消費者は、その値段や産地、大きさ・糖度などを多面的に比較しどれを買うか考えます。しかし、例えば同じ英語力を測定する複数のテスト間で実際には測定論的な意味での「品質」にバラツキがある（または、それぞれの個性や特長がある）一方で、その具体について消費者（受験者）が知る機会はほとんどないというのは不思議なことではないでしょうか。

「思考力」・「判断力」・「表現力」の評価の実現とその証拠

既に述べましたように、テストの質に関わる根本的な問いが妥当性でした。前項では問題数の観点から信頼性を担保することの難しさについて見てきましたが、仮に信頼性の問題がクリアできたとしても、記述式問題の実施がイコール「「思考力」・「判断力」・「表現力」を的確に評価した」ことは意味しないはずです(7)。

このことを吟味する上では、質的・量的それぞれの角度からの検討が必要です。前者については、例えば問題内容の分析や受験者の解答プロセスを追うことなどを通して、作成した問題が「思考力」・「判断力」・「表現力」の評価にかなうものになっているのか、またそれらは確かに選択式（客観式）テストでは捕捉が難しいと言えるのか、といったことです。一方、量的な検討としては、例えば記述式問題の出来不出来が、他の問題の出来不出来とどのような関係にあるのかといった相関関係を調べることで、共通テストが従来のセンター試験とは異なる能力構造を捕捉するものになっているのかについて統計学的に推測することが可能です。他にも、記述式問題の出来不出来と（「思考力」・「判断力」・「表現力」が必要とされるような）入学後の卒業論文やプレゼンテーションをともなう演習等の成績との相関関係を追跡して分析することで、記述式問題が「思考力」・「判断力」・「表現力」の評価にどれだけ寄与していたのかについての間接的証拠を得ることができます。

さきの問題数の点にも通じることですが、このような実際のデータに基づく判断はＥＢＰＭ（Evidence Based Policy Making：証拠に基づく政策立案）の考えそのものです。ＥＢＰＭの観点から、現行の条件設定で「思考力」・「判断力」・「表現力」の評価が実現できるのか、またそれを示すためにはどのような質的・量的証拠が必要なのかを事前に検討しながら、試行調査や追跡調査を通して証拠を収集・蓄積していくことが必要になります。

制限字数など作問方法の観点

制限字数や制限時間、他にもどのような解答上の制約条件を設定するかといった作問の全般的な事柄も、信頼性や妥当性に関わる点です。特に国語における制限字数の設定の違いは、採点に要する時間的コストはもちろんですが、実際に解答記述される文章に質的な変化を及ぼすことは直感的にもイメージされると思います。その結果として、評価の信頼性や妥当性などの測定論的な側面にはどのような影響を与えるでしょうか。例えば、約三〇〇名の高校生に小論文試験を実施して、制限字数(四〇〇字と八〇〇字)の違いが採点者間相関や信頼性に与える影響を実験的に検討した研究があります(宇佐美 二〇一二)。

分析の結果、評価観点によっては採点者間相関が変動する反面、基本的な解答手順を守り適切な論理構造を示す解答になっているか否かを評価する場合であれば、短い制限字数(四〇〇字)に基づく小論文でも、信頼性・妥当性を含めた測定論的観点からは八〇〇字の場合と同水準の評価を達成しうることが分かりました。もちろん、文章のどのような側面を評価するかによって制限字数を短くすることの適否は大きく変わりますが(より詳細な議論については宇佐美(二〇一二)を参照のこと)、例えば八〇〇字~一二〇〇字といった制限字数が「思考力」・「判断力」・「表現力」を的確に評価する上で妥当な設定なのか、あるいはこのように短くても案外問題がないのかということは、作問上とても素朴な疑問であり、かつ採点のコストにも直結する重要な問いです。しかし、他にも重要な論点が多くあることもあり、この点に関する具体的な証拠はこれまでの入試改革の議論の中ではほとんど示されてきていないように思います。制限字数を含めた作問方法全般の見直しとともに、EBPMに資する証拠の収集・蓄積が必要と考えられます。

おわりに

ここまで、信頼性・妥当性に基づくテスト理論の視点から、テストの質を評価することの重要性と、記述式問題の導入に向けての幾つかの検討課題を示してきました。本章の内容を踏まえれば、受験者の「思考力」・「判断力」・「表現力」を的確に評価するという理念の下で作問し、なおかつ異なる採点者による採点精度の問題をクリアしたとしても、選抜に利用されるテストの品質としては必ずしも十分ではないことはお分かりいただけるかと思います。

記述式問題をめぐる論点は多岐にわたっており、既に多くのものが出されていますが、テスト理論の観点に基づく具体的議論がやや不足しているのではないかという実感が、本章の執筆の出発点となりました。しかし、実際には、冒頭で述べた採点の精度をめぐる議論や試験の公平性に関わる問題、さらには導入にともなう時間的・経済的コストなど、重要な論点はまだ山積しています。これだけ検討すべき課題が多く、そして論点整理が十分なされていなかった中での見送りは妥当な判断と言えるでしょう。私自身は、信頼性や妥当性の観点も交えたテスト設計についての十分な検討と議論を忘れば、記述式問題の導入にともなう時間的・経済的コストの問題と併せて、テストの測定論的意味での品質上の瑕疵《かし》がもたらしうるさまざまなデメリットの方が、導入のメリットより上回ると考えます。以前から各方面で指摘されてきたように、各大学の主体性の下で二次試験において記述式問題を実施する、またはその実現に向けた制度設計をすることの方が建設的に思えます。少なくとも、「思考力」・「判断力」・「表現力」の評価が記述式問題を実施することで達成できるという、導入の根拠となるメリットについての客観的証拠の収集は、まだ十分になされていないように思います。

少し話は逸脱しますが、テスト理論に基づく測定論的視点が入試改革をめぐる議論からしばしば欠落してしまっているという点は、英語の四技能評価の問題にも通じます。共通テストとして各技能でどの程度の信頼性を担保することが必要で、各民間試験がそれにどれだけ応えるものになっているかについての具体的議論は、受験費用や地域格差といった他の重要な問題の陰に隠れてしまっているように思えます。

テストを作成・評価・運用する上でテスト理論や測定論的視点は非常に重要であることを述べてきましたが、もちろんそれがすべてではありません。しかし、この点からテストの制度設計を検討することで、記述式問題（および英語の四技能試験）の導入の意義や設計上の改善点も具体的に見えてくることが期待され、そのため今後より踏まえられるべき重要な視点の一つであると考えます。

しかし、日本では、テスト理論の観点からテストの運用を支援できる、教育測定学（educational measurement）や心理統計学（psychometrics）と呼ばれる領域の専門家（または実務家・研究者）の数が不足しているというまた別の問題があります（宇佐美 二〇一六a）。そのことを一因として、高等教育の中でそのような専門的人材を育成できる環境も全国的にはまだ整っておらず、また実際のテストの運用場面でも、例えば米国に比べ、テスト理論の概念は関係者の中で十分に浸透していません。その結果、テストの品質を測定論的視点から吟味することの重要性についての認識が社会の中でまだ十分に共有されていないように思います。そしてそのことが、この領域の専門的人材を育成する上で障害になるという悪循環を生んでいるのです。テスト理論に関する専門的な知識をもつ人材育成のための継続的な教育・啓蒙活動は、我が国では重要度が高く、また緊急性も高いと言えるでしょう。

注

（1）「テスト」は、選抜場面で利用されることが多い「試験」という用語を含むより包括的な表現ですが、「一次試験」など、慣例的に利用されている用語については「試験」という表現を本章ではそのまま用いています。
（2）南風原（二〇一九）では、より網羅的な観点から、記述式問題の導入について批判的に検討しています。
（3）「測定論的性質」という用語における「測定（measurement）」とは、テスト等を通して、人の能力や特性の大小・高低を表す数値を一定のルールの下で割り当てる行為を指します。
（4）本節の内容は、宇佐美（二〇一六b、c）を加筆修正の上、必要最小限の内容を示しています。テスト理論についての詳細は、例えば宇佐美（二〇一三、二〇一六b、c）や日本テスト学会が刊行しているテストスタンダード（日本テスト学会 二〇〇七）を参照してください。
（5）このように、異なる問題から構成されるテストスコアについての信頼性は特に「内的整合性」と呼ばれます。一方で、同じ問題から構成されるテストスコアの安定性を考える場合もあり、この場合は特に、「再検査信頼性」と呼ばれます。信頼性という用語はこれらの異なる文脈におけるテストスコアの安定性を包括した概念です。
（6）実際には、センター試験を含め多くのテストにおけるスコアの分布は正規分布とは完全に一致しませんし、また必ずしも左右対称でもありませんが、ここで示した数値は一つの目安として参考になるものです。
（7）そもそも、「思考力」・「判断力」・「表現力」という文言自体の適切性を問う議論も多くあります。

参考文献

石岡恒憲 二〇〇九、「小論文自動採点」『電子情報通信学会誌』九二（一二）、一〇三六―一〇四〇頁。
宇佐美慧 二〇一六a、「測定・評価・研究法に関する研究の動向と展望――教育測定・心理統計の専門家の不足および心理統計教育の問題の再考と「専門家による専門家の育成」の必要性」『教育心理学年報』五五、八三―一〇〇頁。
宇佐美慧 二〇一六b、「論述式テストの作成と運用（その2）記述式テストの作成――信頼性・妥当性から見たテストの「品質」」『試験と研修』二九、一〇―一五頁。
宇佐美慧 二〇一六c、「論述式テストの作成と運用（その1）「良いテスト」とは何か――信頼性・妥当性の概念」『試験と研修』二八、一〇―一四頁。
宇佐美慧 二〇一三、「論述式テストの運用における測定論的問題とその対処」『日本テスト学会誌』九（一）、一四五―

一六四頁。

宇佐美慧　二〇一一、「小論文評価データの統計解析——制限字数を考慮した測定論的課題の検討」『行動計量学』三八（一）、三三—五〇頁。

日本テスト学会編　二〇〇七、『テスト・スタンダード——日本のテストの将来に向けて』金子書房。

南風原朝和　二〇一九、「見失われた記述式の意義——導入の見直しが必要だ」『科学』八九（一〇）、八九九—九〇四頁、（https://www.iwanami.co.jp/kagaku/Kagaku_201910_Haebara-rev.pdf）。

文部科学省ＨＰ「「大学入学共通テスト」について」（https://www.mext.go.jp/a_menu/koutou/koudai/detail/1397733.htm）（二〇二〇年五月二九日閲覧）。

文部科学省「大学入試のあり方に関する検討会議（第一回）配布資料・資料四「大学入試制度の現状と高大接続改革の経緯について」」（https://www.mext.go.jp/content/20200116-mxt_daigakuc02-000004136_5.pdf）（二〇二〇年五月二九日閲覧）。

Baldwin, D., Fowles, M., Livingston, S. 2005. Guidelines for Constructed-Response and Other Performance Assessments. Princeton: Educational Testing Service. https://www.ets.org/Media/About_ETS/pdf/8561_ConstructedResponse_guidelines.pdf

Liao, W. C. 2010, Field Study Results for the Redesigned TOEIC Listening and Reading Test. TOEIC Compendium Report Number: TC-10-03. https://www.ets.org/Media/Research/pdf/TC-10-03.pdf

3　英語スピーキングテスト――入試導入の前提と方法

羽藤由美
（京都工芸繊維大学）

●スピーキング力を伸ばすには、入試への導入以前に、英語のインプット（目にしたり耳にしたりする情報）を増やすことが必要。
●導入するなら、民間委託ではない形でスピーキングテストを開発・運営する方法を考えるべき。

学校にプールがないので、浅いビニールプールに水を張って泳ぐ練習をする生徒たち。そばで指導する先生は息つぎのタイミング、腕の動かし方、水の蹴り方などを順序立てて丁寧に説明するが、実は自分もビニールプールで水泳を習ったのであまり泳げない。それでも、目指しているのはオリンピック選手の養成。当然、指導の成果は上がらず、高い目標と生徒の実力との差はちっとも縮まらない。そのせいで先生はあちこちから非難を浴び、生徒たちは自信を失い、水泳が嫌いになる。

ある国で長く続いているこの悪循環をどうすれば断ち切れるだろう？　普通に考えれば、学校にプールを整備して生徒たちが水に入る機会を増やすことや、先生たちがお手本を示しながら効果的に指導できるようにすることが思い浮かぶ。高望みをしないで、現実的な目標を立てることも必要だろう。

しかし、プールの整備や先生の研修にはお金がかかる。目標も下げたくない。そこで、その国の政府は水泳を大学入試に組み込むことにした。人生のかかった大学入試で泳ぐ力を問えば、生徒も先生も必死で準備するだろうと考えたのだ。

たしかに、その通りだった。水泳が大学入試に導入されて以来、生徒たちは泳ぐ力をなんとか伸ばしたいと思い、先生もいっそう熱心に指導するようになった。ところが、肝心の泳ぐ力は一向に伸びない。

なぜって？　学校にプールがないことも、先生たちが適切な指導をできないことも前と変わっていないのだから当然のこと。むしろ、生徒の意欲や先生の熱意が空回りして、かえって多くの時間が役に立たない説明や練習のために使われるようになった。

その一方で、適切な水泳指導を受けられるプール完備の私立学校や街のスイミングスクール、集中訓練のための水泳ツアーなどは大繁盛。それらを利用できる経済的に恵まれた家庭の子どもたちが大学入試において圧倒的に有利になり、そうではない家庭からの大学進学がいっそう難しくなった。

――――――

水泳を英語のスピーキングに置き換えれば、これが今回の英語入試改革によって起ころうとしていたことです。大学入試にスピーキングを入れたところで、その能力を伸ばすための必要条件が満たされていなければ、望む結果は得られません。むしろ悪影響の方が大きいことも十分に考えられます。

そういう意味では、共通テストの枠内で複数の英語民間試験を利用するという計画が、制度設計の欠陥ゆえに、導入前に頓挫したことはむしろ幸運であったとも言えます。国の判断が遅れたために、受験を間近に控えた高校生や保護者、教員が甚大な被害を被り、膨大な額の税金が無駄遣いされたのは事実です。しかし、万一強行していれば、英語で話す能力を伸ばすという目的は果たせないまま、被害や損害だけが膨れ上がることになっていたでしょう。

さあ、ここからどのように出直せばよいのでしょうか？　本章では、出直しのための議論の土台となる知見を提供したいと思います。第一節では、スピーキング力の発達するメカニズムを概説し、発達の必要条件を満たすことを入試導入より優先すべきであることを論じます。第二節では、長期的な視点から、民間委託とは異なる方法でスピーキングテストを開発・運営する可能性を探ります。

一　スピーキング力を伸ばすために入試への導入より先にすべきこと

入試に導入してもスピーキング力は伸びない

言語テストに関する研究では、特定のテストが生徒の学習や教師の指導に及ぼす影響を「波及効果」と呼びますが、入試のような一発勝負の大規模テストの内容や形式を変えても波及効果はきわめて限定的であることが、海外の事例からわかっています。日本でも二〇〇六年にセンター試験にリスニングが導入されましたが、それによって生徒たちのリスニング力が画期的に伸びたという客観的な証拠はありません。

これらは何も不思議なことではありません。入試の改変と指導や学習の成果の変化との間には、多数の因子が介在します。同じテストであっても、それぞれの教師や生徒が多様な環境で独自の考えに基づいて試験の準備をするからです。

政策決定者が意図した望ましい波及効果が得られなかったという報告が多いことからは、学習の成果への影響はテストの改変そのものより、学習や指導の環境、個人の学習観・指導観、言語観、言語習得観などの方が大きいということがうかがわれます。

すなわち、波及効果とはきわめて複雑な現象であり、「入試にスピーキングテストを入れる→生徒のスピーキング力が伸びる」というような単純な図式は成り立ちません。信頼に足る根拠のない因果関係を拠り所にして入試を変えたところで、望む効果は得られません。

スピーキング力発達の必要条件はインプット

泳ぐ力を伸ばしたければ、まずは学校にプールを作り、生徒たちが水の中で実際に泳げるようにしなければなりません。必要条件を満たさなければ、評価に力を入れても泳げるようにはなりません。同じように、外国語で話す能力を伸ばすためにはたくさんのインプット(目にしたり耳にしたりする言語情報)が必要です。なぜなら、話す能力は話すことによって伸びるのではなく、主にインプットを理解すること(内容がわかること)を通して発達するからです。

インプットが話す能力の発達の必要条件であり、円滑な発達のためには大量のインプットが必要であることは、これまでの第二言語習得研究(母語ではない言語の習得に関する研究)の総括的見解と言えます。しかし日本では、実際に英語を使う機会が少ないためか、授業で明示的に(それぞれの規則がどのような形式的操作をともない、どのような意味を表すかを明確に説明してもらうことによって)学んだ文法知識が自動化する(意識的な練習の繰り返しによって意識しなくても使えるようになる)ことに過大な期待がかけられがちです。たしかに一部の文法項目については、明示的に学んだ知識の自動化が起こりうることが報告されています。しかし、その範囲はきわめて限定的です。そう易々と自動化が起こるなら、話せなくて悩む英語の教師など、そもそもいないはずです。

以下は、大学の英語の授業における実際の会話の一片を書き起こしたものです。コンビニで、ロボットの店員が棚に商品を補充したり、レジカウンターで客に応対したりするようになるというニュースに関して、私(T)が質問し、学生(S)がそれに続いて発言しました。私も学生も所々で言い淀みながら、比較的ゆっくり話しています。

T: If we could let robots do all the boring jobs, the jobs no one wants to do, it would be great for countries that have worker shortage, like Japan, but what would become of countries with lots of people, like India?（もしすべての退屈な仕事、誰もやりたくない仕事をロボットにしてもらえるなら、日本のように労働者が不足している国にとっては素晴らしいよね。でも、インドのように人がたくさんいる国はどうなるの？）

S: If robot do all the job, who buy goods?

私は少し考えてから、学生が私の質問に答えたのではなく、その先を見越した鋭い質問をしたことがわかりました。もし、彼が未来形を正しく使って "If robots do all the jobs, who is going to buy goods?" と言ったり、仮定法で "If robots did all the jobs, who would buy goods?" と言ったりしていれば、「ロボットがすべての仕事を［するようになる／する］なら（人が仕事を奪われ収入がなくなり）誰が商品を[買うことになるの／買うの]?」という質問の趣旨がより明瞭になったかもしれません。

彼は優秀な学生なので、複数形や未来形はもちろん仮定法も知っているでしょうから、意見を書いてもらったら、これらの文法規則を正確に使いこなしたのではないかと思います。

では、この学生が会話中でも複数形、未来形や仮定法を正しく使えるようになるにはどうすればよいのでしょうか？　中学や高校で習った文法規則を復習して、意識的に使う練習を繰り返したところで効果は望めません。しかし、もし彼が今後、これらの文法規則を含むたくさんのインプットと接する機会をもつなら、その内容を理解することを通して、それぞれの規則の「形式」(例えば、"be going to …"や robots の"s")とその形式が運ぶ「意味」とが彼の内面で徐々につながり、やがては使えるようになるでしょう。

また、彼の発話にある"all the job"は、私の発話にある"all the boring jobs"と似ています。もとから使えるフレーズだったのかもしれませんが、もしかしたら、インプットを理解する過程で若干でも習得が進んだのかもしれません。両方の発話に「If …, 疑問代名詞の主格…」という構文が共通していることについても同じことが言えます。

同じく、私が発話中に、特別な注意を払うことなく"the jobs no one wants to do"の job に"the"をつけたのも、関係詞の先行詞につく冠詞の用法をどこかで習ったからではありません。この文脈で自分の意図する"jobs"が限定的なものであるという「意味」を伝えるためには、"the"という「形式」が必要であることを、"the"が同じように使われた大量のインプットを理解する過程で、ある意味、体得したと言えます。

また、"the jobs"と"no one wants to do"の間に関係詞を使わなかったのも、「関係代名詞の目的格は省略できる」と中学校で習ったからではありません。さらに、仮定法と直説法や使役動詞を適切に使いこなしているのも、「明示的な学習→練習」の積み重ねによるものではありません。これらの文法項目を含むたくさんのインプットを理解することを通して、私の内面でそれぞれの文法項目の「形式」と「意味」とが徐々につながり、自分が伝えたい「意味」を伝えることのできる「形式」を使えるようになったと考えられます。

私が冠詞、関係詞、態、時制などについての文法規則を知っていて、必要に応じてインプットに分析的な注意を向けられたことは、「意味」と「形式」とのマッチングを大いに助けたことでしょう。なんとなくですが、その実感もあります。しかし、私がこれらの文法規則を正確に使えるようになったのは、あくまでも大量のインプットに接し、その内容を理解したからです。このようなインプットとの接触がなければ、私はいまもそれらの文法規則を知っていながら、使いこなすことはできなかったでしょう。

しかし残念なことに、どのようなタイミングで、どのようなインプットが、どのような文法規則の習得を促すかは、まだ明らかにされていません。そのため、話す能力をつけるためには、とにかくたくさんのインプットと接して(読んで聞いて)理解することが必要と考えられています。

なお、ここでいうインプットとは、特定の文法項目(例えば、複数形、仮定法など)や言語機能(例えば、依頼、説得など)を教えるためのものではありません。小説を小説として読んで楽しむ、ニュースをニュースとして聞いて情報を得る、双方の話者が納得のいく方法で問題解決を図るために議論するなど、言語を言語として使うことを通して、学習者の内面で「意味」と「形式」とのマッチングが進みます。通常、やりとりされるメッセージが学習者にとって有意義であるほど（例えば、前出の学生が私の話す内容に興味があるほど）、インプットから多くのものが取り込まれる可能性が大きいと考えられています。

英米の旧植民地のように日常的に英語が使われる環境であろうと、日本のように教室外ではほとんど英語が使われない環境であろうと、適性・態度・意欲などにどのような個人差があろうと、第二言語発達のメカニズムは変わりません。英語で話す能力の育成を本気で目指すなら、国の施策も指導実践も、インプットの重要性を踏まえた一貫性のあるものでなければなりません。

英語教育政策は失敗している

以上に述べたような第二言語発達のメカニズムを前提とするなら、話す能力を伸ばすための教師の役割は、(1)生徒にできるだけ多くのインプットと接する機会を提供することと、(2)適切な介入によって、生徒の内面で進む「意味」と「形式」とのマッチングを促すことと考えられます。国が話す能力の育成を本気で目指すなら、これら(1)(2)を支えて、促す施策が必要です。

日本の中学校や高等学校の英語の授業では、いまだに特定の文法項目に焦点を当てた説明や練習、その文法項目を定着させるための活動に大半の時間が費やされることが多いですが、これは(2)の一部と考えられます。しかし、どのような文法項目を、どのようなタイミングで指導するのが効果的かについては、まだ信頼に足る実証研究の成果がありません。そのため、難しい判断が教科書作成者や個々の教師の経験や直感に委ねられています。

とはいえ、どのように指導しようと、発達の必要条件であるインプットが足りなければ、その指導の多くは無駄になってしまいます。つまり、教師がどれほど熱心に文法指導をしようと、生徒がその文法知識を使う口頭練習を何度繰り返そうと、十分なインプットのないところで教師から生徒に授けられた文法知識は、(仮に一旦記憶されたとしても)やがては忘れ去られるのです。かくして、日本では、「中学、高校、(大学)と英語を習ったのに日常会話もできない」と嘆く人が長く巷にあふれています。

しかし、文部科学省(以下、文科省)が何もしていないわけではありません。「実践的英語運用能力」「コミュニケーション重視」「英語が使える日本人」「四技能」などとレッテルは変わっても、ここ三〇年ほどの間、国の方針は一貫して「英語が使える人」「話せる人」の育成です。中学校や高等学校における「英語の授業は英語で」の原則化や小学校への英語教育導入も、基本的には個々の生徒が接するインプットを増やすための施策です。

しかし、このような国の方針に対する指導現場の抵抗は依然として大きいようです。また、声を出す機会やゲーム感覚の活動が増えたことなど、うわべは話すことを重視する方向に動いているように見えても、本質的には「教えたら学ぶ。練習させれば定着する(使えるようになる)」という「自動化」を前提とする旧来の指導法が脈々と受け継がれ、広く展開されています。その結果、定着するはずのない文法項目を定着させるために、膨大な授業時間が無駄遣いされ、「インプットを増やす」という肝心の改善はあまり進んでいません。

これらのことは、使う能力や話す能力を育てるために国が行ってきた断片的で場当たり的な改革や改善が上滑りし、総体としては失敗していることの証と言えます。そして、その末に行き着いたのが、方向性まで見誤ってしまった今回の英語入試改革でした。改革の準備にかけた七年もの年月と失敗で浪費した税金や関係者の労力を投じていれば、上記(1)(2)の支援や促進を大規模、かつ体系的に行うことができたでしょう。はなはだ残念ですが、これを契機に、これまでの英語教育政策が抜本的に見直されることを期待したいと思います。

入試導入より先にインプットの確保を!

前項で確認した(1)(2)を支えて促すために、国は何をすべきでしょうか? (1)については、生徒たちが言語を言語として使い、本来の目的のために読んで聞いて話し合う機会を最大限に増やすことが必要ですが、それには色々な方法が考えられます。例えば、eラーニングや多聴・多読システムを利用することが挙げられます。しかし、これまでのところ、民間の事業者はコンテンツの充実よりシステムの開発や運営のノウハウを構築することを優先しており、言語や言語習得に関する研究からの知見を踏まえ、中学生や高校生の話す能力の発達を効果的に促すと思われるものを見つけ出すのは困難です。そこで、文科省あるいはその管轄下の公的組織がイニシアチブをとって、現場を知る教師や外国語習得に詳しい研究者などが参画すれば、生徒たちが楽しみながら継続的に取り組めるシステムの開発・運営はそう難しくないでしょう。

さらに、訪問先や目的の異なる多様な海外研修も考えられます。ICTの発達により、地元にいながら海外の人たちとオンラインで交流することも可能になりました。日本の教室で海外の教師に授業をしてもらうこともできます。

家庭の経済状況を問わず、全国の生徒たちがこのようなサービスを教室の内外で多角的、有機的に利用して、より多くのインプットに接することのできる統合型のプラットフォームを作ることが望まれます。

民間事業者との協働はもちろん必要ですが、丸投げではコンテンツの質を高く保つことができません。品質を確認する能力がない学校設置者らが、民間事業者の出来合いのサービスを断片的に利用して、税金を無駄遣いしている状況は改善が必要です。

（2）の教師による適切な介入については、まず教師研修プログラムの見直しや拡充が必要です。「英語の授業は英語で」の原則化に対して現場の教師の抵抗が大きく、原則が形骸化してしまっているのは、この施策が手段を目的化し、指導現場の現実を踏まえていないからです。

目的は英語で授業をすることではなく、インプットを増やすことのはずです。しかし、第二言語発達のメカニズムや文法指導の限界なども含めて、指導の基本理念を理解している教師がどのくらいいるでしょうか？　わかっていれば、特定の文法項目の説明、練習、（定着の望めない）定着活動で終始するような授業は虚しくてできないはずです。

この基本理念は学習指導要領の策定者にさえ、十分に理解されているのか疑問です。教科横断的に「何ができるようになるか」の明確化が求められる中、二〇一八年に告示された高等学校の新学習指導要領は「教えれば学ぶ（できるようになる）」という誤った言語習得観の影響をこれまで以上に強く受けています。

さらに、実際に英語で授業をできる教師がどれほどいるでしょうか？　今回の入試改革の理論的支柱であったとされる鈴木寛氏（東大・慶大教授）は、教育新聞のインタビュー記事（二〇一九年一二月三日付）で、高校教員には英語で授業をする能力があるのに、大学入試でスピーキングが問われないので、四技能の授業が行われないと述べています。しかし鈴木氏が、英語で授業ができるとする基準は英検準一級、あるいはそれに匹敵する民間試験の成績です。私が勤務している工科系の単科大学では、全学生のほぼ四分の一が卒業時までに、英検準一級に匹敵するＴＯＥＩＣ七三〇以上を取得しますが、彼らが"Ah..." "em..." "mm..."と言い淀み、反復や言い直しを繰り返しながら絞り出す英語で、一クラス四〇名もの生徒の注意を何十分間も引きつけておけるとは到底考えられません。

教師に英語で授業をすることを求めるなら、それができるようになるための研修とそのための時間を提供しなければなりません。泳げないのに泳げと言われたら、聞き流すか反発するかしかないのは当然です。

基本理念の共有、指導法や英語力の研修については、資格に裏づけられた、力量のあるティーチャートレーナーを海外から採用することも可能ですし、ほぼ同じことがオンラインでもできる時代になりました。文科省や学校設置者の企画力や行動力が問われますが、ここでも民間事業者への丸投げは税金の無駄遣いにつながります。質を担保しながら、体系的に研修を実施する制度の構築が必要です。

クラス規模の縮小も必要です。英語で話す能力を育むためには、授業中に本来の用途で英語が使われ、その活動を行う一人ひとりの生徒の能力やその伸びに教師が常時注意を払いながら、都度都度に適切な介入ができるような指導環境が必要です。レベルの異なる四〇名もの生徒が一クラスに詰め込まれたのでは、教師は個々の生徒のパフォーマンスに注意を払うことも、適切なフィードバックをすることもできません。

前出の鈴木寛氏をはじめ、共通テストへの英語民間試験導入を推進してきた研究者や教育者は、「大学入試でスピーキングを問わないから、生徒のスピーキング力が伸びない」と言いますが、その認識は誤りです。スピーキング力が伸びないのはインプットが不足しているからです。話す能力を育てたいなら、入試導入の前に、インプットの確保に可能な限りのリソースを集中投下することが必要です。

英語教育の目的、目標の再確認を！

日常的に英語を使う必要のないこの国で、生徒たちに大量のインプットを保証するのは容易ではありません。仕事などで実際に英語を使っている人は、一般的に思われているほど多くないというエビデンスに基づく報告もあります。それらもあって、英語教育の目的を見直すべきだという声や、コミュニケーション重視からの方針転換を訴える声が根強くあります。一方では私のように、高校からは進路希望や学習進度などに応じて指導の重点を柔軟に変えられるようにすべきだと考える研究者もいます。ＡＩの発達にともない、外国語教育全般の意義や目的を見直すことも必要になりつつあります。

このあたりで、英語の必要性や現実の制約を経験や直感ではなくエビデンスに基づいて精査し、専門家の知見を結集して、英語教育の目的を再確認する必要がありそうです。その結果、仮に目的を変えることなく、あくまで「使える人」「話せる人」の養成を目指していくなら、確保できるインプットの量に見合う現実的な目標を立てなければなりません。その上で、限られたリソースを最大限に活かすべく、優先順位を決め、諦めるところは諦めて、体系的で緻密な計画に基づいて目標達成を目指すべきです。何十年にもわたって、日本人全体が英語学習の失敗者であり、教師全体が指導の失敗者であるとするなら、目標設定が無謀であるか、国の英語教育政策が誤っているかのどちらかです。

二　スピーキングテスト開発・運営のオルタナティブを探る

二〇二一年度入試改革の破綻を受けて萩生田文部科学大臣の下に設けられた「大学入試のあり方に関する検討会議」では、二〇二五年度入試からの英語四技能評価のあり方が審議されています。

しかし、前節で論証したように、現状では大学入試にスピーキングを導入しても、生徒のスピーキング力が画期的に伸びるとは考えられません。そもそも、テストは育った能力を測るためのものであり、能力を育てる手段としては効率がよくありません。それにもかかわらず、国があえて二〇二五年度にこだわり、共通テストの枠内で民間試験を利用したり、各大学の個別試験に四技能評価を導入するように求めたりするなら、その目的は教育とは別のところにあると言わざるを得ません。

一方で、能力を測るという本来の目的であるなら、外国語能力の評価からあえてスピーキングを除外する理由は見当たりません。学習者の内面に育つ能力が四つに分かれているのではなく、便宜的に「聞く」「話す」「読む」「書く」という四つの様式を使って評価せざるを得ないのですから、大学入試においても、使える様式は使った方が、より妥当性の高い評価ができます。それでも、あえて特定の領域を重視したり除外したりしたい大学があるなら、その領域のテストを使わないという選択肢を設けたり、配点を自由にしたりすればよいだけです。

とはいえ、良質のスピーキングテストを開発して、入試に求められる公正性や公平性を担保しながら運営するのは、他の三領域のテストより技術的に難しく、費用もかかります。だからといって、民間事業者に丸投げしたのでは、制度の開始に漕ぎ着けることさえできませんでした。本節では、長期的な視点から、民間委託とは異なる方法でスピーキングテストを開発・運営する可能性を探ります。

丸投げ制度の構造的欠陥

二〇一七年五月、文科省が二〇二一年度入試から共通テストの枠内で複数の民間試験を使うことを公表した時点で、改革の失敗を確信した研究者は少なくありませんでした。それは、この制度に構造的な欠陥があるからです。

民間試験では、受験から成績が返されるまでのプロセスは完全なブラックボックスです。標準化（同じ能力なら、異なる回のテストを受けても同じ成績が返されるような統計処理）をするために、通常は問題も公開されません。しかし、当然のことながら、ブラックボックスの中で行われるすべてのことには費用がかかり、テストの品質や公正性・公平性を高めようとすれば事業者の利潤が減る、というトレードオフがあります。

例えば問題数を増やせば、テストの妥当性を担保しやすく（測ろうとする能力を測りやすく）なりますが、テスト運営にかかる人件費や会場費、採点の費用などが増加します。また経験の浅い事業者が短期間で多数のテストバージョンを作ろうとすれば、十分な試行試験を経ていない問題を出すことになり、テストの信頼性が下がり（測ろうとする能力を安定して測れなくなり）、そのために標準化やＣＥＦＲ

（Common European Framework of Reference for Languages: Learning, Teaching, Assessment, 外国語の学習・指導・評価のためのヨーロッパ言語共通参照枠）との対応づけも危うくなります。

採点についても、複数の採点者による並行採点の方が単独採点より信頼性は高いですが、その分の人件費がかかります。機械採点を利用すれば採点費用は抑えられますが、ＡＩの発達度合いに合わせた出題しかできず、テストの妥当性が下がります。

このように、ブラックボックスの中は難しい判断に満ちています。しかし、利潤を追求する事業者である以上、採算を優先するのは当然です。その他にも、障害のある学生への合理的配慮やトラブル対応、受験対策事業の展開など、テストの開発・運営に関わるすべてが採算を考えて行われます。

このような状況に置かれた複数の事業者に、今後必然的に減少する受験生の奪い合いをさせれば、何が起こるかは容易に想像できます。実際に、今回の制度が破綻に向かう過程で、私たちが目の当たりにしたのは、コストを下げるための技術開発をするでもなく、テストを売る事業者に求められる最低限の質の保証さえ投げ出して、それを隠そうともしない民間試験の姿でした。

簡単に良いスコアがとれるようにするためにスコアのダンピングをする試験、大幅な仕様変更をしたにもかかわらずＣＥＦＲとの対応づけを修正しない試験、仕様変更はないのに突如、測定範囲が広がる試験……。これらはすべて実際に今回、事業者が利潤追求のために行ったことですが、元はといえば、制度の構造的な欠陥に起因するものです。受験生、保護者、教員らの納得感を得られない入試制度は維持が困難です。

第三者による監査や査察の制度を設けるべきだ、という意見もあります。しかし、テストを開発・

運営する事業者が開示するであろう限られた情報を基にブラックボックスの中を監視するには、テスト理論に関する高度の専門知識と豊富な実践経験が必要です。事業者ごとに人材が育成されている日本に適任者がいるかは疑問です。

アセスメントエージェンシー設立の可能性

先述の「大学入試のあり方に関する検討会議」の検討事項には、「英語四技能評価のあり方」が含まれています。つまり、二〇二五年度入試から四技能評価を導入することを前提に、そのあり方を検討することになっているようです。しかし、入学者選抜に関する変更は実施の二年程度前に予告するという決まりがあり、四技能評価を行うなら、もはや民間試験を利用するしか選択肢がないように思われます。けれども、前項で確認したように、複数の民間試験を並行して使う制度には、マイナーチェンジでは解決できない致命的な欠陥があります。

したがって、もしスピーキングテストの入試導入を本気で考えるなら、今後のＡＩの発展なども視野に入れて、より長期的な展望で議論することが望まれます。そのような視点に立てば、例えば、産官学が連携するコンソーシアムのような形で、ＴＯＥＦＬ等を開発している米国のＥＴＳ（Educational Testing Service）や、ケンブリッジ英検を開発している英国のケンブリッジ大学英語検定機構（Cambridge Assessment English）のようなアセスメントエージェンシーを日本に作ることも考えられます。受験者を奪い合うのではなく、当初から一定数の受験者を見込めるなら、技術開発への投資の目処も立てやすくなります。英語はネイティブスピーカーのものとは言えなくなった昨今、やり方次第では、日本から東アジア諸国にサービスを提供することも可能でしょう。

国内に向けては、前述のインプットの補給を目的とする統合型プラットフォームの構築なども手がけ、英語教育に関するシンクタンク的な役割を担えるかもしれません。

さらに、英語だけでなく他教科との連携も可能でしょう。入学試験は各大学のアイデンティティとも言われますが、人員削減などのために、今後、各大学が入試の作成や運営にかかる負担をどこまで負い続けられるかは不透明です。また、それが限られた人的リソースの有効な使い方であるかを考えると、アセスメントエージェンシー設立を検討する価値はあるように思われます。さらに、テストの品質保証や良問を作る技術など、英語に限らず、日本の入試で軽視されてきた課題の解決にもつながるでしょう。

なお、もしこのような取り組みの一環として英語のスピーキングテストを開発するなら、まず何をどこまで測るかを検討する必要があります。例えば、今回、瓦解した入試制度と同じく、CEFRのA1以下、A1、A2、A2以上というように受験生の能力を大まかに測るのであれば、それほど込み入ったテストを作る必要はありません。一方、より精密な測定をするなら、AIの発展度合いや予算・時間との兼ね合いなどを考慮して、どこまで妥協するかを検討しなければなりません。

また、これまでのセンター試験のような一斉受験方式をとるなら、問題の配信や解答音声の回収のための技術開発が必要になります。一方、TOEFL等の民間試験と同じように、順次受験する方式にするなら、複数の民間試験を利用するよりは、はるかに良質なテストシステムを比較的容易に構築できると思われます。

教材にせよテストにせよ、民間に丸投げしてしまうと、核となるコンテンツの部分までコントロールを失ってしまいます。民間事業者は短期的な営利を優先せざるを得ないことを考えると、丸投げは良策とは言えません。

英語民間試験の利用は、大学入試センターが自前ではスピーキングテストを開発できないと言った時点で決定的になったと言われていますが、入試改革が破綻に向かう過程では、それを口実に、政治家が自らの地盤に利益を誘導したり、共通テストという誇るべき領域に踏み込んだはずのテスト業者が矜持をかなぐり捨てて誤魔化しを重ねたりする様子を高校生たちが目の当たりにしました。こんな国にイノベーションが生まれるでしょうか。共通テストぐらいは、産官学が先端の知見や技術をもち寄って、オープンに議論し、若い人たちに信頼されるテストを作ってみてもよいように思われます。

おわりに

入試に複数の民間試験を並行して用いる限り、その欠陥を隠す道具として、CEFRがもち出されます。しかし、自分の教える生徒たちについて、「Xさんのスピーキング力はCEFRのどのレベル?」「YさんとZさんはどちらがスピーキング力が高い?」と聞かれたときに、自信をもって答えられる教師はどれぐらいいるでしょうか。授業中に生徒が意義を感じられるようなインタラクションが継続的に起こり、教師が一人ひとりの生徒のパフォーマンスに注意を払えるような指導環境であれば、教師はそのくらいの質問には軽く答えられるはずです。そういう指導法や指導環境でなければ、英語で話す能力を円滑に育むことはできません。英語で話す能力の育成を国が本気で目指すのであれば、現段階で深刻な犠牲を払ってまで、大学入試にスピーキングを導入するのは賢明な策とは言えません。

参考文献

白井恭弘 二〇〇八、『外国語学習の科学——第二言語習得論とは何か』岩波書店。

鈴木寛 二〇一九、「英語民間試験見送り　我々は何を失ったのか——鈴木寛・東大教授に聞く」『教育新聞』二〇一九年一二月三日付(https://www.kyobun.co.jp/close-up/cu20191203/)。

寺沢拓敬 二〇一八、「四技能入試は改革の切り札か?」『英語教育』二〇一八年一一月号、四〇頁。

寺沢拓敬 二〇一五、『「日本人と英語」の社会学——なぜ英語教育論は誤解だらけなのか』研究社。

野口裕之・大隅敦子 二〇一四、『テスティングの基礎理論』研究社。

南風原朝和編 二〇一八、『検証　迷走する英語入試——スピーキング導入と民間委託』岩波書店。

羽藤由美 二〇〇六、『英語を学ぶ人・教える人のために——「話せる」のメカニズム』世界思想社。

福田純也 二〇一八、『外国語学習に潜む意識と無意識』開拓社。

光永悠彦 二〇一七、『テストは何を測るのか——項目反応理論の考え方』ナカニシヤ出版。

Lightbown, P. M. & Spada, N., 2013. *How Languages are Learned* (4th ed.). Oxford: Oxford University Press.

Tsagari, D. & Cheng, L., 2017, Washback, impact, and consequences revisited, In E. Shohamy, I. Or, & S. May (Eds.), *Language testing and assessment. Encyclopedia of Language and Education* (3rd ed., pp. 359–372), Cham: Springer.

4　eポートフォリオの入試利用をめぐる功罪

大多和直樹（お茶の水女子大学）

●日々の学習・活動記録や調査書の拡充と電子化が進んでいる。
●それらの入試への利用は、理念上・運用上に多くの問題を孕んでいる。

はじめに

英語四技能や記述式問題ほど注目されてはいませんが、eポートフォリオ（以下、eP）の入試への利用もまた、学校教育へのインパクトが大きい重要な「改革」の一つです。ポートフォリオとは、語義的には書類鞄のことですが、教育においては、部活動や資格等を含めて幅広く学習や活動の成果を記録し集めたもののことを指します。ePは、これを電子化することで利便性を高め、かつ多くの成果を生徒自身が容易に記録できるようにしたものです。このePは、新しい学習指導要領で育成が明記された「学力の三要素」のうち「主体的な学び」を下支えするものとして位置づけられており、二〇二一年度から一部の大学の入試において、主体性の評価に用いられることになっています。

本章ではまず、ePとともに近年の教育改革で検討されている調査書（電子化）やキャリア・パスポートなどの類似の学習記録についてそれぞれの特徴を整理した上で（第一節）、ｅＰを入試に用いる際のねらいとメリットをみていきます（第二節）。その上で、今後、ｅＰをめぐる状況によっては、そこにどのような問題が考えられるのかについて論じていくことにします（第三節）。

一　三つの学習記録

（1）調査書の拡充と電子化

第一に取り上げるのが調査書、いわゆる内申書というものです。ＡＯ入試や推薦入試等の際には、所属の学校によって作成された調査書が選抜資料として大学に送られます。教科の履修状況と成績、出席・欠席の状況、部活動や資格などの指導上参考となる諸事項などが記載されていますが、この調査書の電子化が目指されています。これは、制度的な枠組みにおいて、入試に用いる資料とみることができます。

学力の三要素を大学入試においても評価していく動きの中で、調査書をそれに対応した形に改革することが決定しています（文科省 二〇一八）。そこでは、「生徒の多様な学習成果や活動が反映されるよう、調査書の様式の見直し」（中教審 二〇一四）が必要で、具体的には「生徒の特長や個性、多様な学習や活動の履歴についてより適切に評価することができるよう、現行の調査書の「指導上参考となる諸事項」の欄を拡充」（文科省 二〇一八）することとしています。この調査書の積極的活用を受けて、これまでの調査書は裏表の両面一枚となっていたのですが、「この制限を撤廃し、より弾力的に記載できるようにする」こととなっており、より情報量を多くすることが企図されています。これは後述するｅＰと連携させながら学力の三要素の一つである主体性の評価に用いるねらいがあり、文部科学省は「ｅポートフォリオとインターネットによる出願システムを連動させたシステムのモデル」開発の取り組みの状況を踏まえつつ「調査書等の電子化の在り方について検討する」としています。このように出願の電子化と情報量の増加にともない、調査書を電子化する動きが本格化しているのです。

(2) キャリア・パスポート

第二に、制度的に構築され、教育活動に用いられるものとしてキャリア・パスポートがあります。キャリア・パスポートは、学校のキャリア教育関係の特別活動で用いられるもので、「キャリア教育に関わる活動について、学びのプロセスを記述し振り返ることができるポートフォリオ的な教材」(文科省 二〇一七)です。二〇二〇年度から、本格的に実施されることになっています。これは、特別活動の中で自分の目標を立て、それがどこまでできたかの振り返りを記録するもので、児童・生徒が自分で記入します。しかも小学生段階から高校段階まで引き継がれ、一貫したキャリアに関するポートフォリオということになります。そこでは、例えば、「人間関係形成・社会形成能力」、「自己理解・自己管理能力」、「課題対応能力」、「キャリアプランニング能力」の項目が設けられており、目標を立てて、学年末に振り返ることになっています。現在は、紙ベースで作成することになっており、これまでのキャリア活動を収めた一冊のファイルができあがります。

（3）eポートフォリオ

第三に、いよいよeＰについてみていきます。繰り返しになりますがeＰとは、生徒自身によってつけられる電子化された学習や活動の記録のことです。ここで記録される学習とは、教科単元の学習というよりも、主に部活動、課外活動、探究的学習など幅広いものを指します。生徒ばかりでなく教師もまた、指導の方針を決めたり、あるいは授業や教育活動の改善に生かしたりするためにeＰを用いることができます。このようにeＰは、本来振り返りを通じて学びを深化させるためのものであり、必ずしも入試とは関係はないのですが、すでに触れたように「主体的な学び」の成果を示す資料として入試に用いる動きが始動しつつあります。

最も入試と緊密にリンクしているのが「JAPAN e-Portfolio」（以下、JeP）です。これは、「文部科学省大学入学者選抜改革推進委託事業（主体性等分野）」（関西学院大学を座長とする大学コンソーシアム）の取組みの一つとして立ち上げられた高大接続ポータルサイトで、ここに蓄積されたデータは、「インターネット出願システム」を通じて参画大学の入試の際に当該大学に送ることができます（参画大学は二〇一八年時点で一一一機関でしたが、二〇二〇年八月現在では二三機関となっており、計画段階よりも減少していました）（文科省 二〇一九a）。日本の大学入試に用いられるeＰは、要件を満たせばJeP以外でも運用が可能なのですが、現在ではJeP が唯一のものとなっています。もちろん、入試だけでなく日常の振り返りに用いることもできます。

（追記：本稿の校正の最終段階であった二〇二〇年八月七日、文科省は、JeP の運営許可を取り消しました。これで一旦、eＰの入試利用は、中断されたことになります。しかし、財務・運営上の問題による取り消しであり、文科省は「「JAPAN e-Portfolio」の運営は停止しますが、「主体性を持って多様な人々と協働して学ぶ態度」を入学者選抜で多面的に評価することについて、引き続き（中略：引用者）検討する」としています（http://www.mext.go.jp/a_menu/koutou/senbatsu/1413458.htm）。したがって、ｅＰの入試利用という国家的プロジェクト自体は、依然として進行中です。）

ｅＰのシステムは、現在、民間企業によって多く構築されてきています。代表的なものとしては、「Classi ポートフォリオ」（ベネッセホールディングスとソフトバンクの合弁会社であるClassiが運営）、「まなBOX」（ＮＤＳが運営、河合塾が代理販売）などがあります。それぞれ長所を有しており、例えば「Classi ポートフォリオ」は、ベネッセの模試の結果とリンクさせながらデータを見ることができるため、模試に参加している学校には、情報の入力を省力化しつつ学習情報を一元的に管理できるというメリットが生じることが考えられます。また、JePとデータ連携することができる機能をもつシステムもあり、入試のためにJePに二重に入力するという手間を省くことができるのです。

ｅＰは、本来、学びの深化や教育活動の改善のために用いられるもので、その意味で利用は任意なのですが（大学の参加も任意）、今後、多くの大学での入試に用いられるということになれば、事実上、参加せざるを得なくなることが考えられます。

二　ｅポートフォリオを用いた入試とは

ｅＰを用いた入試には、どのようなねらいがあるのでしょうか、また、どのようなメリットがあるのでしょうか。

（1）ポートフォリオ評価とは

入試にｅＰを利用するということは、当然ながらポートフォリオを評価の資料として用いるということに他なりません。ここでは、まず本来のポートフォリオを用いた評価の特質自体についてみておくことにしましょう。実は、ポートフォリオを用いることは、学びのありようの転換と深い関係があるのです。

テストが学習の「成果」をみるものとすれば、ポートフォリオ評価とは、学習の「プロセス」をみる評価ということになります（鈴木 二〇一七）。ポートフォリオにおいては、自分で振り返ったり、他人からのコメントを得たりが重要になるのですが、これは学びを深化させるための評価（形成的評価）ということがいえますし、さらにいえば、「評価が学習の一部として組み込まれており、学習と評価を切り離すことはできない」（森本 二〇〇八、二四五頁）ということになります。また、教師の立場からすれば、テストの結果だけではみえてこないものに――その時点で成果に結びつかなかったとしても――生徒の「課題解決プロセスを追従する」（鈴木 二〇一七、一二四頁）ことを通じて迫ることができるというわけです。また、鈴木は、一時点での成果ではなく、自分が身につけた力を実際の場面で発揮できる「再現性」のほうが重要であり、プロセスをみることで、他の場面でも同じような問題解決に取り組めるということを知ることができるといいます（鈴木 二〇一七、一二五頁）。このようにポートフォリオを用いた評価は、テストによる評価とは違った側面をもっているということができるのです。それゆえ評価と学びのパラダイム転換と捉えられているのです（森本 二〇〇八、二四五―二四六頁）。

他方で、ショーケース・ポートフォリオというものもあります。これは、蓄積したポートフォリオから特筆すべきものを集め、入試や就活等、他者から評価を受けるためのもので、成果を示すためのポートフォリオということができます。

(2) 主体性の評価としてのｅＰを用いた入試

文科省が進めている今次の入試改革では「学力の三要素」を多面的・総合的に評価するものへと改善することが強く打ち出されています。そのうちｅＰは、「主体性を持って多様な人々と協働して学ぶ態度」を適切に評価し多面的・総合的評価の実現に貢献することを目指す（文科省 二〇一九ａ）役割を担っています。

すなわち、主体性を評価するといっても、テストでは測ることが難しい性格のものであるから、①調査書の拡充とともに、②それよりも詳しい情報が記載されているｅＰを重要視するというわけです。ｅＰは、学校生活における多様な学習への取り組みについて、そのプロセスをたどれるように記載されていることから、主体性のありようを知ることができる資料として位置づけられているのです。

ここで重要なことは、第一に、生徒の主体性というものが、大学入試で評価すべき学力の一つであると明確に示されているということです。特筆すべきは、主体性の優劣が評価され、それによってある大学の合否が決まることもあるという体制が作り出されてきている点です。このことは、旧来的な学力観から新しい学力観への根本的な転換を意味しているといえます。

第二に、入試をテコにして、ｅＰや主体的な学びを根づかせることが企図されている節がある点です。近年の教育改革は、英語の四技能が典型例ですが、入試をテコに改革を進めていくという性格があり、ｅＰも例外ではありません。ここでは主体的な学びができるかどうかを知るにはポートフォリオのような仕組みが必要という意味でポートフォリオが主体的な学びの可視化装置となり、主体的な学びとｅＰの両者は不可分なものとして、学校教育に根づいていくことが予想されます。

第三に、ｅＰは、「一人ひとりの入学希望者が行ってきた多様な努力を受け止めつつ、入学者に求められる能力を「公正」に評価し選抜する」（中教審 二〇一四、一四頁、傍点は引用者）というねらいを具現化する仕組みの一つとなっていることです。近年、大学が学生に求める資質・能力等をアドミッション・ポリシーで明確にするという動きがあります。しかし、旧来的な入試では、そうした要求に十分に応えることができないと考えられ、ｅＰの活用がその大学のポリシーにあった学生を選抜する一助になると考えられます。受験生にとっても、その日のテストの結果だけでなく、これまでやってきたことが入試で評価されるという意味があります。

三　ｅポートフォリオを用いた入試の問題点

ｅＰを用いた入試は、まだその全貌が見えておらず、問題点や課題が十分に社会の中で議論されているとはいいがたい状況ですが、今後生じる可能性がある問題点・課題について考えておくことには意味があるといえるでしょう。

（1）主体性をどう測るか

まず、主体性をどのように計測し、どのように評価に用いるのかという問題について指摘しておかなくてはなりません。評価への用い方としては二つの軸で整理することができます。まず対象の学生について、①合否のボーダーラインにいる学生についてのみｅＰや調査書を詳しくみるか、すべての学生について合否判定に用いるかという軸です。次に、②ｅＰの内容を量的に点数化（あるいはグレード化）するのか、質的に内容をみるのかという軸です。どのタイプで評価するのかは各大学が決めることになっています。

将来的な問題なのですが、点数化をともなう場合には特に注意が必要であると筆者はみています。そもそも点数化をどうやって行うのでしょうか。例えばボランティア活動は何点、部活動で部長を経験すると何点、探究的学び項目一つにつき何点、というようなやり方があるとすれば、乱暴な点数化といわざるを得ません。旧来型テスト以上に機械的な点数化であり、ポートフォリオ評価の特質でみたような、取り組みのプロセスをみるということが十分に反映されていないからです。しかも、部長をやったとか、試合やコンクールで賞を取ったということは、一般部員や賞を取れなかった学生よりも主体性の点で優れているといえるでしょうか。賞を取れなくとも、主体的に取り組んだ学生がいるはずで、それをすくいあげてこそのポートフォリオといえるのではないでしょうか。繰り返しになりますが、こういう学習経験があれば、主体性ポイントとして何点を与えるという考え方には注意が必要です。

むしろ、ボーダーラインの学生のみを対象に質的な側面から詳しくみていくというやり方がポートフォリオ本来の評価に近いものと筆者はみています。しかし、その場合にも、主体的な学びや探究的な学びの機会が万人に開かれているかについては注意が必要です。教育格差の動向からみて、文化資本が高く、また、そうした学びに金銭面からサポートしやすい裕福な家庭背景を有する学生に有利に働く可能性も考えられるところです。ボーダーラインに並んだ場合に恵まれた家庭の子が優先的にすくいあげられるような入試になってしまうことは、避けねばなりません。この問題は、受験生全員にePや調査書の点数を加点するというやり方でも考えられ、家庭背景のバイアスを広範に合否判定に混入させてしまう可能性がないのか厳しくチェックしていく必要があります[1]。

(2) 内申書との根本的な違いとは

ePといっても、これまでも推薦やAO入試において内申書(調査書)が用いられていたわけだから、それに「毛が生えた」ようなものではないか、と考える人もいるでしょう[2]。しかし、ここには質的な差異があるといえます。というのも中村(二〇二〇)が指摘するように、最悪の場合、主体性の評価をめぐっては「生活全部が「受験」になる」事態が危惧されます。中村によれば、すでに内申書重視の高校受験では、学校生活の諸々の局面で入試に有利になるような行動をとる現象があるといいます。ePでも、一般入試を含めて点数化されて加点されるというようになれば、こと細かに学びの履歴を入力するというインセンティブが働くことが考えられるでしょう。このことを中村は「〝主体性評価〟の全域化という事態の危うさ」と指摘しています(中村 二〇二〇)。

こうしたインセンティブは、親にも働くことになります。これまでも「教育ママ(パパ)」は、我が子を少しでも有利にするために――ときに他人を出し抜くために――学習機会を我が子に与え、塾に通わせたりしてきました。ですが、受験に向けた学びはときに道具的な学びであり、こんな勉強をして何になるのか、という根源的な疑問を孕むこともありました。その主体的な学びのバージョンができあがるかもしれません。ここでは、主体性を評価されるためにある種の活動を我が子にやらせる——夏休みの旅行先はポートフォリオに書けるところにしましょうなど——ということがここかしこで生起するかもしれません。

(3) 主体性を入試で評価すべきか

さらに、そもそも主体性を入試で評価するべきなのかという、より根本的な問題があります。教育の目標であっても大学入試で評価すべきでないものもあるからです。例えば学校教育の目標の一つに人間性の育成がありますが、人間性の優劣を大学入試の判定に使うことは基本的になされていません。というのも、勉強ができなくて○○大学を落ちたということは納得できるかもしれませんが、自分は人間性が劣っているから○○大学に入れないというような状況は、やはりおかしなことに思われます。主体性のあり方に優劣をつけて、より勝っているものが大学に入学できるというやり方も同様です。主体性を発揮して活動することは間違いなくいいことですが、その度合いを人と競い合ったり、優劣をつけたりするものでしょうか、そのことに対する根源的な違和感があります。

他方で、入試などというものは、限られた能力で行われるからよいのだという考え方もあります。ごく一部の知的能力で測ればよいという考え方です。日本でも、名門大学ほど推薦入試・AO入試の無規制な拡大には懐疑的な態度をとる傾向がありますが、これはそうした考え方の表れかもしれません。入試で測る能力をどうするのか、学校教育で育成するべき能力のすべてを入試でも問うべきなのか、これは社会的な議論を経て合意を得るものであり、行政が一方的に決めるものではありません。

(4) 教育情報インフラとしてのeポートフォリオ

ePは、強制的な参加ではありません。しかしながら、ePを入試に用いる大学が増えてくると、大学を受験しようとする高校生はJePをはじめとしたePに深く関わらざるを得なくなることが考えられます。少なくとも、人並みには情報を入力しておく必要がでてきます。

このとき現在、唯一の大学入試の窓口となっていたJePは、受験用のみならず、高校での学びの振り返りに用いたり、将来、就活を含めて大学で利用したりすることが可能なシステムであり、この意味で、高校から大学までのさまざまな学習情報を蓄積するいわば教育情報インフラという側面を有しているといえます。JePのような情報インフラをどうつくるのかは、優れて社会的な問題です。

個々の生徒が自分自身で入力した情報は、それを集合させると学びのビッグデータという別の側面をもちます。分析のやり方によっては、いろいろなことができます。二〇一九年には、とある就職情報サイトが——近年は、民間企業の運営する就職情報サイトに登録しないと就活が始められません——学生の行動パターンを分析し、個々の学生がどれくらいの内定辞退率を有しているのかを算出し、学生の知らないところで顧客企業に販売していたという事件が起きました。学校教育においても、このようなことが可能になるデータが蓄積されていく可能性があります。高校段階でこういう状況だった生徒は、大学でどの程度学業に取り組んで、どのように能力形成するのか／できないのかなどを分析することが、技術的には可能となっています。ある生徒がどの程度のリスク要因を有しているのかを算出することが可能になっているといえるのです。もちろん、JePにしても、さまざまな規約もあり、こうしたことが現在行われているわけではないと考えられますが、大学からすれば、将来の学生がどのようなリスク要因を抱えているのかということは喉から手が出そうなほどほしいデータであるかもしれません。ポートフォリオの側面だけでなく、教育情報インフラ(ビッグデータ)という側面からも考えなければならない問題です。

(5) 多大な入力コスト――生徒だけでなく教員も

入力コストの問題もあります。逐一、学習成果を入力しようとすればかなり膨大な時間がかかることが予想されるところです。ポートフォリオは、きちんと振り返りがなされることが重要であり、それがなければ、「意味はあまりないけれど、入試に必要だから入力する」という無意味な作業になりかねません。入試をテコにしたeP導入では、本来の振り返りを生かした学習よりも、データを蓄積することにのみ意義が見いだされかねないかもしれません。

教員の側の入力コストも無視できません。IDの管理や生徒が間違った項目に入力していないかなどのチェックは、現場の教員の仕事になりそうです。そうなれば教師の多忙化に拍車をかける仕事となることは間違いありません。仕様をみるとわかるのですが、例えば入試を視野に入れたシステムであるJePでの入力項目はかなり複雑で、多岐にわたるものとなっているからです。

四　ポートフォリオ型権力？

(1) 自主性を重んじる学校教育における行動統制

手短に言えば、人に行動を強制するものを権力といいます。学校教育における典型的な権力とは、校則を守らせ号令に従わせるなど、規律的な行動を生徒にとらせるものでした。かつて「管理教育」と呼ばれた時代には、文字どおり強制させられている感覚を覚えた人も多くいましたし、それへの反抗として逸脱行動や校内暴力が生まれました。

現代の学校では、そうした露骨な強制はなりを潜め、生徒の主体性を生かしながら教育活動が行われるようになっているといえるでしょう。しかし、目に見えた形ではないのですが、学校教育の方向に合うように生徒の行動を統制する仕組みがいまでも作動していると考えています。具体的には、ポートフォリオを書かせるということも、そうした仕組みの一つといえるのではないかと筆者には思えてなりません。

ｅＰでは、活動や行事を振り返って、そこでどのような成長があったかを書くことが求められます。確かに、生徒が書き込む記述内容自体は自由なのですが、成長や能力形成を目指して行動する、そして、それを振り返って自分で確認するという物語に一人ひとりの生徒を参加させる働きをもっているとみることができます。つまり、学校が好ましいと考える方向に生徒を強く枠づけているとみることができ、これが新しい時代の行動統制となっているといえるでしょう。例えば「合唱コンクールなんて、俺は意味を見いだしていない」という生徒も、そこで協働的に学んだり、成長したりという物語を書くようにポートフォリオの欄によって仕向けられているのです。生徒の疑問や違和感を塗りつぶすように、それに向けて主体的に行動している姿を記述させていくわけです。もちろん、これらの行事や活動が必要ない／重要でないといっているわけではありません。そうではなくて、設定された教育的な物語にはめられながら、しかも自主的な活動であるかのように自分を提示しなければならないという薄気味悪い側面があるということなのです。

(2)「自主的参加」をしないことのリスクを通じた管理

ePの記入は自由であるから、違和感を覚えている人は書かなければよいだけ、と考える人がいるかもしれません。しかし、それは実際には非常に難しいことです。ここでは、参加自体は自主的なものであるが(参加しない自由もある)、この自主的な参加をしないことのリスク――将来、入試で損をするかもしれない――がつきまとうのです。これまでの入試ではケアレスミスの一点で不合格になる人がいましたが、今後は、大学のやり方によっては、ePの点数の微細な差異でそれが起きる可能性が考えられます。ePを教育活動で用いる分には問題はないのですが、入試で用いられるということで、自主的に参加しないことにともなうリスクが生じるわけです。こうしたリスクを回避しようという人は、「自主的」にePに参加することになります。結局、自主性といってもそうしたインセンティブによって引き出されたものという側面があることを考えなければなりません。受験しないことのリスクを考えると、英語の民間試験を事実上受験しない選択肢がなくなるのと同じ仕組みです。

つまり、「生活全部が「受験」になる」状況とは、生徒が行事・活動に意味を見いだしていなくても、意味を見いだしているように振る舞わせる圧力が生徒にかけられている状況といえるのです。こうした力のことをポートフォリオ型権力と呼ぶことができるかもしれません。

(3) 表面的隷従と主体性

主体性や協調性の優劣を入試の評価基準にしようとする学校教育の隠れたカリキュラムは、前向きに学びに取り組む姿勢でなければならない、投げやりな態度やしらけた態度を見せてはいけないというものです。しらけた態度で授業を受け、投げやりに活動をしていると、主体的に学んでいない、さらには身につけるべき力を身につけていないとみなされることが容易に予想されます。すでに一九九〇年代に「関心・意欲・態度」が評価項目に入った時点でそうした側面がないわけではないのですが、「生活全部が「受験」になる」状況では、これがさらに加速されます。生徒にとっては、意味が感じられなくても表面的には前向きな態度をとることになり、学校サイドは生徒の学校適応を調達できるということになります(不真面目な生徒には、遠慮なく低い評価を与えられます)。生徒が「主体的な活動」をあれこれ「アリバイづくり」的に行うような状況が生じるとすれば、そうした学校生活は、ディストピアそのものではないでしょうか。このような学校への表面的隷従へのインセンティブが働くことが考えられるのです。

こうしたインセンティブによって引き出される主体性とは、本当の――内側から湧き出すような――主体性といえるのでしょうか。筆者には、そらぞらしいものに感じられてなりませんが、入試をテコにした教育改革の中で引き出される主体性とは、このようなものになりやすいのかもしれません。

おわりに──もっと社会的議論を

筆者は、ここでePと入試の関係をどう考えるかについて、きちんとした議論が必要であると考えています。ePには長所があることは間違いないのですが、だからといって入試をテコにして学校教育にeP普及を図るというような考え方は、副作用が大きいように思われます。現在は、入試に導入されるePにどう対応するのか、といった受験対策としての関心が一部で高まっていますが、それよりも、ePの入試利用という社会制度がどうあるべきかについて議論し、社会的合意を形成していくことのほうが重要です。

もう一つの問題は、ePを実現する過程で全国の高校生・大学生の学習情報が集積される大規模な教育情報インフラが構築されるということです。ここでは、入試への利用として個々の生徒のデータを大学に送るだけでなく、技術的にはビッグデータとしての利用が可能になっているわけです。やりようによっては、こういう生徒は大学で学習や就職で問題を起こしやすいといったリスク要因を探るような分析が可能になります。この手の情報は就職活動生の内定辞退率の予測と同等に市場価値があるとみることができます。情報インフラは、利用の仕方によっては、危険なものと考えるべきです。ePは現在、原則としては目的外の使用はできないのですが、研究目的でのデータ利用は可能になっているようです。

また、将来的にどのようなデータが付け加えられるのかについても、私たちは厳しい目で見ておかなければなりません。例えば、事細かな懲罰の情報や指導の履歴がリンクされたりすると、これも生徒をリスク要因とみなすようなデータがやりとりされることになってしまうからです。

さらに、こうした教育情報インフラに民間企業をどう関わらせるかということも本来は慎重に考えなければなりません。JeP のような公的な入試のためのシステムと民間企業のｅＰのシステムが連携することが考えられます（実際にこの方向で物事は進んでいます）。これもデータの利用規約によりますが、入試のために詳しいデータを入力していくという生徒の活動が、そのまま民間企業がさまざまな予測・分析に利用できるデータを用意することになるかもしれません。現時点では、まだ危険がないものかもしれませんが、ＡＩが発達する将来に向けてどのような危険性があるのか、いまから考えておくべき問題です。もちろん、利益誘導の問題などは論外なのですが、入試を改革するためとして教育情報インフラをなし崩し的に構築するのではなく、あり方そのものについて社会的な議論を十分に行うことが必要です。[3]

このようにｅＰについては現在、社会的な議論が不足したままに物事が動き出しており、一度立ち止まって考えることが必要だと筆者は考えています。

注

（1）これまでの旧来的な学力による入試であっても、社会階層（家庭背景）と学力の関係がみられたのだから、そもそも入試自体が社会階層の高い層に有利だったのではないか、と考える人がいるかもしれません。しかし、ある活動をしただけで点数を得られるような点数化システムにおいては、より直接的に経済資本・文化資本を点数に転化してしまう仕組みになる可能性が高いわけです。

（2）高校入試においては、高校教育が大衆化する一九六〇年代にも調査書の重視が打ち出され、中学生には学力テストよりも調査書を重視して選抜を行うのがふさわしいとされました(中村 二〇一一、九七―九九頁)。しかし、そのような状況の中で学生運動に参加した学生が調査書に著しく低い評価をつけられ、訴訟に発展した事件(いわゆる麹町中学校内申書事件)なども起きました。その後、調査書への社会的関心は薄れていくのですが、そうした中、大学入試において調査書やePを重視する今回の動きが生じています。ePでは、学校が直接生徒を評価することはなく、生徒自ら入力した情報が評価資料となります。一つ一つの活動記録は主体的な学びを示すほんの一断片にすぎないのですが、それらの断片的情報がデータベース化されることによって評価資料になるのです。しかも、それらは学校生活の広い範囲の活動に及んでおり、いわばソフトでデジタルな「評価の全域化」というような現象が起きているとみることができるのです。

（3）　すでに文科省でも、教育改善や指導に役立てるためにビッグデータの活用に動き出しており、二〇一九年に「新時代の学びを支える先端技術活用推進方策(最終まとめ)」が出されました。そこでは、「学習評価データ(定期テストの結果、評定など)」「行動記録データ(出欠・遅刻・早退、保健室利用状況など)」「保健データ(健康診断の結果など)」「学習履歴データ(デジタル教科書・教材の参照履歴、協働学習における発話回数、内容、デジタルドリルの問題の正誤・解答時間・試行回数など)」などの情報を、データ規格を標準化しつつ活用する――別の主体が収集するデータを交換、蓄積、分析できるようにするために――ことが盛り込まれています(文科省 二〇一九b)。こうしたデータを用いれば、本章で危惧したような分析も技術的には行うことができると予想され、しかも上記のように学習履歴データは、非常に細かい部分まで収集される可能性があるのです。その一方で、児童・生徒が不利益を受けないために、これらのデータについてどのような範囲の利用に限るかという規準は、いまのところみえてきていません。

参考文献・資料

鈴木敏恵 二〇一七、『AI時代の教育と評価――意志ある学びをかなえるプロジェクト学習　ポートフォリオ　対話コーチング』教育出版。

中央教育審議会 二〇一四、「新しい時代にふさわしい高大接続の実現に向けた高等学校教育、大学教育、大学入学者選抜の一体的改革について――すべての若者が夢や目標を芽吹かせ、未来に花開かせるために(答申)」。

中村高康 二〇二〇、「生活全部が「受験」になる…大学入試改革「主体性評価」の危うさ——高校生活の「受験従属システム化」」『現代ビジネス』二〇二〇年三月一五日(https://gendai.ismedia.jp/articles/-/71054)(最終アクセス日二〇二〇年六月一三日)。
中村高康 二〇一一、『大衆化とメリトクラシー——教育選抜をめぐる試験と推薦のパラドクス』東京大学出版会。
森本康彦 二〇〇八、「eポートフォリオの理論と実際」『教育システム情報学会誌』二五巻二号、二四五—二六三頁。
文部科学省 二〇一九a、「「JAPAN e-Portfolio」について」。
文部科学省 二〇一九b、「新時代の学びを支える先端技術活用推進方策(最終まとめ)」。
文部科学省 二〇一八、「平成三三年度大学入学者選抜実施要項の見直しに係る予告の改正について(通知)」。
文部科学省 二〇一七、「次期学習指導要領におけるキャリア教育について」。

5　大学入試における面接評価

西郡　大（佐賀大学）

●面接評価は、受験者の興味や関心、適性、学習行動、入学意思などを確認するもので、その形態や手法には研究の蓄積がある。
●面接評価の強みと課題、現実的な制約、教育効果を理解することが必要。

一　多面的・総合的評価としての面接

入学試験といえば、大勢の受験者が机に向かい、一斉に試験問題に取り組んでいる姿を思い浮かべる人は多いのではないでしょうか。しかし、推薦入試やAO入試の拡大とともに入試制度は多様化し、先に示した風景をもつ試験は、全体の半分程度となってしまいました。また、受験者を評価する方法も学力検査に加え、小論文、面接、集団討論、プレゼンテーション、書類審査などさまざまなものが実施されています。この背景には、「選抜方法の多様化、評価尺度の多元化」という四六答申[1]から始まり、昨今の高大接続改革まで続いているわが国における大学入試政策があります。

本章では、多面的・総合的評価の代表的な手法として、面接評価に注目します。面接は、評価者と受験者が直接対峙し、その場でコミュニケーションが生じる評価手法です。大学入試のように人生を左右するかもしれない重要な場面での面接となれば、当事者であるかないかにかかわらず、さまざまな疑問をもつ方も多いのではないかと思われます。例えば、「面接者の印象や主観で評価されるのではないか」、「高い精度で評価できる面接技法はあるのか」、「そもそも面接者は評価に適した人たちなのか」、「面接試験は対策できるのではないか」など、少し想像するだけでもいくつも出てきそうです。果たして面接は、どのような評価手法なのでしょうか。大学入試における面接評価を考えるための基本的な枠組みを紹介していきます。

二 面接評価の意義

面接法は、さまざまな場面や目的に応じて利用される、きわめて一般的な手法です。中学や高校の生徒であれば生活指導の面接、就職活動をする学生であれば採用面接、企業等で働く会社員ならば人事評価の面接など、さまざまな面接法が実施されています。日本のテスト実践の現状に鑑みて定められた「テスト・スタンダード」(日本テスト学会編 二〇〇七)によると、面接とは、「面接者と被面接者との互いのコミュニケーションによって、人間の心理学的特性を測定する方法」と定義されています。つまり、ペーパーテストでは評価が難しい特性を、人と人とのコミュニケーションを通じて評価できるのが面接の大きな強みといえます。一方で、他の評価手段と比較して技術的に考慮すべき課題を含んでいるのも事実です。本書は大学入試がテーマですので、選抜を目的とした面接に焦点を絞り、そのあり方を考えることにします。

まず、大学入試における面接にはさまざまな狙いがあります。どのようなものがあるかを把握するために、五つの代表的な視点を挙げます。なお、ここで想定する面接には、志望分野に関係する知識やスキル等の評価を目的とする口頭試問は含みません。

一点目は、志望分野に対する興味や関心の程度を確認することです。主体的に学ぶ学生を受け入れたい場合などに実施されます。志望動機とも関係しますが、入学して何を学びたいのか、志望分野に対する学びの意欲はどの程度あるのかなどを評価します。ときには受験者にとって予想外の質問を投げかけることで、その場の対応力や適応力とともに、知識の深さや思考力などをみることもあります。

二点目は、志望分野における適性の確認です。医学部や教育学部などで多く見られます。例えば、医学部は医療従事者を養成する学部ですから、医療現場に出たときに患者との会話やチーム医療に求められるコミュニケーション能力などが必要です。したがって、医療従事者としての適性の有無が問われる点が他の分野と異なります。

三点目は、学習習慣や行動力などに関する確認です。これまでの学習状況や活動を聞き取ることによって、大学入学後も継続的に学びを深めることができるかなどを評価します。また、活動報告書などを提出させている場合には、書類の記載内容について面接で掘り下げた質問をすることによって信憑性を確認することもあります。

四点目は、入学意思の確認です。受験者本人が本当に入学したいと思っているのか（他律的な受験でないことの確認）、どのくらい強く入学したいと思っているのかなどについて確認します。例えば、大学の何に魅力を感じているのか、オープンキャンパスや大学説明会等に参加している場合、どのような点が参考になったのかなど、回答の具体性などを評価することによって、入学意思を間接的に確認することもあります。

五点目は、受験者本人の人物特徴の確認です。長所や短所を含む自己ＰＲなどの言語情報だけでなく、面接時の所作や言葉遣いなどによる非言語情報も参考に、どのような人物であるのかについて把握することを目的とします。

これらの目的は、単独の場合もあれば組み合わせる場合もあります。いずれにしても、大学が入学者に求める能力や適性、人物像を明確にした上で、その規準に基づいて評価することが公正な手続きとなります。こうした入学者に求める能力や適性等は、入学者受入れの方針（アドミッション・ポリシー）として、明確に分かりやすく示さなければなりません。

三　面接評価の形態と手法

多くの人にとって、面接を技術という観点から考える機会は多くないでしょう。しかし、さまざまな分野で行われている面接は、その機能を高めるために技術的な検討が行われてきました。特に欧米では、面接の科学的研究の必要性が古くから認識されており、面接法に関する多岐にわたる実証研究が蓄積されています。

選抜を目的とする面接は、大学入試に限らず、企業等の採用試験やタレントのオーディションなどでも実施されます。中でも企業の採用試験では、ほとんどの企業が面接を実施していると言っても過言ではありません。そのため、採用面接の技法に関する検討が数多く行われてきました。ここでは、大沢（一九八九）、二村（二〇〇五）、今城（二〇一六）を参考に、選抜を目的とする面接の代表的な形態と手法について整理します。

まず、面接の形態は、おおむね「個別面接」と「集団面接」に分類することができます。「個別面接」は、受験者一名を対象に面接を実施する形態です（面接者は複数名の場合もあれば、一名の場合もあります）。この形態は受験者について掘り下げて評価できる反面、時間とコストが必要です。また、他の受験者と同時に比べることができないため、個々のやり取りの中での評価となります。加えて、受験者一人にすべての注目が集まることから、受験者にとって緊張感が高まる場となります。そうなれば、受験者の日常的な姿を確認することができず、期待する評価ができないという問題もあります。

一方、「集団面接」は、複数名の受験者を同時に面接する形態です。複数の受験者に対して一人ずつ質問と応答のやり取りを進めていきます。その他にも、受験者同士で議論させ、その議論の様子を観察・評価したり、受験者間の相互比較による評価を行う場合があります（「集団討論」と呼ぶこともあります）。集団面接は、一度に複数名を対象に面接ができるため、個人面接よりも時間やコストの面で効率的といえます。反面、どのような受験者で集団が構成されるかによって面接の展開や雰囲気が異なる可能性があるだけでなく、集団面接のグループ数が多い場合は、グループ間の比較が難しくなるという課題があります。

次に面接手法の分類です。大きく分けて「自由面接法」と「構造化面接法」があります。「自由面接法」は、面接者が行う質問や評価に厳密なルールを設けず、面接の展開は、面接者の裁量に任せます。企業等の採用面接では、経営トップなど組織の責任者が面接者となって行われる最終的な面接に適しているとされます。ただし、構造化面接法と比較して、面接者の主観が強く反映されやすいという面に留意が必要な手法です。

「構造化面接法」は、面接者の主観性を排除するために、質問項目や評価の規準などを標準化し、面接の展開を一定の様式にあてはめることで、状況個別的で不安定な要素を統制するアプローチです。標準化の程度は面接設計の考え方によって異なり、構造化面接法の一般的な様式があるわけではありません。この手法は、評価のブレをできるだけ小さくするために、質問形式や評価基準の標準化により一貫性を高めるわけですが、極端な構造化は、面接者の個性を認めないということになります。そのため、評価手続きを構造化しすぎると、面接者によって個別に工夫される展開や評価の視点を一定の枠組みに押し込めてしまうことになり、面接に期待する評価ができなくなります。また、面接対策もしやすくなるでしょう。なお、自由面接法と構造化面接法の中間ともいえる手法は、半構造化面接法と呼ばれます。

ところで、評価の精度に関して、心理測定や教育測定の分野で学術的に検討されてきた「妥当性(validity)」と「信頼性(reliability)」という重要な概念があります。端的に言えば、前者が評価したい特性を的確に捉えている程度を示し、後者が繰り返し評価しても安定した結果となる程度を示す指標です。つまり、この両者が高いものが、技術的に精度の高い評価だということになります。選抜を目的とする面接評価の妥当性と信頼性は、構造化面接法の方が良好であるという研究報告が多くみられます。

二村(二〇〇五)によると、採用面接の信頼性は、複数の面接者の評定の一致度をもって信頼性の指標(信頼性係数:0から1までの値をとり、1に近いほど信頼性が高い)とするのが一般的だとし、米国の実証研究では、構造化面接法の信頼性係数は、0・7〜0・9の範囲のものが多く、自由面接法では、それらの値よりも低いとする報告が多いとされます。一方、妥当性は、企業等の採用場面では、採用したい人物を実際に採用できたかについて、面接の成績と入社後の職務行動との相関関係をみることで予測的妥当性を検証するのが一般的です。二村（二〇〇五）によると、米国の実証研究では、自由面接法の相関係数が0・2以下、構造化面接法では0・25程度とされ、面接評価の妥当性を高めることの難しさがわかります。

四　人間だからこそ生じる評価の課題

面接は、一人では成立しません。面接者と受験者の両者のコミュニケーションを通じた評価の場であり、言語情報と非言語情報の相互作用の中で、お互いに影響を及ぼしながら展開される場だと言えます。言語情報とは、もちろん受験者が話す内容です。非言語情報には、見た目、うなずき、姿勢、表情、視線、身振りなどの視覚情報と口調、話のスピード、声の大きさ・テンポなどの聴覚情報などが含まれます。したがって、異なる受験者が「○○の分野にとても興味があります」と回答した場合、言語情報は同じでも、非言語情報によって印象は大きく異なることがあります。こうした点は、ペーパーテストでは問題になることはありません。面接評価だからこそ抱える課題と言えるでしょう。

面接は人（面接者）が人（受験者）を評価するため、どうしても認知バイアスが生じることは避けられません。その他にも、人が行う評価であるがゆえに陥りやすい評価の落とし穴もあります。しかし、これらの課題があるからといって、人による評価を忌避すれば、人が介在しない評価を模索せざるを

表1　質問の展開における誤りの例

① 面接者が話をしすぎて，受験者に関する必要な情報が得られない．

② 質問が場当たり的で，受験者全員について一貫した情報が得られない．

③ 入学者に求める能力や適性と関係がない質問をしやすい．

④ 受験者の緊張を解きほぐせず，本音の情報が引き出せない．

表2　評定や採否判断における誤りの例

① 面接の最初の数分で採否判断をしてしまいやすい．

② 自分の判断を過信し，軽率な評定になりやすい．

③ 表情，容姿，態度などの言語外の表面的な印象に影響されやすい．

④ 一つの特徴のみで，固定的な人物タイプの枠組みにあてはめて評価しやすい．ときに，その人物タイプが根拠のない社会的な通念に拠っていることもある（ステレオタイプ）．

⑤ 一度に多くの面接をし続けることにより，評価が寛大化したり，また逆に厳格化したり，ときには中心化する（寛大化傾向，厳格化傾向，中心化傾向）．

⑥ 一つの特に優れた，または劣った点に目を奪われ，そこで人物全体を評価してしまいやすい（ハロー効果）．

⑦ 直前に面接した人物の特徴と比較して評価しやすい（対比効果）．

⑧ 自分と似た点を多くもった人物を高く評価しやすい（相似効果），あるいは反対の特徴をもった人物を低く評価しやすい（非相似効果）．

⑨ 面接者の個人的な好き嫌いによって評価しやすい．

⑩ 一つの特徴から論理的に類推して評価しやすい（論理的誤謬）．

⑪ 人物の良い点よりも，不合格理由になる欠点ばかりを探してしまいやすい．

⑫ 応募書類や他の評価ツールの評価情報に影響されやすい．

出所：二村（2005）より作成．

得ません。人でなければ評価できない能力や資質等にアプローチしたいのであれば、面接を実施する立場の関係者が、面接評価の技術的な課題を意識的に捉え、正確に理解することが面接評価を適切に実施するための大前提となるのです。

二村（二〇〇五）は、採用面接における面接者が陥りやすい誤りとして、「質問の展開における誤り」

と「評定や採否判断における誤り」の二つを挙げています。この枠組みで示された具体例を参考に、大学入試の場面を想定して再作成したのが表1と表2です。これらは、面接が主観的な評価であるがゆえに誰しも陥りやすい誤りであり、面接者が理解しておくだけでも、面接の質の向上に繋がるものです。

五　大学入試における面接研究

大学入試に関する研究が報告される雑誌として有名なものに、『大学入試研究ジャーナル』（全国大学入学者選抜研究連絡協議会編）があります。大学入試に関わるさまざまな理論や実践が報告される雑誌なのですが、面接に関する報告は多くありません。その主な理由に、入試であるがゆえの秘匿性が挙げられます。仮に、ある大学において面接評価の精度検証が行われたとしても、その検証結果が研究論文等で発表されることは稀です。発表されたとしても、秘匿性の高い手続きや情報などの詳細が記されることはありません。つまり、大学入試における面接評価の技術的なノウハウや知見は共有されにくく、面接評価の技術的な発展は大学個々の努力に委ねられているというのが実情なのです。

とはいえ、数こそ少ないものの大学入試における面接評価を考える上で、とても参考になる知見があります。以下に四つの研究報告を紹介します。

医学部における面接研究①——構造化面接法を取り入れた実践報告

山梨医科大学（現在の山梨大学医学部）が取り組んだ構造化面接法の実践に関する二年間にわたる報告

があります（渋谷ら 二〇〇一、香川ら 二〇〇二）。同大学がそれまで実施していた面接は、大きなテーマの質問項目は準備していたものの、評価の観点や基準を面接者の判断に委ねており、面接者によって評価が大きく異なるという問題があったようです。こうした点を解決するために構造化面接法を導入した結果、次のような知見が得られています。

［1］ 評価基準を明確にすることで面接者が何を評価するのか共通の理解をもつことができ、面接に公平感がもたらされた。
［2］ 高校時代の課外活動、勉強、自主的な研究等についての質問をする際には、既卒生（浪人生）の多い入試では配慮と工夫が必要。
［3］ 面接者が設問の主旨を体系的に理解することで、受験者への対応が改善された。
［4］ 面接を構造化することで、受験者の質問に対する理解が深まった。
［5］ 受験者にとって面接終了後も強い印象として残るのは、面接者の対応であった。
［6］ 受験者が十分に準備してきたと考えられる事柄を尋ねることで緊張をほぐし、本音を引き出すことが必要。
［7］ 受験者にとって面接開始までの待ち時間が大きなストレスになっており、待ち時間の違いについて公平性の観点から考慮が必要。

医学部における面接研究②――一四年間の入試データを用いた大規模な追跡調査

群馬大学医学部の一九九〇年度から二〇〇三年度までの一四年間にわたる入試データを活用し、面接の効果や課題について追跡調査を行ったものです（小宮 二〇〇五）。豊富なデータを用いた詳細な分析から、以下のようなさまざまな知見が得られています。

［1］面接者には、大きな得点差をつけて採点するタイプと、得点差をつけずに採点するタイプが存在する。

［2］面接の経験年数によって採点の傾向が変化する。五年以下では甘い方向へ、六年以上では辛い方向へシフトする傾向があった。

［3］三名の面接者が五点満点で評定した結果、二人が四点、一人が一点など、評価が大きく割れるケースが約二％生じた。ただし、面接の実施結果を面接者にフィードバックすることで改善がみられた。

［4］同一受験者（前期日程と後期日程の併願者）に対して同一面接員が評定した場合、同じ評定をした者は六三％程度だった。少数だが大きく評価が異なる者がいた。

［5］同一受験者（前期日程と後期日程の併願者）に対して異なる面接グループが評定した場合の評価の一致率は二九・八％だった。評価が大きく異なるケースは約四％であり、面接者個人の評定差に起因するものと、面接者の組み合わせに起因するものがあった。

［6］同じ面接者が長時間にわたって面接をした場合、初回面接群と最終回面接群では、前者の評点が高く、疲労が評価に影響をもたらした可能性は否定できない。

［7］センター試験の成績を手持ち資料として面接を行うと、評定に影響を及ぼす。

［8］男子より女子の方の受験者において良い評価となる傾向があった。

［9］現役生と一浪は変わらず、二浪、三浪となるほど評価が低い傾向があった。

［10］面接の評定結果と大学卒業時の成績の相関関係はみられない。

［11］評定が安定しない面接者がいるため、面接者としての適性の考慮が必要である。

面接評価の信頼性を検証した研究

ある大学のＡＯ入試の面接試験について、一般化可能性理論という統計的手法を用いて面接評価の信頼性を検証した報告です（木村ら 二〇一〇）。特に、評価観点がもたらす評価への影響について興味深い知見が得られています。


［1］受験者の能力を識別できている観点とそうではない観点がある。

［2］観点によっては、質問内容と受験者の相性が評価に影響をもたらす。

［3］当該分野の専門的事項に関する質問項目については信頼性が高い一方で、問題解決能力や意欲・努力・関心といった新学力観的な観点別評価の質問項目においては信頼性が低かった。

［4］面接者四人の場合と二人場合の信頼性係数を比較すると、どちらも良好な数値で僅差である（一定数の観点の適切な運用が前提）。つまり、面接者を徒《いたずら》に増やしても面接の精度向上にさほど影響はなく、面接者数を増やすよりも適切な面接設計を行う方が公正な面接となる確度が高まる。

受験者の視点から面接試験を検証した研究

受験者にとって、自身が受験した面接の手応えは、合否結果に対する納得性に強い影響を及ぼすはずです。筆者は、面接終了後（本試験）の受験者を対象に実施した調査と、大学受験が終了した時期の高校三年生を対象とした調査から、次の知見を得ることができました（西郡 二〇〇九）。

［1］ 面接の印象を決定づけるのは、面接者とのコミュニケーションや面接試験の雰囲気の良し悪しであった。面接を進める上での手続きの適正性に対する認識（質問内容が妥当だったか、大学が公表した情報通りだったかなど）の影響力は大きくない。

［2］ 面接の達成感に影響を与えたのは、審査過程を自身でコントロールできたという感覚であり、事前に準備した志望動機やアピールポイントなどを十分に主張できたかどうかと関係する。例えば、「自分をアピールできる時間がもっと欲しかった」とする受験者の達成感は高くない。

［3］ 大学入試で面接試験を経験した者と未経験者を比べると、前者において面接評価が公平であると認識し、面接を支持している。つまり、面接経験の有無は、面接試験そのものの捉え方に影響する。

六　面接対策と配慮が必要な質問事項

さて、第一志望の大学に合格したいと思えば、誰しも少しでも合格確率を高めるために対策を練るはずです。対策を練るには、自身が受験する面接について情報を得ることが必要です。大学は、求める学生像や評価観点・基準など、公表できる範囲内で面接に関する情報を発信していますが、具体的な質問内容や、どのような形態で実施されるのかなど、非公表の情報まで含めて知りたいと願うのが受験者の心情ではないでしょうか。

こうしたニーズに対応して、さまざまな大学・学部で実施されている面接の実態を集約した雑誌やホームページが数多く存在します。大学、学部、入試区分別に、面接形態、時間、質問内容、その他に求められたことなどが詳細にまとめられています。また、高校関係者限定で閲覧することができるデータベースもあるようです。これらは実際の受験者から収集した情報で作られています。さらに、個々の受験者がSNSに面接の様子を投稿すれば、情報はすぐに拡散します。このように、面接の詳細情報は、大学が公表しなくても即座に広まり、収集され、面接対策の材料となっています。過度に面接対策が進めば、受験者は対策通りの応答に終始するため、本来の評価したい適性や資質などが評価できず、面接評価は形骸化します。そうすると大学は質問や面接の進め方を工夫するなど新しい方法を模索することになりますが、それもすぐに対策が進み、結局は堂々めぐりとなるのです。

さらに、面接には配慮が必要な質問事項があります。本人に責任のない事項(本籍、家族に関する情報、生活環境、家庭環境など)や本来自由であるべき事項(宗教、人生観、尊敬する人物など)などです。こうした機微情報に配慮するのは当然であり、事前の研修等で面接者はしっかりと確認するのが一般的です。しかしながら、十分に配慮した質問のつもりでも、意図しない形で受験者に解釈されることもあります。これを避けようとすれば、安全な質問を選ばざるを得ません。すると当然、質問内容や問い方は固定化・パターン化してしまい、面接対策はさらに容易になります。こうした現実的な制約の中で、いかにすれば面接評価の強みを発揮できるかを検討しているのが大学入試の実態です。

ところで、面接対策にはポジティブな面もあります。受験者にアドミッション・ポリシーを十分に理解してもらいたい場合、面接を課すことが最善の方法です。なぜならば、アドミッション・ポリシーを理解し、志望分野で学ぶことを詳細に調べることが、合格可能性を少しでも高めることに繋がるからです。こうした面接対策を前提に面接のあり方を考えることもアプローチの一つといえるでしょう。

七　大学入試において面接評価の強みをどう発揮するか

面接評価の強みを発揮するために考慮すべきことについて考えてみたいと思います。大学入試において面接評価を実施するには、さまざまなことを検討しなければなりません。その中で最も重要なことは、面接評価の目的と位置づけを明確にすることです。大学入試には、面接以外にもさまざまな評価方法があります。他の方法で代替できるのであれば、面接評価にこだわる必要はありません。なぜ面接でなければならないかを吟味することは、何を面接で評価したいのかを明確にすることと密接に関係します。例えば、面接によってペーパーテストでは測れないような秀でた適性や資質などを評価し、学力以外のパフォーマンスの高い学生を獲得したいのか。大学で学ぶために必要最低限の適性の有無だけを判断し、適性がない者だけを選別すれば良いのか。あるいは、面接による評価そのものよりも、面接に向けた対策を通して志望分野について理解を深めることを期待するのかなど、面接の役割を明確にすることが不可欠です。面接の目的と役割が明確になれば、適切な面接の形態と手法が定まります。仮に、個別面接の形態で構造化面接法による手法を用いる場合には、次のような検討が必要です。

① 何を評価するのかを明確化

アドミッション・ポリシーで示す入学者に求める能力や適性において、面接でなければ評価できない要素を定義しなければなりません。

② 評価観点と評価基準を定める

①の要素を評価する観点と、その観点に基づき何段階で評価するのかなどを決めます。その際、各段階の水準がどのようなものかを面接者が共有できる表現にしておくことが大切です。ルーブリック(評価の観点と基準を表にしたもの)の作成などが該当します。

③ 質問の意図を明確にし、標準化する

質問を標準化し、単にそれを読み上げるだけであれば面接である必要はありません。面接者と受験者のコミュニケーションを通じた評価を期待するならば、質問の本質を面接者が理解し、質問の意図が伝わるように聞き出す必要があります。例えば、高校時代に熱心に取り組んだことを尋ねたい場合、「そこであなたはどんな役割を果たしたのですか」、「課題に直面したとき、どのように乗り越えましたか」など、一定の範囲で掘り下げる質問を洗い出し、標準化しておけば、複数の試験室で同時に面接を実施していても大きなブレは回避できます。なお、構造化しすぎると受験対策がしやすくなるという点にも留意が必要です。

④ 面接者の事前研修の徹底

面接を担当する場合、必ず上記のことについて理解しておくことが必要で、過去の面接結果を分析したものをフィードバックしながら、十分な時間を使って面接者トレーニングを実施するのが最善です。しかし、現実的には難しい面があります。その場合には、表1や表2などを考慮し、表3のような面接に関する留意事項をチェックシートにして面接者に事前に確認してもらうことが有効です。また、面接者を選定できるのであれば、評価に定評のある人物を選ぶのが良いでしょう。

一方、受験者にとって面接の手応えは、合否を左右する感覚が強いとされます。仮に、「面接者が自分の話に耳を傾けてくれなかった」、「面接の雰囲気がとても悪かった」と感じることがあれば、適正に評価されなかったという認識にいたることもあります。こうした点に配慮し、仮に不合格だったとしても「適正に評価されたので仕方ない」と認識してもらえる面接の進め方が不可欠です。これに加え、受験者の納得性を高めるための仕組みや工夫が必要となります。例えば、成績開示を可能な限り詳細に行い、評価の透明性を高めることです。詳細な情報開示は、過度な受験対策を招くため控えたいと考える大学は多いはずですが、評価に関する情報開示があまりにも少なければ、逆に評価に対する不信感が高まります。また、公正かつ妥当な手続きであることを示すために、アドミッション・ポリシーに基づく学生獲得の成否を検証し、合理的に説明できるようにしておくことも必要でしょう。

最後に、面接の存在がもたらす教育的効果に触れます。以前筆者が行った調査では、「面接を受けて大学で何がしたいのかを考えることがで

表3 チェックリストの例

- □ 受験者がリラックスできる環境づくり．
- □ 目的を忘れずに，一貫した質問を行う．
- □ 受験者が分かりやすい簡潔な質問をする．
- □ 受験者の話を聞く（面接者の発言の場ではないことに留意）．
- □ 必要に応じてメモをとる（メモ係などの役割分担を）．
- □ アドミッション・ポリシーは事前に頭に入れておく．

きて良かった」、「緊張して自分をアピールできなかったが、面接を経験して、この大学で勉強したい気持ちが増した」という受験者の意見が相当数見られました。渋谷ら(二〇〇一)も「面接という場面が、単に選別のためだけでなく、広い意味で、教育の場になっていると指摘できる。また、大学教員とのコミュニケーションが受験生のモチベーションを喚起するきっかけになっている」と述べています。面接の存在が貴重な経験として大学教育の出発点になっているといっても良いかもしれません。

大学入試の面接評価において完全無欠なものは存在しません。ペーパーテストでは測れない能力を評価するために面接を実施するという安易な発想では、意図しない結果をもたらします。面接評価の技術的な強みと課題とともに現実的な制約を理解し、面接がもたらす受験者への動機づけなどまで含めて総合的に検討することで、各大学が目指す面接評価のあり方が決まるのです。面接という手法で何を実現したいのか。その本質を問い直すことが、大学入試における面接を議論するための第一歩となるはずです。

注

(1) 一九七一(昭和四六)年六月に中央教育審議会から答申された「今後における学校教育の総合的な拡充整備のための基本的施策について」。明治初年と第二次大戦後に行われた教育改革に次ぐ「第三の教育改革」と呼ばれる。

参考文献

今城志保 二〇一六、『採用面接評価の科学――何が評価されているのか』白桃書房。
大沢武志 一九八九、『採用と人事測定――人材選抜の科学』朝日出版社。
香川知晶・平野光昭 二〇〇二、「面接試験の構造化とその評価――構造化のプロセスと受験者アンケートによる評価」『大学入試研究ジャーナル』二一、四五―五四頁。
木村拓也・吉村宰　二〇一〇、「ＡＯ入試における信頼性評価の研究――一般化可能性理論を用いた検討」『大学入試研究ジャーナル』二〇、八一―八九頁。
小宮義璋　二〇〇五、「医学部入学者選抜における面接試験」『大学評価研究』大学基準協会、四、一六―二二頁。
渋谷昌三・香川知晶・平野光昭　二〇〇一、「面接の構造化に向けて――面接者の評価スタイル及び受験生（入学生）の面接評価」『大学入試研究ジャーナル』一一、一三三―一三八頁。
中央教育審議会　一九七一、「今後における学校教育の総合的な拡充整備のための基本的施策について（答申）」。
西郡大　二〇〇九、「面接試験の印象を形成する受験者の心理的メカニズム――大学入試における適切な面接試験設計をするために」『日本テスト学会誌』五、八一―九三頁。
日本テスト学会編　二〇〇七、『テスト・スタンダード――日本のテストの将来に向けて』金子書房。
二村英幸　二〇〇五、『人事アセスメント論――個と組織を生かす心理学の知恵』ミネルヴァ書房。

III

高校から大学へ

1　学習指導要領と大学入試改革

小針　誠
（青山学院大学）

●今次の大学入試改革は、小中高の教育改革（授業改善や教育課程改革）とのつながりで捉える必要がある。
●「学力の三要素」を掲げた入試改革により、これまでの大学入試の理念や基本原則が変質し脅かされようとしている。

はじめに

本章では、高等学校学習指導要領や高校教育現場との関連で、大学入試改革の経緯について検証し、今後の課題やあり方について考えてみたいと思います。

二〇二一年一月に装い新たに実施される「大学入学共通テスト」（以下、新共通テスト）をはじめ、大学入試はどのように変わろうとしているのか、そしてそれが高校の教育課程や授業改善などといかなる関係にあるのか／ありうるのか、二〇二〇年八月時点で明らかになっている情報や資料をもとに、検討してみましょう。

くわえて、そもそも「なぜ大学入試が改革されなければならなかったのか」を問うのであれば、それは「（大学入試も含めて）なぜ今般の教育改革が行われたのか」を考えることと共通する内容が少なくありません。

それというのも、今次の二〇二〇年教育改革では、新共通テストの導入など大学入試の改革のみならず、授業改善(アクティブ・ラーニングとしての主体的・対話的で深い学び)、教育課程改革(学習指導要領の改訂)、学校経営改革(カリキュラム・マネジメントの実施)などと連動して進められてきたからです(小針 二〇一八)。

その中でも大学入試改革は、高校と大学の接続(高大接続)の結節点にあたり、高校・大学の両教育における授業改善や、教科目の枠組み・学習内容など高校の教育課程とも関連する重要な教育課題だと言えるでしょう。

以上の関心から、本章では学習指導要領の改訂や高校の教育課程・教育活動の改革を踏まえつつ、今次の大学入試改革のあり方を考えてみたいと思います。

一 三位一体の教育改革——授業改善、教育課程改革、大学入試改革

学習指導要領とは、各教科・科目等の目標・内容や年間の標準授業時数などを示した、小学校から高校までの教育課程の国家基準を指します(幼稚園については「幼稚園教育要領」があります)。

学習指導要領は、ほぼ一〇年に一度改訂され、文部科学大臣によって告示されることもあり、法的根拠を有するものとされています。学校や教師は、学習指導要領に従って教育活動を行うこととされ、教科書もまた、学習指導要領に基づいて作成され、文部科学大臣による審査(教科書検定)が行われます。

現行の学習指導要領は、小・中学校については二〇一七年三月に告示され、小学校は二〇二〇(令和二)年度、中学校では二〇二一(令和三)年度より、全学年一斉に実施されます。高校の学習指導要領は、二〇一八年三月に告示され、二〇二二(令和四)年度は一年生のみ、それ以後は学年進行で実施されます。二〇二四(令和六)年度には全三学年通して実施されることで、完成の予定です。

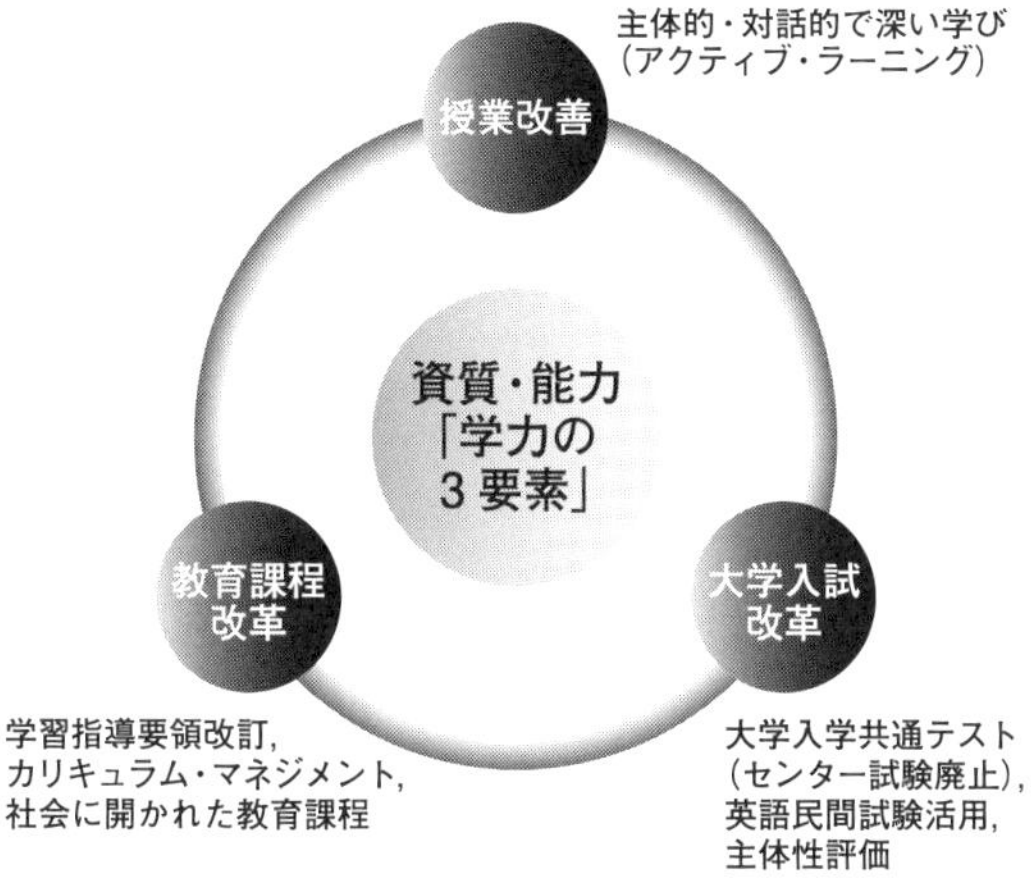

図1　三位一体の 2020 年教育改革

高校の学習指導要領の改訂によって、教科書の内容や授業のあり方が変わるだけではありません。「大学入試センター試験の出題は、高等学校学習指導要領に準拠して行う」(「令和二年度大学入学者選抜大学入試センター試験実施要項」)とあるように、大学入試の出題範囲や内容にも影響が及ぶことになるのです。

要するに、今般の二〇二〇年教育改革は「学力の三要素」を核に、授業改善、教育課程改革、大学入試改革を同時一体的に行うという点で、「三位一体の改革」だと言えましょう(**図1**)。したがって、大学入試改革を単独の施策としてではなく、学習指導要領を中心とした授業改善や教育課程改革も含めて、教育改革のあり方全体から捉えなければならないのです。

二　「学力の三要素」と高校教育課程の改革

今般の学習指導要領の改訂や大学入試改革につながる提案や議論は、二〇〇六年一二月に安倍第一次政権のもとで教育基本法が改正され、それにともない、二〇〇七年六月に、学校教育法が改正されたときにまで、さかのぼって見る必要があります。

その改正学校教育法に、以下の条項（第三〇条二項）が新設されました。

生涯にわたり学習する基盤が培われるよう、①基礎的な知識及び技能を習得させるとともに、これらを活用して課題を解決するために必要な②思考力、判断力、表現力その他の能力をはぐくみ、③主体的に学習に取り組む態度を養うことに、特に意を用いなければならない（丸数字と傍線は筆者による、以下同）。

すなわち、学校では、児童・生徒に①知識・技能を教えるのみならず、②それらを活用できる思考力・判断力・表現力とともに、③主体的な学習態度を養うことの三点に配慮した教育活動を展開しなければならないということです。この①②③が一般に「学力の三要素」と呼ばれ、これが授業改善、教育課程改革、大学入試改革といった一連の二〇二〇年教育改革のキーワードであり、すべてを貫く法的根拠にもなっています。

しかし、第一の要素の「基礎的な知識・技能」と第二の要素「思考力・判断力・表現力」はともかく、第三の要素「主体的に学習に取り組む態度」は、別の法律や答申によっては、異なる表現や内容になっていることに注視する必要があります。

今次の大学入試改革を主導した二〇一四年一二月の中央教育審議会「高大接続改革答申(1)」においては、「主体性を持って多様な人々と協働して学ぶ態度」や「主体性・多様性・協働性」とされています。また、二〇一七年三月以降に改訂・告示された学習指導要領では「学びに向かう力、人間性等」などと記述されるなど、学校教育法の条文と、その後の答申や学習指導要領との間には、解釈や表現の相違を認めざるを得ません。高大接続改革の答申と学習指導要領という両者の性格の違いこそあれ、「主体的に学習に取り組む態度」は、さまざまな解釈が可能だという点でも、抽象度の高い曖昧な内容だと言えるでしょう。

それでは、「学力の三要素」が今次の学習指導要領の改訂を通して、授業改善や教育課程改革とどのように連動、展開したのかを確認しておきましょう。

まず、高校の教育課程改革では、一教科が新設され、二七科目が新設または内容が見直されることになりました。その新設の教科「理数」は、数理に関係する教科横断的な探究力を養う目的で設置された共通教科です。国語科では「実社会・実生活における言語による諸活動に必要な能力を育成する」(中央教育審議会答申)ために、「現代の国語」が必修科目のひとつになりました。公民科ではこれまでの「現代社会」に代わって、自立した市民の育成や高校段階の道徳教育の要素を含んだ「公共」が必修になりました。

そのほか、古典探究、世界史探究、日本史探究、理数探究、総合的な探究の時間をはじめ、「探究」を含む科目が増えました。これは授業改善の視点として、主体的・対話的で深い学び（アクティブ・ラーニング）の実施・導入と関連していると言えます。

その授業改善の視点として、二〇一八年三月に改訂・告示された高等学校学習指導要領でも、「主体的・対話的で深い学び」の実現に向けて、知識の相互関連・情報の精査や問題解決能力の育成、言語能力の育成、情報活用能力の育成、学習の計画とふりかえり、自然や多様な他者との協働、生徒の自発的な読書活動の六点が説かれています（文部科学省 二〇一九）。

その六点は各教科・科目の授業改善の視点として反映されています。中央教育審議会「高大接続改革答申」においても、個別の知識を問うてきた従来の大学入試のあり方の見直しとともに、課題の発見と解決に向けて、主体的または協働的に学ぶ学習、すなわちアクティブ・ラーニングが提案されています。

三　大学入試改革に向けた提言

「学力の三要素」は今般の大学入試改革にどのように反映、関連しているのでしょうか。

①の要素「基礎的な知識・技能」について、これまでの日本の大学入試の出題は、ともすれば「基礎的な知識・技能」に偏ってきたと、ある種のイメージをもって見なされました——受験生は、入試当日までに可能な限り大量の知識を棒暗記し、それを一発勝負の試験の場で発揮し、その成果は一点刻みに得点化・序列化され、その上位者から順番に合否が判定される——このような大学入試やその

ための学校教育のあり方が、「知識の暗記・再生」や「知識偏重」をもって批判の対象になりました。「知識偏重」との批判は、「学力の三要素」の②「思考力・判断力・表現力」や③「主体性・多様性・協働性」といった要素を含む多面的・総合的な評価による大学入試になっていないとして、今次の大学入試改革の大きな動因になりました。

まず、英語の入試改革では、「グローバル人材」の育成を目的に、民間の教育産業・団体などが実施する英語試験・検定（以下、英語民間試験）を活用することで、「読む、聞く、話す、書く」の四技能を評価することになりました。

また、これまでの大学入試センター試験に代わって、「大学入学共通テスト」とともに、「高校生のための学びの基礎診断」が提案されました。

前者の新共通テストは、二〇二〇年度（二〇二一年一月）より実施されることになっています。当初は年複数回試験の実施、一点刻みではない段階別表示による成績提供という案が示され、出題についても従来のマークシート方式による設問に加えて、複数の教科横断的な内容や図・表などの資料の読解を通して、より高度な思考力や判断力を評価するとともに、表現力については、例えば国語の試験では二〇〇字から三〇〇字程度の記述式問題の部分的な導入が提案されました。

後者の「基礎診断」は、高校一・二年生を対象に二〇一九年度より国語、数学、英語の三教科での実施が提案されました。この背景には、推薦入試やAO入試など、大学入試の多くが「学力不問」の入学選抜になっていたことに対する大学側（特に私立大学）の危機意識もあり、当初は「高大接続テスト（仮称）」として、二〇〇八年一二月に中央教育審議会「学士課程答申[2]」において提案されました

（佐々木 二〇一二）。これは、「知識偏重」の大学入試に対する批判と、他方で「知識偏重」の入学選抜さえも行われていない「学力不問」の入試に対する批判の両方を克服しようとする動きから提案されたものと窺えます。試験の内容は知識・技能を中心に、思考力・判断力・表現力を問う問題も組み合わせて出題されることになりました。また、「基礎診断」の実施は民間の教育産業に委ねられ、二〇一八年一二月時点で、三団体五種類の三教科試験と五団体七種類の英語の試験が文部科学省より認定されています。

特に③の要素に対しては、主体性評価が提案されました。生徒たちは、探究活動、生徒会・委員会活動、学校行事、部活動、留学・海外経験、表彰・顕彰、資格・検定などの高校在学中の学内外の活動歴に関する自分自身の諸資料を集め、それらを振り返るだけではなく、その電子記録（eポートフォリオ）が求められるようになりました。代表的なeポートフォリオには、一般社団法人教育情報管理機構の運営するJAPAN e-Portfolio[3]、ベネッセ社とソフトバンク社の合弁会社の開発によるClassi（JAPAN e-Porfolioとの連携も可能）、リクルート社のスタディサプリなどがあり、生徒たちは自身の学習歴や活動歴などの個人情報を入力、蓄積していきます。いずれかのeポートフォリオに記載された個人情報に対して、各大学は、志願者それぞれの活動歴や成果の内容を評価し、入学者選抜の材料にしたり、入学後の学生指導の資料として活用できることになりました（本書第Ⅱ部4章参照）。

四　新共通テストの出題傾向

以上で見たように、学習指導要領の改訂と、従来のセンター試験から新共通テストへの移行をきっかけに、出題内容にも大きな変化が予想されます。

その予想を裏づけるものとして、二〇一七年五月に公開された大学入試センター『「大学入学共通テスト（仮称）」記述式問題のモデル問題例』、二〇一七年一一月と翌年二月の第一回試行調査（平成二九年度プレテスト）、二〇一八年一一月に行われた第二回試行調査（平成三〇年度プレテスト）などがあります。

すべての教科の試験問題について紹介・検討することはできないので、ここでは二〇一七年五月に公開された国語と数学のモデル問題の出題例を見ていきましょう。

国語（現代文）の入試問題といえば、これまでは、著者が明らかな小説や評論の文章の読解や語彙に関する出題が中心でした。

国語のモデル問題の出題例には、ある架空の市の「景観保護ガイドライン」とそれをもとにした父子の会話を題材に、会話の内容や意見の対立点などを問う記述問題と、「駐車場使用契約書」を題材に賃借間のトラブルに対するアドバイスとその根拠を論じる問題が公開されています。文章や資料は架空の内容で、作者も匿名です。その出題例からは、会話の内容などから読み取れる情報を考え、それに基づいた論述が求められるなど、これまでにはない新しい傾向も見られます。

数学の出題例には、三角関数（sin, cos, tan）を用いて、公園の銅像が見えやすい位置や角度を計算する問題が示され、解答を導き出す過程や根拠を論述する問題も一部に含まれています。

モデル問題や試行調査の出題例を見る限り、これまでのセンター試験の出題とは、大きく趣が異なる印象を受けるでしょう。日常生活や実社会の中で、私たちが接し、関わり、考えなければならない問題のように見えますし、数学の問題でありながら国語力も同時に試されている点では教科横断的な内容だと言えます。ここで想起されるのは、国際学力調査として実施されるPISAや全国学力テストのB問題などの「主に活用」の学力を問う問題に類似していることです。そのように考えると、昨今の大学受験生にとっては、新奇というより、すでにお馴染みの内容として映るかもしれません。

高等学校学習指導要領との関連でいうと、国語の試行問題は国語科の新科目「現代の国語」の目標「実社会に必要な国語の知識や技能を身に付けるようにする」や、同じく数学科の「指導計画の作成と内容の取扱い」の「日常の事象や社会の事象などを数理的に捉え、数学的に表現・処理して問題を解決し、解決の過程や結果を振り返って考察する活動」と関連のある内容であるとも言えそうです。国語における、会話文をとりいれた内容などは、「対話的な学び」を意識した出題でしょうか。数学では、日常生活の題材から、必要な情報を選択し、思考しつつ解答を導き出す問題が多いことから、教科横断型の問題を意識していると言えます。

いずれの教科もさまざまな知識を正確に動員しなければ、問題の意図や内容が理解できず、正確な解答には至りません。その点では、さまざまな「知識の暗記・再生」が不可欠であると同時に、それだけでは歯が立たないようにも見えます。

また、新しいタイプの出題が実社会に必要な知識・技能を問うものであるかどうかについても議論の余地があり意見の分かれるところでしょう。評論文の内容を読解したり、数学の問題を解くときには、「思考力」は不可欠ですし、マークシート方式の設問こそ、最も適切なものを選ぶ「判断力」が問われているといっても過言ではありません。新共通テストでは、従来の択一式ではなく、二択以上を求められたり、正解がないなどの高度な判断力を要する出題もありうるようです。さらに、記述式問題を通して、「表現力」を評価しようとしています。

しかしそれでもなお、「思考力・判断力・表現力」の曖昧さは残ったままで、その「学力」を大学入試で評価できるのか、さらなる検証が必要だったのではないでしょうか。

五　なぜ計画や提案は頓挫したのか

「学力の三要素」や新しい学習指導要領に対応した大学入試改革は、多くの課題や問題が浮き彫りになり、当初の計画や提案が見送りも含めて頓挫したものが少なくありません。

まず、英語民間試験については、高額な受験料（約五〇〇〇円～二万五〇〇〇円）、家庭環境や地域による受験機会の不平等、多様な民間試験を相互に比較する指標・枠組みとして発表された「外国語の学習、教授、評価のためのヨーロッパ共通参照枠」（通称CEFR《セファール》, Common European Framework of Reference for Languages: Learning, teaching, assessment）の妥当性、高校教育への影響など、さまざまな懸念や課題が指摘されてきました。しかしながら、文部科学省や大学入試センターは、強硬な姿勢を崩さず、二〇一九年一〇月の萩生田光一文部科学大臣の「身の丈」失言によって、土壇場で実施の延期を決定するという大失態を演じました。

また、新共通テストについても、年複数回実施案は、高校側の反発、試験実施の日程と予算の都合から見送られることになりました。

「思考力・判断力・表現力」を評価するために設けられた記述式問題の出題についても、試行調査が行われるたびに、採点作業のあり方、採点期間の設定、採点基準の信頼性・妥当性などの問題が指摘されてきました。

国語の試行調査では、記述式問題の自己採点と実際の採点結果との不一致があまりに大きいなどの問題が発生したため、当初の計画から課題文字数は減少し、八〇字から一二〇字程度の問題が三問程度出題されることになりました。

数学の試行調査でも、記述式問題を通して、解答に至る過程や手立てを記述させる狙いがありました。ところが、採点業務の合理化と難易度の調整のために、問題を見れば、おおよそ記述すべき内容の見当がついてしまうなど、従来のマークシート方式を工夫すれば、十分に学力や能力を測れる内容になっているという指摘もありました(南風原 二〇一九)。

その記述式問題の採点は、大学入試センターが民間教育産業の子会社に業務委託することになりました。現行の大学入試センター試験の受験者数が約五五万人であることから、それ相応の大規模の記述式答案を、決められた期間内に、正確に採点、評価しなければなりません。採点期間の長期化は許されませんし、短期間で正確に対応しようとすれば、大量の労力と多額の人件費が必要になります。二〇一九年七月に文部科学省は、新共通テストの記述式問題の採点者として、大学生アルバイトを含めた一万人の採用方針を明らかにし、大きな批判を集めました。

以上のような体制上の不備もあって、その後、国語と数学の記述式問題は、二〇二〇年度の新共通テストでは、採用されない方針が明らかにされました。また、「基礎診断」についても、二〇一八年一二月時点の民間試験の認定状況までは明らかになっていますが、当初の予定だった二〇一九年度に試験が実施された形跡はありませんし、そもそもそれ以前から高校に対する周知等も十分であったとは言えません。

「学力の三要素」の③の要素に対して実施されようとしている主体性評価についても、やはりさまざまな問題が指摘されています。生徒たちの学習活動や課外活動が大学入試を目的として打算的になりうること、そしてそれら活動への参加の程度は家庭環境や居住地域による格差が出やすいこと、民間企業による個人情報の保護・管理に対する不安などの問題が指摘されてきました。

JAPAN e-Portfolio参画大学・短大は、二〇一八（平成三〇）年八月三一日当時は一〇二校（四大九五校、短大七校）であったのに対して、二〇一九（令和元）年一二月一三日には三〇校（四大二八校、短大二校）にまで激減しました（JAPAN e-Portfolioホームページより）。二〇二〇年八月には文部科学省が教育情報管理機構の運営許可を取り消すなど、「主体性評価」の理念や制度そのものに大きな疑問が投げかけられています。また、二〇二〇年四月には、eポートフォリオを運営するClassiで、登録者約一二二万人分のIDとパスワードが流出するなど、個人情報の杜撰《ずさん》な保護・管理体制が明るみになり、当初の不安が的中する格好になってしまいました。

当初は「大学入試改革の三本柱」などと喧伝《けんでん》されていた「英語民間試験の活用」「大学入学共通テストの実施」「主体性評価の導入」のいずれについても、実施体制の不備、評価基準や選抜課題としての公平・公正さおよび精度上の欠陥があらわになり、延期や規模縮小を余儀なくされてしまったのです。

六 「大学入試の三原則」から今次の改革を見直す――これまでとこれから

以上の内容は今回の大学入試改革の問題や課題が露呈し、延期や見送りに追い込まれたという事実にとどまりません。

戦後の日本の大学入試を支えてきた理念や基本原則が脅かされているのではないかという視点から、今次の大学入試改革の問題点を検証し直すことが重要でしょう。

これまで戦後の大学入試は、文部(科学)省「大学入学者選抜実施要項」(以下、「実施要項」)の「基本方針」で述べられてきたように、①能力・適性の原則(大学教育を受けるにふさわしい能力・適性等を備えた者を選抜する)、②公正・妥当の原則(出身階層、親の経済力、思想・信条にかかわりなく公平に選抜する)、③下級学校の教育尊重の原則(高校教育を損なわない)という「大学入試の三原則」に基づいて、高校の学習指導要領や学習内容に準拠しながら、各大学の裁量において実施されてきました(佐々木 一九八四)。

今回の大学入試改革を、これまでの「大学入試の三原則」に照らし合わせると、どのような問題や課題が浮き彫りになるでしょうか。

①能力・適性の原則に関して、「高大接続改革答申」(二〇一四年一二月)や「高大接続改革実行プラン」(二〇一五年一月)の直後に通知された平成二八年度の「実施要項」より、入学者選抜の基本方針が大きく改変され、「学力の三要素」を強く意識した能力・意欲・適性等の適切な把握が求められるようになりました。つまり、「学力の三要素」や学習指導要領の到達度の測定が大学入試において強く

求められることになったとも言えるでしょう。

「学力の三要素」による学習指導要領に改訂され、「主体的・対話的で深い学び」の実施のみならず、高大接続の改革に向けて、大学入試における英語民間試験の活用、新共通テストの実施、主体性評価の三本柱を半ば強引に実現・運用しようとした結果、②公正・妥当の原則や③下級学校の教育尊重の原則が脅かされようとしています。

②公正・妥当の原則については、平成二八年度の「実施要項」より、学生の受入にあたって、年齢、性別、国籍への配慮が言及されたことはプラスに評価すべき反面、「高大接続改革実行プラン」において、既存の「公平性」に対する意識を改め、一人ひとりの「多様」な能力が「多様」な方法で「公正」に評価されるべきことが謳われています。

「多様」や「公正」をマジックワードに、多様な英語民間試験の活用やその評価の指標としてＣＥＦＲの導入が検討されたものの、受験機会の格差や評価基準の妥当性の問題が明るみになり、かえって入学選抜における「公平性」が蔑ろにされようとしています。

また、「学力の三要素」を反映した新共通テストや主体性評価のように、高校生や受験生に求められる資質・能力が学習指導要領の内容に強く依拠しながら、抽象化・高度化・多様化しているように映ります。その結果、それぞれ個人の努力では如何ともしがたい家庭や地域の教育環境がかえって反映される可能性も出てくるのではないでしょうか。

例えば、「思考力・判断力・表現力」「主体的に学習に取り組む態度」などの抽象的な目標や客観的な測定が困難な内容を「見える化」して、その能力の伸長を請け負う予備校や塾などの学校外教育産業の利用をはじめ、「主体性評価」において高い評価を受ける見込みのある活動に（のみ？）積極的に参加する家庭や生徒が出てくるかもしれません。あるいは、コミュニケーション能力や対話力などは、家庭内の言語環境や保護者のサポート次第で、学校教育以前の生徒間の格差が生じうる問題でもあります。

すでに、一部の私立学校や学校外教育産業がそれを宣伝文句に児童・生徒を募集していることから、見えない格差の問題は、現出しているのかもしれません。

そして、以上も含めて、今回の大学入試改革において最も懸念されるのは、③下級学校の教育尊重の原則が脅かされようとしていることです。

その象徴が英語民間試験の活用をめぐる混乱でした。高校三年生の四月〜一二月の間に二回まで受験した英語民間試験の成績に限り、入試で有効とする制限が設けられた結果、この試験の対策や対応のために、三年生対象の学校行事が早期に繰り上げられたり、中止や縮小を計画していた高校もあるようです。

今般の高大接続改革の目的は、大学入試の改革を梃子《てこ》にして、「主体的・対話的で深い学び」の実現に向けて、学習指導要領を改訂し、授業改善とともに、「学力の三要素」を中心とした生徒の資質・能力を向上させようとするところにあります。しかし、それは、高大接続を通じて、「入試を変えれば、（それを学校や受験生の動機付けにして）教育を変えることができるはずだ」「入試や教育を変えることで、社会（国家）を変えられるはずだ」という、政策立案者の願望も混在した思い込みと化したように映ります。

少し考えてみれば明らかですが、大学入試で英語民間試験を活用し、英語四技能を評価するようになれば、高校英語の授業のあり方が変わり、「高等学校段階において、ＴＯＥＦＬ ｉＢＴ四五点(英検二級)等以上を全員が達成」(自由民主党 二〇一三)し、英語を聞いて話せる「グローバル人材」になることはできるのでしょうか。あるいは、新共通テストにおいて記述式問題が出題され、高校がその対応として「主体的・対話的で深い学び」による授業改善を行えば、生徒たちの「思考力・判断力・表現力」は高まるのでしょうか。

もちろん、恵まれた環境のもとで、大学入試の動向や変化に柔軟に対応し、高い水準で達成できる生徒も、一部には存在するでしょう。しかし、それをすべての高校生や大学受験生に求める入試改革とそれをもとにした授業改善は、現実性を欠いているように見えます。入試を通して主に学力によって階層化され、教育課程が学科間で多様化する高校教育においては、今次の大学入試改革は、高校間格差をともないながら、さまざまな影響を生徒たちに及ぼすことになるものと思われます。学校や生徒によっては、好ましくない無理強いに過ぎないこともあるでしょう。

首都圏の進学校と進学中堅校の高校生の学習行動を追跡調査した山村・濱中・立脇(二〇一九)によれば、入学偏差値七〇以上の進学校に比して、入学偏差値五〇台~六〇台前半の進学中堅校の生徒たちは、高校入学当初より、学力重視の一般入試を前提とした大学受験・進学を意識しているわけではなく、普段から十分な学習時間を確保していない傾向にあります。生徒たちの主体的な学習態度の形成や学力の獲得をめざした今次の大学入試改革を通じて、進学中堅校の生徒たちが学習意欲を高め、学習時間を長時間化させる効果は限定的ではないかと筆者らは疑義を呈しています(本書第Ⅲ部3章参照)。

学習指導要領の改訂や大学入試改革を契機に、高校生の基礎学力の不足を補い、学習意欲を高められるのか、それを動機付けにした試験勉強やテスト対策は「主体的な学び」と言えるのかどうかなど、課題は残されたままです。

また、入学選抜は、各大学や学部・学科のアドミッション・ポリシー(入学者受入方針)に従って、柔軟に実施されるべき事柄です。ところが、従来に比して「大学入学者選抜実施要項」の分量は増える一方です。国は各大学の入試のあり方に介入し、大きく入試体制・制度をゆがめ、混乱をもたらしたと言えるのではないでしょうか。

おわりに

筆者は、大学入試改革も含めて、今般の二〇二〇年教育改革の実施について、客観的根拠を欠いた「大博打《おおばくち》」であるとして、その問題点を論じたことがあります(小針 二〇二〇)。すなわち、学校現場の実情も、これまで行ってきた大学入試の理念や動向も、ほとんど顧みられることなく、未来社会に向けた不確定な「大博打」になっているということです。

とりわけ今般の教育改革論議において特徴的だったのは、以下の旧新二項対立的な問題の捉え方や枠組みに囚われ続けてきたことです。つまり、既存の学校の授業や大学入試のあり方は「一方通行的」「非実用的」「知識偏重」と断罪され、場合によっては「旧来の悪弊」として退けられつつ、その対案として、未来社会に向けた「学力の三要素」をもとにしたアクティブ・ラーニングや大学入試改革は「対話的」「実用的」「総合的・多面的（評価）」であるとして、それらを疑うことも、十分な根拠が示されることもないまま、「善きもの」として推進されてしまったのです。

「これまでの授業や入試のあり方では、新たに求められる資質・能力は育めないに違いない」「アクティブ・ラーニングや入試改革を行えば、資質・能力は育めるはずだ」などという根拠のない思い込みと不確かな未来社会論に依拠する一方、改革案に批判的な専門家を守旧派として切り捨て、その意見や建議には、ほとんど耳を貸すこともないまま、「教育改革」や「大学入試改革」がただただ推進されてしまったのです。

延期や縮小とされた大学入試関連の施策や事業については、その後に発足した専門家会議などで議論が続いており、新たな提案や変更なども十分にありえます。

どのような形で大学入試が行われるにせよ、受験生を選抜し、入学した学生を教育するのはそれぞれの大学や学部・学科の責任や方針において行われるべきことです。だからこそ、それぞれの大学や学部・学科において、学生に求める能力や適性が十分な根拠をもって定義・策定され、すべての受験生や関係者が納得できる公平な入学選抜が行われなければなりません。

政府は、誇大な「大学入試改革」の理念を掲げ、それを一方的に大学や高校に押しつけるのではなく、高大接続や大学・高校両教育を適切に支援することが本来の使命であり、それこそが政治の責任というべきでしょう。安定的な教育・入試体制を構築してはじめて、教育政策・施策ひいては政府や政治に対する信頼が得られ、正統性が承認されるのです。

注

（1） 正式名称は「新しい時代にふさわしい高大接続の実現に向けた高等学校教育、大学教育、大学入学者選抜の一体的改革について――すべての若者が夢や目標を芽吹かせ、未来に花開かせるために」である。

（2） 正式名称は「学士課程教育の構築に向けて」である。

（3） 一般社団法人教育情報管理機構は、文部科学省の委託運営許可のもと、関西学院大学に事務局を置き、ベネッセ社がサイトなどシステムの開発・運用を担当するなど、官民学一体でJapan e-Portfolioを運営してきた。

引用文献

小針誠 二〇二〇、「国策アクティブ・ラーニングは大博打 〈胴元〉たちの隠れた意図を問う」『Journalism』№三八五（二〇二〇年三月号）。

小針誠 二〇一八、『アクティブラーニング――学校教育の理想と現実』講談社現代新書。

佐々木隆生 二〇一一、「「高大接続テスト（仮称）」と日本型高大接続の転換」『高等教育研究』第一四集。

佐々木享 一九八四、『大学入試制度』大月書店。

自由民主党 二〇一三、『教育再生実行本部　成長戦略に資するグローバル人材育成部会提言』(https://www.jimin.jp/policy/policy_topics/pdf/pdf112_1.pdf)。

南風原朝和 二〇一九、「見失われた記述式の意義――導入の見直しが必要だ」『科学』第八九巻第一〇号（通巻一〇四六号）。

文部科学省 二〇一九、『高等学校学習指導要領（平成三〇年告示）』東山書房。

山村滋・濱中淳子・立脇洋介 二〇一九、『大学入試改革は高校生の学習行動を変えるか――首都圏一〇校パネル調査による実証分析』ミネルヴァ書房。

2　大学入試における共通試験実施に関わる諸問題
――センター試験実施の経験から

大塚雄作（国際医療福祉大学大学院）

●二〇二〇年一月で終了したセンター試験では、過去三〇年にわたりさまざまな工夫と改善がなされてきた。
●選抜が目的で学力調査とは質が異なる大学入試において、行政・外部の関与が強まり、大学の主体性が揺らいでいる。

大学入試センター試験（以下、センター試験）は、一九九〇年一月以来、三一回にわたって途切れることなく続けられ、二〇二〇年一月をもって終了した。日本の大学入試において、全国規模の共通試験はさまざまな形で行われてきたが、三〇年間という長きにわたって継続した共通試験は他にない。

本章では、筆者自身の経験に基づいて、センター試験のその地道な積み重ねの一端を随想的にふり返りつつ、その視点から、今後に残された課題のいくつかを取り上げてみることにしたい。なお、センター試験の実施・運営についての基本的な流れや課題については、注[1]に挙げたものなどを適宜参照していただき、ここでは詳しくは触れないことをお断りしておく。

一　センター試験の実施主体は大学である

センター試験は「文化資産」

あるのが当たり前という感もある共通試験であるが、その三〇年の間には、実施の危機にたびたび遭遇している。一月上・中旬という試験実施の時節柄、雪の心配は毎度のことであったが、阪神・淡路大震災(一九九五年)や新型インフルエンザの流行(二〇一〇年)など、その当たり前を脅かす事態も何度か起こり、その中を何とか無事にすり抜けてきている。センター試験最後の年の二〇二〇年も、新型コロナウイルス感染拡大が少し早かったらどうなっていただろうかなどと思うと、センター試験が三〇年間継続できたということは、ある意味で奇跡的な出来事と言うほかない。ただ、それは決して偶然で片付けられるものではなく、その背後に、センター試験に関わってきた数多くの人々の尽力とその積み重ねがあるということを忘れてはならない。

筆者は、センター試験の実施・運営に、主として問題作成過程を統括する立場で、四年間(二〇一四年四月~二〇一八年三月)、実際に関わった。そのわずかな経験の中で強く感じたことは、共通試験の円滑な実施という一つのことに、それに関わっている多くの人のすべてが集中する「迫力」であった。思いもよらぬ大小さまざまな突発事故等の出現に対して一つひとつ真摯に取り組み、それらの課題をそのときどきにおいて精一杯クリアしてきた積み重ねの総体としてセンター試験は成長してきたのである。それは、一つの「文化資産」とも言うべき域に達していると感じたものである。

もちろん、センター試験にも多くの課題が残されていて、決して完璧なものではない。改善すべき点は、これまでもしばしば取り上げられ、そのつど、改善できるところは改善もしてきた。学習指導要領の改定にともなって試験科目も変わってきたし、試験問題の形式も三〇年の間に随分変わった。そうした積み重ねにもかかわらず、二〇一四年の中央教育審議会答申「新しい時代にふさわしい高大接続の実現に向けた高等学校教育、大学教育、大学入学者選抜の一体的改革について」(高大接続答申)(2)が出された頃の議論では、センター試験の「廃止」という言葉が使われていた。その言葉を聞いた際に筆者の念頭に浮かんだのが、アフガニスタンのバーミヤン渓谷にある巨大大仏遺跡のタリバンによる破壊であった。三〇年間かけて築き上げられたセンター試験をそんなに簡単に崩してしまってよいものかという思いが、「文化資産」と筆者が呼ぶ一つの背景となっている。

二〇一四年当時は、センター試験がまだ行われていたので、文化「資産」という言葉を用いたが、現時点ではすでに、「文化遺産」と言うべきなのかもしれない。いずれにしても、センター試験に関わって感じられる印象と、それを外から見る印象との間には大きな隔たりがあり、真摯にセンター試験に関わってくれる人々、とりわけ、問題作成に当たって下さる大学の先生がたのご苦労に報いるためにも、その隔たりを何とか埋めることはできないものかというのが、その頃から解決し得ていない筆者の一つの問題意識である。

「センター試験は大学の入学試験である」ということ

大学入試センター(以下、センター)にいると、センター試験についての言説が外からあれこれ飛び込んでくる。その言説の背後に、「センター試験は、センターが作り、センターが実施する試験である」との人々の認識があると感じられることが多かった。そう直接言及しているわけではないが、言葉の端々に、ああやはりそうなんだと思うことがしばしばであった。

それは、筆者自身が、大学に所属していたときには少なからず、そのように捉えていたからよくわかるのである。センター試験の季節が近づくと、「試験監督などの割り当てが来ないといいな」という思いがまず先に立つ。試験監督が当たると、土、日に駆り出され、代休が取れるものの、教員は基本的に手弁当で朝早くから緊張の中で試験監督を務めねばならないという負担感がある。センターのために、何でこんなボランティアベースのことを、大学の我々がやらないといけないのかといった具合である。

しかし、センター試験に関わるようになって、「共通試験」というのは、「大学が」共同して実施する入学試験であるということを知り、「ハッ」とさせられた。それは、「独立行政法人大学入試センター法」の第三条に規定されているセンターの目的に、「……大学に入学を志願する者に対し大学が共同して実施することとする試験に関する業務等を行う……」と明記もされていることである。センター試験は、大学が実施主体と位置づけられており、センターは、あくまで「大学が共同して実施することとする試験に関する業務等を行う」機関であって、大学の共通試験を下支えする役割を担っているに過ぎないのである。

センター試験は、一九七九年一月から一一回行われた大学共通第一次学力試験(以下、共通一次)を引き継いでいるが、共通一次の当初は、センターは「国立大学共同利用機関」と位置づけられており、国立大学協会がイニシアチブを取って、まさに、国立大学が共同して問題を作成し、共同して実施するという構図がより明確に共有されていた。しかし、センター試験になって、私立大学も利用するようになり、大学のすべてを統括する組織体が不明確になるとともに、二〇〇一年にセンターが独立行政法人と位置づけられたことも、大学が実施主体という印象を薄めることに拍車をかけたのかもしれない。センター試験に関わる大学の主体性が薄まることで、センター試験を実施・運営する立場からすると、いろいろと支障をきたすことが出てくるのである。

センター試験は他人事という風潮

センター試験が、大学人にとっては他人事になってしまうと、センター試験の運営においては、まず、問題作成の部分に支障をきたすことになる。センター試験の問題は、大学が実施主体という原則の下、それぞれの科目に関わる専門の大学教員が、センターに集まって作成されている。毎年、五〇〇人近い大学の先生がたが、センターの中でも限られた者しか出入りのできないセキュリティ堅固な問題作成棟の各科目の部会室に、年にのべ四五日程度集まって問題が作られている。センター試験の問題は、試験問題作成のエキスパートが雇われて作成されているわけではないのである。

大学の先生がたは大学にも多くの用務があり、大学はできるだけ先生がたを問題作成委員として送り出したくないというのが本音である。そこをやりくりして、大学の然るべき先生がたを問題作成委員に送り出してくれているわけであるが、センター試験は他人事という感覚を大学人がもつことでそこに難しさが生じることになる。「センターが実施する」試験に大学はそうそう協力できないという雰囲気が広がると、センターにとっては、問題作成委員を揃えるということが切実な課題となるのである。それでも何とか三一回のセンター試験をこなしてこられたのは、大学の協力があったからに他ならないが、筆者の関係していた四年間というわずかな間でも、年々、委員の確保は難しくなっていく傾向が感じられた。

実は、文部科学省(以下、文科省)も、「センター試験の実施主体は大学である」という点については十分に理解していないのではないかと思う。例えば、今般、センター試験を廃止し、大学入学共通テスト(以下、新テスト)に移行していくプロセスにおいて、問題の内容に至るまで細かい仕様が文科省から示され、大学教員に加えて、高校の先生がたを問題作成委員として含め、その仕様に従って問題を作成することが求められたりもした。センター試験においても、高校の学習指導要領や、それに基づく教科書を試験の範囲とするという制約がある。また、センターも、「問題作成要領(非公開)」を問題作成委員の先生がたに提示して、それに適合しないと判断される問題については、センターから再検討をお願いするということもたびたびあった。しかし、基本的に、その年々の問題作成部会委員の大学の先生がたが合意した方針を第一に尊重してきた。それは、センター試験は大学が共同して実施する試験であって、センターの試験ではないという認識があったからである。

新テストに関しても、それぞれの科目に、どのような試験にしていくかを検討する大学教員を中心とするワーキンググループが構成されていた。その検討過程において、文科省が問題作成を統制しようとする雰囲気が強く感じられた。その意味で、新テストは、「文科省試験」と言えるのかもしれない。少なくとも、大学が共同して実施する試験ではなく、文科省の指示に従ってセンターが問題を作成し実施する試験に、大学が協力する構図となっている感があった。「令和三年度大学入学者選抜に係る大学入学共通テスト実施大綱」[3]（以下、実施大綱）には、「（大学入学共通テストを）利用する各大学が共同して実施する」と、センター試験と同様のことが記されているが、その文言とは裏腹に、主客が転倒してしまっている感を拭いきれないというのが正直なところである。

ただ、おそらく多くの大学人は、「大学が共同して実施する」と実施大綱に書かれてはいても、新テストでも、いままでと変わらず、大学は新テストの実施に協力すればよいと受身的に認識されているのではないだろうか。この「他人事」という風潮は、問題作成のみならず、新テストに向けての議論の中で取り上げられた、記述式問題や英語の四技能試験にも関わっているということは、あまり気づかれていないように思う。記述式や英語のスピーキングの試験については、センターにも、共通試験に入れてほしいという要望が寄せられてきた。しかし、「記述式の採点やスピーキングの面接官をやっていただけますね」と問うと、途端に掌を返して、「それは絶対にやめて下さい」ということになる。五〇万人の受験生がいようとも、記述式の採点なりスピーキングの面接官なりは「私が責任をもってやりますから、ぜひ、共通試験に組み込みましょう」と要請されたことは一度もない。自分たちは汗をかかずとも、センターがやってくれるはずという他人事の要望にとどまっていて、それでは、大学が実施する試験としては何とも成立し難いのである。

二　センター試験は高大接続の要である

大学教員から受験生へのメッセージとしてのセンター試験

センター試験は、「大学」の入試の一部であって、高校の卒業試験ではない。海外の共通試験は、高校の卒業試験に位置づけられるものがむしろ多いとも言える。大学入試における共通試験の役割自体を、選抜試験から高校卒業試験などのある種の資格試験に変えるという社会的合意が得られるのであれば、それも一つの選択肢としてあり得ることである。高校の卒業試験であれば、問題作成も高校の先生に任せられるし、そこまでは大学も「他人事」で済ませられる。ただ、その選択肢を選んで現行の共通試験の位置づけを捨てたとして、一体何が失われるのかということについて吟味しておくことも意義なしとはしないであろう。

大学入試では、一般に、教育・研究に携わっている大学教員が、その専門的見地から試験問題を作成している。言い換えれば、大学入試の試験問題は、高校教育の内容を試験範囲に定めた上で、そこからどういうことをどのように学んできてほしいかについて、大学教員から高校生へのメッセージを送る媒体となっている。その意味において、入試は、「高大接続」の有力なつなぎの一つとして機能し得るということである。

そのことを図式化した荒井の「円錐交差モデル」(4)が、高大接続のあり方を的確に表してくれている。大学教育は、高校教育の延長上にあるものではなく、高校教育の上に大学や学部のそれぞれが独自の方向性をもって発展していくものである。大学入試は、その円錐の交差接面に当たることになるが、大学独自のその切り口が受験生に伝わることが、高大接続にとっては重要となる。言い換えれば、大学教員による大学教育の視点からの試験問題作成そのものが「高大接続」の一翼を担っていると捉えることができるのである。「大学が共同して実施する試験」と位置づけられてきたセンター試験も、まさにこの役割を果たすべく、大学教員によって問題が作成され、大学の教員側から受験生へのメッセージが送り続けられてきたとみなすことができるであろう。

センターで試験問題の作成に関わっていると、センターに集まって問題作成に取り組む委員の真摯な姿に圧倒される。問題を作成すれば終わりではなく、作成された問題は、主としてセンター試験の問題作成経験をもつ大学教員で構成される点検委員会から厳しく評価され、微に入り細に入り、修正を求める意見書が問題作成委員会に寄せられる。大学の教員は研究論文の査読の際にそれに類する洗礼を受けるということはあるが、教育に関わる点では滅多にそのような厳しい評価を受けることはない。問題作成委員会と点検委員会のやりとりを見ていると、センター試験の問題作成の場は、大学教員にとって、高校教育を知る絶好の機会になるとともに、実際に試験問題を作成し、その問題が評価され、問題を修正するという作業過程を経ることで、この上ない格好のファカルティ・ディベロップメント（大学教員が授業内容・方法を改善し向上させるための組織的な取組）の場にもなっていると思われる。実際にセンター試験の問題作成の現場を経験したからこそ、この希有な場は捨てるにはあまりにももったいないとつくづく思うのである。

高校の先生の関わり方

大学の教員がセンター試験に関わることで、高大接続の一翼を担ってきたというのであれば、高校の先生も何らかの形でセンター試験に関わることで、高大接続を促進する部分はないのかという疑問が生じるであろう。

例えば、問題作成の過程に高校の先生も加われば、大学の先生とのやりとりを通して、高大接続にとっての新たな何かが生まれることも期待できそうに思われる。しかし、大学入試であるがゆえに、そのような体制を作り出すことは存外困難なことである。センター試験は、実施上、問題漏洩が最も恐るべきことで、それが起こるとたちまち実施が滞る。そこで、問題漏洩を如何《いか》にして防ぐかという観点から、問題作成委員を委嘱する大学の先生には、受験を控えた子どもがいないこと、あるいは、受験が近づいてきている子どもがいないことなどの制約が課せられる。さらに、高校や予備校などで実際に生徒を教えていることも禁じられている。問題作成自体であれば、高校の先生の方が、教育内容に精通しているという意味では適任ということもあろうが、それを敢えて大学教員に限定しているのは、高校の先生と生徒との直接的なつながりから生じる問題漏洩の可能性も考慮してのことである。

実は、高校で授業を担当していない立場の、例えば校長先生や地域の指導主事などに出向されている先生などには、センター試験の問題の点検過程において、「点検委員会」とは別に「点検協力者」として、試験問題の点検と難易度の評価をお願いしている。この点検は一年に二回程度、数日の作業で行われている。特に、高校生にとって試験問題が難しすぎないか、どの程度の正答率が得られると予測されるのかといった点について、日頃、高校生を実際に見ている先生に確認していただいている。

また、センター試験は、大学が希望すれば、その年にセンター試験を受験しなかったとしても、過去二年のセンター試験の得点で代替できることになっている。その意味で、年度間の平均得点がほぼ一定に保たれるということも求められるのである。さらに、本試験と追試験の難易度がほぼ一定に保たれることも、追試験は病気やアクシデントがあった受験生のための救済的な試験という位置づけではあるが、共通試験にとっては公平性という観点から重要な要件になる。それだけに、問題作成に関わる大学の先生がたも、高校生を実際に間近に見てきている「点検協力者」の難易度判定は大いに頼りにしているところである。

このように、直接授業をもたない高校教育関係の委員が、センター試験問題の点検のレベルで関わる体制をとったことで、問題漏洩自体が起こったことは報告されていないし、委員終了後に高校教育に直接関わる立場に戻った際に利益相反的な事態が生じたという報告もされていないことから、高校の先生がたが大学の共通試験に関わる一つの体制として許容されることではないかと思われる。大学教員以外が問題作成に関わる体制がとられる場合には、そういった点について十分な説明責任が果たせるのかどうか、より慎重なリスクマネジメントが講じられることが必須となる。それが、大学入試の問題作成に関わる一つの難しさにもなっている。

三　センター試験は選抜試験である

選抜試験と学力調査の違い

「センター試験の廃止」が言われたときに、しばしば引き合いに出されたのはＰＩＳＡ(Programme for International Student Assessment: 国際的な学習到達度調査)であり、全国学力・学習状況調査(以下、全国学テ)であった。例えば、その両者には、日常生活に密着した身近な状況設定の下に、その文脈における問題解決を自ら導き出すことが求められる問いが含まれている。そして、その解答を自らの言葉で記述することが求められたりもしている。そういう問題が実施できるのだから、「センター試験もそれに倣うように」という趣旨のことがしばしば聞かれたのである。一般には、馴染みのある状況や文脈の下での問題解決は、日常生活にも応用しやすいということで、知識を活用する「よい」問題とみなされる。そして全国学テでは、一〇〇万人規模での答案の記述式採点も実施されている。学力を評価するための「テスト」という点で同じなのだから、全国学テでできることであれば、センター試験でもできるはずと言われることも、無理からぬことであろう。

しかし、センターの山本廣基理事長が、検討会議の報告の冒頭で強調されているように[5]、PISAや全国学テなどの学力調査と、選抜試験であるセンター試験は、目的が大きく異なっている。

全国学テは、日本の児童・生徒の学力の全体的状況を把握することが第一義とされている。日本全体であったり、一つの県であったり、一つの学校であったり、そうした集団の平均値や分散などの統計量が安定して得られること、また、その統計量が、評価しようとしている特徴を的確に反映していることが求められることになる。

一方、大学入試には、個々の受験生の学力が、安定的に、また選抜の目標に即して的確に把握されることが求められる。共通試験の場合は、幅広い学力レベルについて、選抜に資する識別力をもった個々の受験生に関する情報が得られる必要がある。つまり、学力調査が集団に関する安定した情報を得ることが目的であるのに対して、選抜試験は、個人について精度の高い情報を得ることが目的となるという点で根本的に違うのである。

大学入試においても、例えば、入試の適否を検討する際には、合格者の集団が不合格者の集団に比べて、アドミッション・ポリシーに即した特性をより有しているという集団の統計量を問題にすることもあるが、それは二次的な段階においてのことである。全国学テなどでも、個々の児童・生徒が自身の学力の長所、短所を知って今後の学習に活かすための詳細な結果の個人へのフィードバックも試みられているが、それはいまのところ副次的な位置づけ以上のものにはなっていない。

つまり、選抜試験であるセンター試験も、学力調査である全国学テも、それぞれ、集団の特徴を見るための統計量も求められるし、個人の特徴を表す得点も求めることはできるのであるが、その重みがまったく逆になっていて、「調査」が目的の全国学テは集団の統計量に重みがあり、「選抜」が目的のセンター試験は個人のテスト得点に重みがあるということである。

その目的を達成するためには、「調査」の場合は集団の統計量が、「選抜試験」の場合は個人の得点が、それぞれ安定的に得られることがまず必要となる。

集団の統計量については、集団を代表する標本が選ばれているということと、標本の大きさ（データ数）が確保されているといったことが、その安定性を担保することになる。それらの要件が十分整っていれば、学力テストを構成する問題が一問であっても、集団としてどの程度の正答率があるかなどを問題にすることが有意義な情報となり得るのである。

一方、個人の得点について安定的な値を得るためには、同じ測定を何度も行い、それらの合計や平均を得点とすることが一つの常道である。しかし、同じ問題を繰り返すことはできないので、測定対象の学力に関わる異なる問題を「同じ測定」とみなせる範囲で一定程度揃え、その比較的多くの問題の合計点などの安定した測定値を得ようとすることになる。

これは、測定値の「信頼性（reliability）」と呼ばれる、測定の重要な概念の一つに関わることである。一般に、信頼性の高い測定値を得るための一つの方法が、測定を「繰り返し」て合計点や平均値を求めて、それを測定値として採用することである。誤差は、プラスに出たりマイナスに出たりするものと仮定すれば、測定値を加えることで相殺されて、誤差に相当する部分が相対的に小さく抑えられると考えればよいであろう。

測定の「繰り返し」は、全国学テなどでは、受検者一人ひとりに相当することになり、受検者の数が多ければ、その平均値が安定する。一方、選抜試験の場合には、その「繰り返し」はテストに含まれる一つひとつの問題項目になり、問題の項目数をある程度揃える必要があるという違いがある。

共通試験の問題作成に求められる公平性

したがって、日常的な生活における文脈が提示されるような問題であれば、その文脈に慣れているかどうかで差が生じる可能性があるため、個人の得点を問題にする状況では、できれば避けたい問題ということになる。少なくとも、いろいろな文脈の下での問題を一定数揃えて、特殊な文脈への慣れの影響を小さくすることができれば、その不公平さは解消される。教育的には、学んだことを日常生活にも応用できる力を身に付けることは推奨されるべきであるが、入試という場面において、限られた問題しか用意できない時間的制約のある中で、特殊な文脈を提示する問題がよいのかどうかは慎重に判断すべきである。

アメリカなどでは、性差や人種差などが社会問題になり、同じ能力レベルにあると想定される者が、その属性の違いによって、正答率が違ってしまう問題は避けることが意識されている。問題によって、同じ能力と推定される受検者の正答率が異なることを、差異項目機能（ＤＩＦ：Differential Item Functioning）と呼んで、測定学の研究対象にもなっている。

センター試験でも、例えば、地理には、ある地域に関わる「地域問題」と呼ばれる問題が毎年出題されているが、それについては、センターの研究開発部が、地域問題の地域による差異があるかどうかについて検討している。その結果、大きな地域差は検出されなかったことから、地域問題が続けて出題されている次第である。

学力調査であれば、たとえそういった差が検出されたとしても、地域による統計量の差異を報告することがむしろ調査の一つの目的にもなるが、選抜試験の場合は、同じ能力をもっているにもかかわらず得点や正答率に地域差が生じることは、基本的に避けなければならない。

センター試験では、問題の点検委員会が、年に三回、三～五日間の点検作業を行っている。センター試験でも実はすでに、地理の地域問題に限らず、日常的な生活文脈が問題で示されることは少なくない。例えば、数学の統計の問題でスキーのジャンプが取り上げられたりしたことがあり、点検委員会から、スポーツが好きな受験生とそうでない受験生、とりわけ、男女差が生じるということはないだろうかといった指摘が、問題作成委員会に投げかけられたりもしている。そういった視点からの検討も踏まえて、属性差などの生じる可能性ができる限り小さくなるように、問題文の表現を工夫するなどの修正がなされることになる。そういう目に見えないところの努力の積み重ねが、センター試験の一つひとつの試験問題の背後に潜んでいるのである。

「目的外利用」するためには準備が必要である

これに関わって、一つ心配なことが起ころうとしているので、敢えて触れておくことにしたい。それは、新型コロナウイルス感染拡大で、高校の教育が大幅に遅れ、大学入試時期を遅らせてほしいという切実な要請が高校側から訴えられ、それに応じるために、苦肉の策として、追試験として作られていたセットを、本試験から二週間後に、「第二日程」の本試験として実施するという案が出されたことである。確かに、追試験と本試験の両者の間には、大きく難易度は違わないという程度の差に収まるという意味において、問題作成委員会も点検委員会も、同等性確保のための努力はしているが、選抜のために個人を識別するレベルでの同等性をもつような、両者の得点の対応づけに関する準備まではなされていない。追試験はあくまで、病気や事故などで本試験を受けられなかったりする少数の受験生のための救済目的で準備されているものであり、それをもう一つの本試験とみなして、二つの本試験の得点を比較せざるを得ない形で用いることは、言ってみれば「目的外利用」ということになる。

今回のような予期し得ない事態が勃発した際に、致し方なく「目的外利用」せざるを得ないということも起こってしまうのが現実である。しかし、そうした利用を可能にするためには、両者の得点の対応づけや、目的外利用したときの得点が何を反映しているかといったことについて、しっかりと事前に検討がなされているべきである。その前提もなく、「目的外利用」されたときに困るのは大学であり受験生である。二つの「本試験」間の得点比較が難しい以上、大学側からすれば、入学者選抜のためにその情報を使いにくく、その保証もないまま同等とみなして合格者を決めることは、どちらを受けたかによって有利・不利が出てきてしまうという受験生にとっての重大な不公平を生むことにもなりかねない。

なお、二つのテストそれぞれの得点を対応づけるためには、平均点だけが同じになればよいということではなく、得点の分散なども同等でなければならない。平均点については、問題の点検の過程でも推定はしているし、「点検協力者」にも予想してもらうことなどで、問題の難易度の調整を通して、ある程度は平均点差を縮めることはできないことではない。しかし、得点の散らばり方がほぼ同じになるのかどうか、得点の分布などまで予測するとなると、予備調査などができない限り、事前にコントロールすることは容易でない。ただ、大学入試に関わる予備調査などの準備は、問題が曝《さら》されることになるので容易に行えないというジレンマを抱えているのである。しかし、少なくとも、点数に表現されれば、あらかじめ定めた目的以外でも何でも使えるという考え方から脱却できないと、日本の大学入試の混乱はまだまだ続いていくように思えてならない。

四　大規模・共通一斉という制約を超えるために

「センター試験は大規模・共通一斉に実施される」ということ

選抜試験も学力調査も、学校で学んだことに関する問題が出され、それへの解答を点数化して測定値とするという点では同様である。どんなに時間をかけてもいい、どんなにお金をかけてもいい、どんな場所でもいい、どんな方法で解答させてもいいということであるならば、両者はそれなりに、選抜、調査のいずれの目的にも合致する測定値を提供してくれることも可能となる。

しかし、現実的には、時間や予算面での制約があり、一つの評価手法にいろいろな目的を詰め込むことは通常得策にはならない。結局、実施する場所、実施を管理する人、実施の方法など、実施に関わるいくつかの制約をもつ定められた枠組の中で、入試にしても調査にしても行われることになる。与えられた枠組の下では、目的に応じて必要とされる情報の的確な把握のために、ある面は犠牲にせざるを得ないのである。

センター試験は、二日間で実施するという時間的制約、検定料一万八〇〇〇円という予算的制約、大学を会場に実施するという場所的制約、五〇万人を超える受験生を対象とするという量的制約などを抱えている。その枠組の下で、大学入学者を選抜するための重要な情報を提供することが第一の目的となる。受験生一人ひとりの試験の結果が、合否を識別する情報として、大学入学基準との比較において、あるいは、他の受験生との比較において、的確に識別されることが求められる。センター試験は選抜試験であり、そして、大規模・共通一斉に行われるという枠組の下で、目的とされる情報を得るための努力が積み重ねられてきたということである。

共通テストへの導入が進められていた、英語四技能試験や記述式問題が、なぜ、本番まで一年余という切羽詰まった時期に破綻したかというと、それらが試験に課せられる制約を突破し得なかったということが一つの理由として挙げられる。記述式問題を共通試験にも自由に入れられるのであれば、教育者であればそれに越したことはないと思うであろうし、スピーキングの試験も然りである。しかし、記述式やスピーキングなどの試験は、実施もさることながら、答案を人が採点することになり、時間も必要になる上に、採点におけるブレが大きくなるという問題を避けることができない。その後者の問題は、「採点者の信頼性」と呼ばれ、教育測定学において古くから取り上げられてきた問題である。

また、スピーキングの試験をどのように実施するかという点で、真っ先に考えられることは、試験官と受験生との面接方式であろう。実際にそこで話し合うことで、スピーキングの力を測定することができれば、その試験の形態からして最もふさわしい方式と言えるであろう。しかし、五〇万人の受験生に対して、どう試験官を配置し、どう試験室を確保し、そして、どう採点をするのかということまで考えると、その困難さは言うに及ばずであろう。大学の入試ということで、大学の先生が試験官を担当するのが自然であると思われるが、五〇万人を対象に、何日もの間缶詰になって試験官を務めることを想定すれば、進んでそれを受けてくれる教員はそうそういるものではない。しかも、面接の仕方や採点にクレームが付いたときに、ミスが認められれば処分対象となるのは概ねその試験官や採点者自身であって、そういう無理のある方式を導入することを決めた立場の人が責任をとるということは決してない。

五〇万人を対象に、人的リソースを多く準備しなければならない方式の導入は基本的に無理が生じる。そこで、CBT(Computer Based Testing)の導入などが検討されることになる。実際に、いくつかの英語の資格・検定試験では、タブレットなどのコンピュータを用意し、そこにスピーキングの音声を吹き込むことで、その音声データを採点するという方式をとっている。大量の受験者のスピーキング試験を短期間でこなしていかなければならない枠組の下では、その方式の選択はこれもまた自然の成り行きである。しかし、スピーキング試験の解答として吹き込まれた音声データを採点するのは、やはり人であって、採点者を相当数集めざるを得なくなるが、結局、「採点者の信頼性」の問題がついて回ることになる。

信頼性の低い測定値は、妥当性も高くはなり得ない。つまり、書かせたり、話したりという試験を通して、表現力などがはじめて測れるようになると思われがちであるが、信頼性が確保されないと、測りたいものが結局測れていないということにもなりかねない。大きな労力とコストをかけて誤差の大きなテスト結果が得られても、ほとんど予測力を持たないデータにしかなり得ないのである。

試験メディアの変革を見据えて考えるべきこと

今後、試験の媒体(メディア)として、マークシートなどの紙と鉛筆を利用した方式から、コンピュータによる問題提示と解答入力という方式に移っていくことは必至の流れであろう。しかし、それは共通試験の枠組においてすぐにできることではない。

例えば、コンピュータにどのくらい慣れているかによって、得点は大きく左右される。その影響は、測定したい学力とは別の要因によるものであり、得点の意味を歪めることになる。言い換えれば、CBTによる得点の妥当性は低くなる可能性があるということである。

新型コロナウイルスの問題が世界中に広がっている昨今、オンライン授業などが当たり前に学校に入りつつある。すべての子どもが教科書、ノート、鉛筆を持っていたように、すべての子どもが、タブレットやスマホ、ノートPCなど、個人が持ち歩くことのできるコンピュータ・メディアを有する時代に移行しつつあることは想像に難くない。しかし、一方で、機器トラブルも絶えず報告されているし、セキュリティの問題、とりわけ、オンライン授業で何ものかが侵入して妨害するといった事案も報告されている点には、入試ということを対象にしている以上、十分に留意せざるを得ない。

現在のセンター試験でも、リスニングの試験ではICプレーヤーが利用されているが、そのごくわずかな機器の不具合に対して、五〇万人の受験生がいると、数百件の不具合が発生することも稀ではない。CBTといったより高次のシステムを利用するとなると、その割合はもっと高くなることは必定である。センター試験では、リスニングの不具合に対して、「再開テスト」と呼ばれる対処をとっている。不具合が生じた時点を試験監督が確認し、その時点から、別室に移って試験を続行するというやり方である。五〇〇件程度であれば、そのやり方で何とかしのげる。現に、二〇〇六年から始められたセンター試験のリスニングでは、再開テストと追再試験を用意することによって、すべての受験生からの解答を漏れなく収集することができているのである。

大規模受験生を対象にする場合、機械だけを入れれば自動的に実施できるということではなく、必ず発生するトラブルに対応するための体制を仕組んでおくことが必要となる。その見通しが十分に立った上で、新しい試験メディアや試験方法の導入が可能になる。CBTを導入した際に発生するであろうトラブル対応として、リスニングは、第一日目の最後の試験時間に実施して、トラブル時の再開テストで時間を延長しても他の試験に影響を及ぼさない余地が作られている。すべての科目にCBTを導入した場合、次の科目の試験時間との兼ね合いで、再開テストのような措置をとる余裕をどこで作り出すかということについては、妙案がないというのが実状であろう。

新テストに英語四技能試験、記述式、CBT等を導入する際に、筆者がこのような課題を取り上げると、しばしば「後ろ向き」などと揶揄《やゆ》されたりもした。センター試験に関わっている立場であったため、センター試験を擁護しようとして反対していると思われたのかもしれない。しかし、そうしたリスクをきちんと処理する準備ができてこそ、新しい試験への変革にはじめてつなげていけるのであって、「少々の問題には目をつぶってでも変革しないと変革などできるものではない」と強引に進めても、結局、今般の改革のように中途でストップしてしまったり、あるいは、大きな混乱を招くことになりかねないのである。

結語――大学入試に関わる研究開発の必要性

センター試験にも、改善していくべき点は、いろいろと残されている。しかし、共通試験として、ある意味で「巨大化」した試験を変えていくことは、小さな修正点であっても存外大変なことである。単に思いつきであったり、手間がかかったりということが見えると、センター試験を統括する立場にあっても、おいそれとは変えることはできない。しっかりとした実証的データを揃えたり、また、受験生や高校の先生をはじめとするいわゆるステークホルダーの間に一定の世論が形成されるなど、センター試験という枠組を超えて、言わば、外堀を埋める地道な積み重ねが求められる。

センターには研究開発部があり、理論的背景に基づいた実証的研究が積み重ねられている。また、その成果は、全国大学入学者選抜研究連絡協議会や大学入試センター・シンポジウムといった場を通して発信もされている。惜しむらくは、入試という微妙な対象を扱っているために研究成果が非公開とされる場合も少なくなく、そういった努力がなかなか広くに認知されていないということもあって、センターの改組などが俎上に載るような場合、まず、研究開発部が本当に必要なのかと、その存続が問われたりするのは甚だ残念なことであった。

センターでは、共通一次の頃から、本試験と追試験のモニター調査が行われている。主として、国立大学の一年次の学生アルバイトに、本試験と追試験を一週間あけて計四日間を通して受験してもらい、特に、本試・追試の難易度差を検討する一つの拠り所とされてきている。その分析は、研究開発部によって毎年行われ、報告書も出されているが、その報告書は「取扱注意」で表に出されていない。しかし、その種の実証的な結果に裏づけられてこそ、本試験と追試験というシステムが継続されてきているとも言える。

大学人は、研究開発部があるセンターであるからこそ信頼を置けるのであって、センターを研究機能をもたない単なる試験機関にしてしまったら、今般のような混乱が起これば、共通試験への信頼感は失墜することにもなるだろう。「研究」が背後にあるゆえに安心感をもてるのが、大学人の大学人たる所以でもある。

センターの研究開発部の規模は、大学入試に関わる研究開発を本格的に進めるにはやや中途半端に思われる。海外のテスト機関などで抱えている研究者の数を知ると、その差は歴然としていて、人的にも、予算的にも、我が国でもしっかりと入試に関わる研究開発のためのリソースを確保することが、入試の変革には喫緊の課題となるだろう。

大学入試を改革するに当たっての研究課題は、まだまだ手が付けられないまま山積している。センターの研究開発部を、入試研究のメッカとして、人的、予算的リソースをどのくらい注ぎ込めるか。

そして、そのための人材開発をどのくらい促進していくことができるか。そこが、大学入試改革の今後の成否を決める重要な鍵を握っているように思う。

注

(1) 「大学入試のあり方に関する検討会議」(第六回)の参考資料「大学入学者選抜関連基礎資料集」(https://www.mext.go.jp/content/20200422-mxt_daigakuc02-000006583_10.pdf)。
大学入試センターのホームページ(https://www.dnc.ac.jp/center/index.html)。
大塚雄作 二〇二〇、「共通試験の課題と今後への期待――英語民間試験導入施策の頓挫を中心に」『名古屋高等教育研究』第二〇号、一五三―一九四頁。
大塚雄作 二〇一八、「学生の多様化と高大接続――共通試験の変遷の視点から」『高等教育研究』第二一集(特集・学生多様化の現在)、五九―九一頁。
大塚雄作 二〇一七、「大学入試センター試験の現状と課題――共通試験のあり方をめぐって」東北大学高度教養教育・学生支援機構編、高等教育ライブラリ一二『大学入試における共通試験』東北大学出版会、七―四六頁。

(2) 「高大接続答申」(平成二六年一二月二二日)(https://www.mext.go.jp/b_menu/shingi/chukyo/chukyo0/toushin/__icsFiles/afieldfile/2015/01/14/1354191.pdf)。

(3) 「令和三年度大学入学者選抜に係る大学入学共通テスト実施大綱」(令和元年六月四日)(https://www.mext.go.jp/content/a_menu/education/detail/__icsFiles/afieldfile/2019/06/05/1282953_006_1_1.pdf)。

(4) 荒井克弘 二〇一八、「高大接続改革の迷走」南風原朝和編『検証 迷走する英語入試――スピーキング導入と民間委託』岩波書店、八九―一〇五頁、一〇〇頁の図1参照。本書の第Ⅲ部5章(二五一頁)の図も参照。

(5) 「大学入試のあり方に関する検討会議」(第六回)での山本廣基センター理事長の資料(令和二年四月二二日)(https://www.mext.go.jp/content/20200422-mxt_daigakuc02-000006583_7.pdf)。

3　大学入試は学習誘因となるか

●大学入試によって高校教育を変えるという改革の目的は適切なものか。
●一般入試、推薦入試など入試方法によって、高校生の学習はどう影響を受けているか。学習時間を伸ばす手立ては何か。

山村　滋
（大学入試センター）

一　大学入試改革のロジックと高校生学習行動パネル調査

今般の大学入試改革の大きな特徴のひとつ——大学入試の高校教育への影響力をできる限り小さくしようとしてきた過去の改革との相違——は、大学入試に課す役割を転換させたことにあります[1]。改革の具体的な路線の検討は、中央教育審議会高大接続特別部会によって進められました。その議論をまとめた中央教育審議会答申「新しい時代にふさわしい高大接続の実現に向けた高等学校教育、大学教育、大学入学者選抜の一体的改革について」（二〇一四年一二月）では、次のように大学入試が高校教育・大学教育に対して積極的な役割を果たすことを求めています。

（前略）改革のための現実的問題として大きく立ちふさがるのが、大学入学者選抜の在り方である。

（中略）。／接続段階での評価の在り方が変われば、それを梃子《てこ》の一つとして、高等学校教育及び大学教育の在り方も大きく転換すると考えられる。高等学校教育改革、大学教育改革の実効性を高めるためにも、大学入学者選抜の改革に社会全体で取り組む必要がある。

（中央教育審議会 二〇一四、一〇頁）

ここで注意してほしいのは、このような大学入試の役割の転換は「大学入試によって高校教育・高校生の学習は変えられる」ことを前提としている点です。果たして入試改革によって高校生の学習を変えることが本当に可能なのでしょうか。大学全入時代ともいわれる今日、そもそも高校生にとって大学入試の影響力はいかほどなのでしょうか。大学進学を考えるいまの高校生たちは、どのような学習行動をとっているのでしょうか。高校入学から卒業に至る三年間、高校生はどのような要因に影響を受けながら学習への意欲を高め、あるいは学習から遠のくようになるのでしょうか。その把握を欠いたまま施策を講じても、期待できる効果は薄いと考えられます。

このような問題意識から、私たちは高校生の学習行動パネル調査[2]を二〇一二年に始めました。高校生の学習行動自体、ほとんど手つかずだった研究対象なのですが[3]、これまで二つの高校生学習行動パネル調査（「第一次」＝二〇一二〜一四年度・首都圏二県の公立高校一〇校が対象、「第二次」＝二〇一六〜一八年度・首都圏、関西の大都市圏と地方都市の公立高校一七校が対象[4]）と、高校三年生対象の全国的調査（「横断的調査」＝二〇一八年秋実施[5]）を実施しました。なお、二つのパネル調査の対象は、改革論議で学習時間の減少傾向が問題とされた学力中間層が多く通う進学中堅校と、その特徴を浮き彫りにするための地域でトップと目される進学校です。

二　入試方法志向への着目

ところで、一九八〇年代頃より、大学入試をさまざまな方法で実施することが奨励されてきました。大学入試の多様化政策です。その入試方法は、大きく四つに分かれます。①一般入試、②指定校推薦入試、③公募推薦入試、④アドミッション・オフィス入試(AO入試)、です(6)。

私たちが調査の対象としてきた進学中堅校では、生徒の八割程度が四年制大学に進学しますが、一般入試以外に、指定校推薦、公募推薦やAO入試によってかなりの生徒が大学に進学していきます(7)。そして、さまざまな入試方法がありますから、進学中堅校の多くの生徒は、高校三年間のうちで、どのような入試方法で大学に進学したいかについて揺らぎます。以下のような事例です(8)。

Aさんは高校入学当初は、指定校推薦もある程度考えながらも、一般入試での受験をもっとも真剣に考えていました。公募推薦やAO入試についてはまったく考えませんでした。それが二年生になると指定校推薦による進学をもっとも強く望むようになり、それがだめなら一般入試で受験しようと考えました。ところが三年生の一学期に自分の成績では学校から指定校推薦をもらえないことに気が付きました。そこで指定校推薦は断念し、一般入試のみで大学受験に臨むことにしました。

私たちはこの「揺らぎ」に注目しました（「第一次」では、一年三学期―二年二学期―三年一学期―三年二学期の四調査時点で、入試方法志向が一貫していなかった進学中堅校の生徒＝揺らぎのあった生徒は五割弱でした。「第二次」では、その割合は一年二学期―二年二学期―三年二学期の三調査時点で四割弱でした。一方、進学校の生徒は各調査時点で九割以上が一般入試での受験をもっとも真剣に考えています。それも高校入学時から一貫していて、あまり揺らぎはみられません）。そして、どの入試方法で進学したいかを入試方法志向として捉えることにしました。各生徒の個人の中のある変化が、たとえば学習時間の増加あるいは減少をもたらす要因であるか否かを明らかにできるというパネルデータの強みを活かし、大学入試の影響力を捉える方法として、この入試方法志向の強さの変化を用います。具体的には、一般入試、指定校推薦、公募推薦、ＡＯ入試についてそれぞれの時期における「受験は考えていない」「受験を考えている」「もっとも真剣に受験を考えている」という回答の変化を用います。入試方法志向の変化が学習時間の変化と関係があれば、その入試方法は影響力があることになります。

以下、大学入試の影響力を、学習時間という、学習行動を量的な面から捉えるもっとも基本的な指標との関わりから分析し、大学入試が学習の誘因となっているのかに迫りたいと思います。そしてこれを受けて、大学入試改革と高校教育への示唆を考えます。

三　学習時間の増加要因は何か

（1）「第一次調査」の知見の要点

まず、「第一次」の学習時間増減の規定要因についての知見の要点を示しておきましょう。(9) 大学入試の学習時間への影響力に関しては、学習時間の少なさが目立った進学中堅校については、次のようです（なお、進学校についてはほとんどの生徒が一般入試志向なので、入試の影響力に関する結果は参考程度にとどめておいた方がよいと判断しました）。

①一般入試が学習時間へのインセンティヴになるのは、高校後半期（二年二学期～三年二学期）になってからです。

②ふだん（平日）の学習時間に対して指定校推薦、公募推薦、ＡＯ入試は、インセンティヴになるとはいえません。ＡＯ入試にいたっては、マイナスの影響さえ認められる場合があります。

③指定校推薦は、テスト期間中の学習時間のみ、増加要因として確認されました。

また、入試以外の要因では、特に注目したい、一年次の学習時間の影響、友人、学習の「場」、「身の丈大学志向」に関して、進学中堅校あるいは進学校について、以下の点を指摘できます。

①高校一年次の学習時間（学習習慣）が、高校後半期の学習時間の長さに影響を与えます。

②勉強に熱心な友人（学内、学外）が学習時間にプラスに作用する場合があります。

③共に学ぶふだんの学習の「場」が、ふだんの学習時間の増加要因となっています。

④「身の丈大学志向」に、多くの場合、負の影響が認められました。ただし、「身の丈大学志向」のデータは一年三学期の一時点のみのものでした。「身の丈大学志向」は時間の経過とともに変化すると考えられるので、さらなる検討が必要となります。

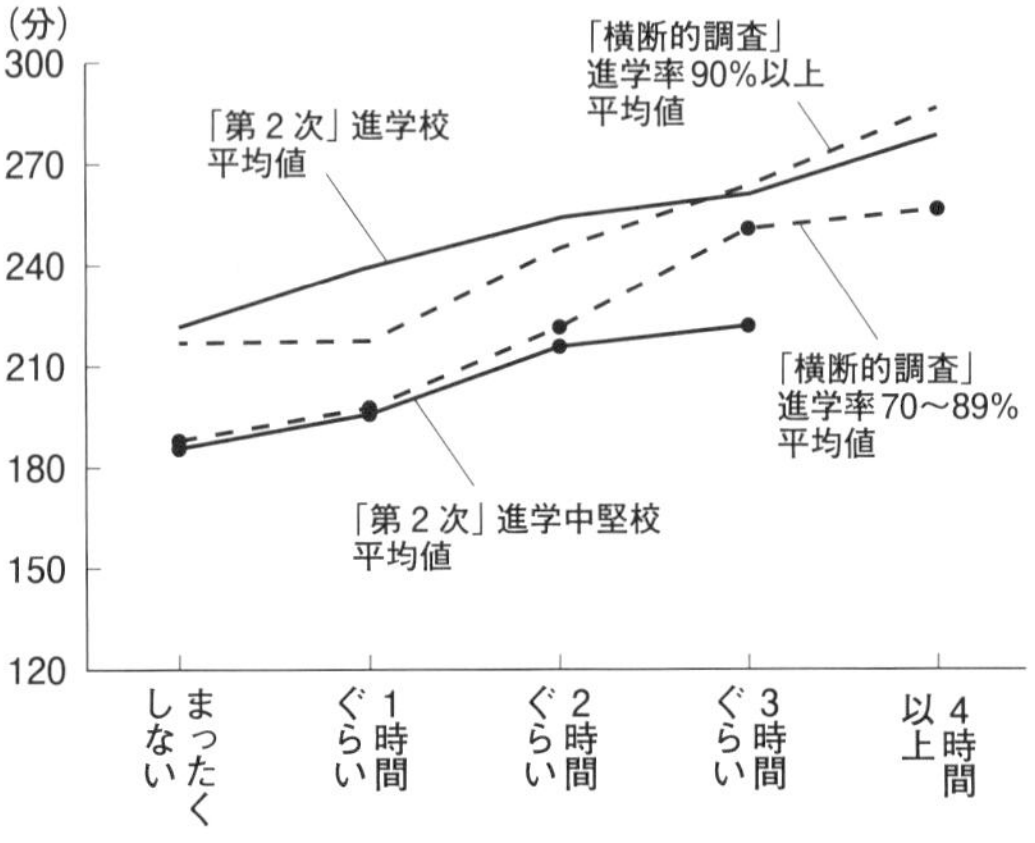

図1　第1回（1年2学期）調査時点×第3回（3年2学期）調査時点の学習時間

注：出現頻度が5以下の場合は表示しない．進学率は「横断的調査」のうちの「高等学校の教育課程編成方針等についての調査」（注5参照）による．3年2学期の学習時間は，4年制大学志望者のうち進学先未決定者のみのもの．

（2）一年次の学習時間と三年次の学習時間の関係

では、「第二次」データと「横断的調査」データを用いて、「一年次の学習習慣が三年次の学習時間の長さに影響を与える」が成り立つかどうか検討しましょう。

図1は「第二次」および「横断的調査」における、一年二学期のふだん（平日）の学習時間と三年二学期のふだん（平日）の学習時間の平均値の関係を示したものです[10]。一年次の学習時間（横軸）が長いほど三年次の学習時間（縦軸）が長いという関係が読み取れます。つまり「第二次」と全国的な「横断的調査」でも、「第一次」同様、「一年次の学習習慣が三年次の学習時間の長さに影響を与える」ことが示唆されているのです。

（3）学習時間増減の規定要因——「第二次調査」のパネルデータ分析

続いて、学習時間増減の規定要因について詳しく検討しましょう。本節（1）で述べた「第一次」の知見は、果たして他の大都市圏や地方都市でも成り立つのでしょうか。そこで、「第二次」データのパネルデータ分析を行います。

従属変数の学習時間は、ふだん（平日）とテスト期間中の二つです。高校生の変化に富む生活に照らせば、時期によって学習時間に影響を与える要因は必ずしも同じではないでしょう。そこで「第一次」と同様に時期による特徴も抽出したいという意図から、次の二つの期間それぞれについて、影響をもたらす要因を探ります。分析対象は、「第一次」と同じく四年制大学進学希望者で、三年二学期は進学先未決定者に限定しています。

期間1＝第一回（一年二学期）調査時点〜第二回（二年二学期）調査時点

期間2＝第二回（二年二学期）調査時点〜第三回（三年二学期）調査時点

分析には、個人内レベル、個人間レベル、学校レベルの三つのレベルからなるマルチレベルのパネルデータ分析を用いました(11)。分析のモデルは「第一次」と基本的に同じです。変数の作成方法については**表1**を見て下さい。なお、「第一次」で用いた二つの独立変数については、次のような変更を加えました。また、勉強に意欲的な学内・学外友人については、その多寡（四段階尺度）の質問項目を用いました。

●学習の「場」

「第一次」で、学習の「場」が学習時間を左右する重要な要因であることが確認されました。そこで、「第二次」では、より詳細に学習の「場」の影響力を探るため、そこでの学習の質も検討したいという意図から次のような質問を設定しました。

作成方法

変数	作成方法
学習の「場」 (ふだん)ダミー	ふだんから友人たちと一緒に勉強している 基準＝やや勉強に集中している 一緒に勉強していないダミー あまり勉強に集中していないダミー とても勉強に集中しているダミー
先生の指導 (勉強時間を多く)	学校の先生から学習時間を多くとるように言われる. まったくない＝0, あまりない＝1, ややある＝2, よくある＝3
「身の丈大学志向」	ちょうどいいぐらいの大学を目指したい＝4, どちらかといえばちょうどいいぐらいの大学を目指したい＝3, どちらかといえば少しでも上の大学を目指したい＝2, 少しでも上の大学を目指したい＝1
指定校推薦志向	指定校推薦での受験を, 考えていない＝0, 考えている＝1, もっとも真剣に考えている＝2
公募推薦志向	公募推薦での受験を, 考えていない＝0, 考えている＝1, もっとも真剣に考えている＝2
AO 入試志向	AO 入試での受験を, 考えていない＝0, 考えている＝1, もっとも真剣に考えている＝2
一般入試志向	一般入試での受験を, 考えていない＝0, 考えている＝1, もっとも真剣に考えている＝2
2 年 2 学期ダミー	1 年 2 学期を基準
3 年 2 学期ダミー	2 年 2 学期を基準

「あなたは、ふだんから友人たちと一緒に勉強していますか。しているとすれば、その時間、勉強にどれほど集中(とても集中、やや集中、あまり集中していない)していますか」

●「身の丈大学志向」

上述のように、「第一次」で「身の丈大学志向」についてはさらに検討する必要性が認められました。そこで、「第二次」では毎回質問を設け、「身の丈大学志向」の変化と学習時間増減の関係をより詳しく検討できるようにしました[12]。

表1　変数の

変数	作成方法
［従属変数］ 学習時間	まったくしない＝0，1時間ぐらい＝1，2時間ぐらい＝2， 3時間くらい＝3，　4時間ぐらい＝4，5時間ぐらい＝5， 6時間以上＝6
［独立変数］ 第1回(1年2学期)調査時点の学習時間	1年2学期の学習時間(ふだん(平日))
通塾日数	塾・予備校に通っている1週間あたりの日数
女子ダミー	女子＝1，男子＝0
部活動日数	週当たりの部活動日数
進学したい学校(明確度)	進学したい学校は，決まっていない＝1， おおまかに決まっている＝2，決まっている＝3
進学したい分野(明確度)	進学したい分野は，決まっていない＝1， おおまかに決まっている＝2，決まっている＝3
就きたい仕事(明確度)	将来就きたい仕事を選択肢から選んでもらい，その選択に対して尋ねた回答を利用． 他の仕事でもかまわない＝1，とりあえず就きたい＝2， できれば就きたい＝3，　ぜひ就きたい＝4
勉強に意欲的な学内友人	自分のまわりに「勉強に意欲的な学校の中の友人」は， 多くない＝1，あまり多くない＝2，やや多い＝3，多い＝4
勉強に意欲的な学外友人	自分のまわりに「勉強に意欲的な学校の外の友人」は， 多くない＝1，あまり多くない＝2，やや多い＝3，多い＝4

分析結果を簡略化したものが**表2**（ふだん（平日）の学習時間増減の規定要因）、**表3**（テスト期間中の学習時間増減の規定要因）です。これらの表では、影響力があるのはどの変数なのか（統計的に有意なものについて係数がプラスか、マイナスか）を示してあります[13]。

それでは、まず、大学入試との関係から見ていきましょう（なお、「第一次」同様、進学校はほとんどの生徒が一般入試志向なので、入試の影響力に関する結果は参考程度にとどめておいた方がよいと判断しました）。ここでは進学中堅校に関して述べます。

①一般入試が学習時間へのインセンティヴになるのは高

表2　ふだん(平日)の学習時間増減の規定要因(学校タイプ別)

	進学中堅校		進学校	
	1年2学期—2年2学期	2年2学期—3年2学期	1年2学期—2年2学期	2年2学期—3年2学期
固定効果				
1年2学期の学習時間		+		+
女子ダミー	+	+	+	+
通塾日数(週あたり)	+	+	+	+
部活動日数(週あたり)	−		−	
進学したい学校(明確度)	+	+	+	+
進学したい分野(明確度)				
就きたい仕事(明確度)	+		+	+
勉強に意欲的な学内友人	+	+		+
勉強に意欲的な学外友人				
学習の「場」:ふだんから一緒に勉強している(基準:やや勉強に集中している)				
一緒に勉強していないダミー				+
あまり勉強に集中していないダミー	−	−	−	
とても勉強に集中しているダミー		+	+	+
先生の指導(勉強時間を多く)				
「身の丈大学志向」	−	−	−	−
指定校推薦志向		−		
公募推薦志向				
AO入試志向		−		
一般入試志向		+		+
2年2学期ダミー(基準:1年2学期)			−	
3年2学期ダミー(基準:2年2学期)		+		+
切片	+	−	+	

注:網掛の箇所は,その変数は投入されていないことを示す.

校後半期になってからです。一方、前半期ではテスト期間中の学習時間にマイナスの影響があります。

②ふだん(平日)の学習時間に対して指定校推薦、公募推薦、AO入試は、インセンティヴになるとはいえません。AO入試や指定校推薦はマイナスの影響さえ認められます。

③指定校推薦は、テスト期間中の学習時間のインセンティヴになりますが、ふだん(平日)の学習時間の増加要因としては確認できませんでした。

表３　テスト期間中の学習時間増減の規定要因（学校タイプ別）

	進学中堅校		進学校	
	1年2学期—2年2学期	2年2学期—3年2学期	1年2学期—2年2学期	2年2学期—3年2学期
固定効果				
1年2学期の学習時間		＋		＋
女子ダミー	＋	＋	＋	＋
通塾日数（週あたり）	＋	＋	＋	＋
部活動日数（週あたり）	＋			
進学したい学校（明確度）			＋	＋
進学したい分野（明確度）		＋		
就きたい仕事（明確度）	＋		＋	＋
勉強に意欲的な学内友人		＋	＋	＋
勉強に意欲的な学外友人	＋	＋		
学習の「場」：ふだんから一緒に勉強している（基準：やや勉強に集中している）				
一緒に勉強していないダミー			−	
あまり勉強に集中していないダミー	−	−	−	
とても勉強に集中しているダミー	＋	＋		＋
先生の指導（勉強時間を多く）	＋	＋		＋
「身の丈大学志向」	−	−	−	−
指定校推薦志向	＋	＋		
公募推薦志向		＋		
AO入試志向				
一般入試志向	−	＋		
2年2学期ダミー（基準：1年2学期）	＋			
3年2学期ダミー（基準：2年2学期）		＋		＋
切片	＋	＋	＋	＋

注：網掛の箇所は，その変数は投入されていないことを示す．

④公募推薦は、高校後半期になって、テスト期間中の学習時間の増加要因となりますが、他の場合には影響力は認められませんでした。また、ＡＯ入試はテスト期間中の学習時間に関しては影響力が確認できませんでした。

次に、入試以外の要因では、進学中堅校あるいは進学校について、「第一次」と同様に、特に注目したい、一年次の学習時間の影響、友人、学習の「場」、「身の丈大学志向」に関して、以下の点を指摘できます。

①一年二学期の学習時間が

高校後半期の学習時間にプラスの影響を与えています。

②勉強に意欲的な学内友人、学外友人が、ふだんの学習時間やテスト期間中の学習時間にプラスに影響している場合があります。

③学習の「場」の作用は以下のようです。「ふだん、友人と一緒に、やや集中して勉強している」場合に比べると、「一緒に勉強しているがあまり集中していない」ならば学習時間の減少が、「とても集中している」のであれば学習時間の増加が認められる場合が多くみられます。単に友人と一緒に場を共有するのではなくて、そこでの集中の度合い＝質が重要だということを示唆しているといえるでしょう。

④「身の丈大学志向」の学習時間への負の影響力がすべての場合に認められます。

これらの四点は、本節(1)で述べた「第一次」の学習時間についての「入試以外の要因に関する知見」が、「第二次」の対象地域でも妥当なことを物語っています。

四　大学入試の学習時間への影響力と、大学入試改革・高校教育への示唆

一方、大学入試の学習時間への影響力に関して、入試改革論議で学習時間の減少が問題とされた進学中堅校(学力中間層)については、「第一次」と「第二次」の分析結果を踏まえ、以下のようにまとめられます。

四つの入試方法のうち、一般入試は、時間軸が高校後半期にまで伸びてはじめて、ふだん(平日)とテスト期間中の学習時間にプラスの影響を与えます。それに対して指定校推薦は、ふだん(平日)の学

習時間の学習誘因となるとはいえず、テスト期間中のみ効果がみられました。定期考査のための勉強は一般的に、一定の範囲内なので短期間に集中的に取り組めば、成果をあげるのも不可能ではありません[14]。つまり、指定校推薦は、校内の選考を勝ち抜こうとする際に重視される校内成績を良くするためのテスト期間中の学習は促しますが、日々の学習の誘因となるとはいえないのです。しかも、ふだん(平日)の学習時間にとってはマイナスの影響を及ぼす場合さえあります。また、公募推薦は、テスト期間中の学習を、指定校推薦ほど促す要因になるとはいえません。公募推薦は、指定校推薦と異なり、通常、学校内での選考がないので、指定校推薦ほど校内成績への意識を促さないのではないでしょうか。さらにＡＯ入試に至っては、ふだん(平日)の学習から遠のかせるものとなっている場合が「第一次」「第二次」を通じて認められました。ＡＯ入試は、「詳細な書類審査と時間をかけた丁寧な面接等を組み合わせることによって、入学志願者の能力・適性や学習に対する意欲、目的意識等を総合的に判定する入試方法」(文部科学省 二〇一八、二頁)と謳われていますが、そこでは学校の成績はあまり重視されない場合が多々あります。このことがＡＯ入試志向が強まるほど学習から遠ざけるように作用していると解釈できるでしょう[15]。

「第一次」「第二次」の結果から次のようにいえます。「改革論議で学習時間の減少が問題視された進学中堅校生徒は、大学受験を強く意識するような高校生活を送っていない」のです。言い換えれば、進学中堅校に焦点を当てれば、大学入試の影響力は「限定的」なのです。このような事実は入試改革にとって重要な意味をもちます。なぜならば、学習時間の減少が問題とされた学力中間層を入試改革を通して学びに向かわせるという政策意図は、彼/彼女らが大学入試を意識して行動しない限り、実現が難しいと考えられるからです。

では、学習時間を伸ばすにはどのような手立てが考えられるでしょうか。これまでの分析を踏まえ、いくつか指摘したいと思います。

まず、何より強調しておきたいのは、高校一年次の学習時間が高校生活後半の学習時間の長さを左右するということです。高校一年次に学習習慣がつかない生徒は、後半期にいきなりエンジンをかけるのが難しいのです。

その上で注目されるのが学習の「場」です。自主的、あるいは学校から設定される学習の「場」に、学習時間を伸ばす効果が確認できます。さらに、場面（時期、ふだん／テスト期間中）こそさまざまですが、勉強に意欲的な友人の存在に、学習時間を伸ばす効果が認められます。勉強に意欲的な友人から刺激を受けること、共に学習する「場」を共有することが、学び——それはしばしば苦痛をともなうものですが——に向かう推進力となるのです。ただし、学習の「場」を共有していてもそこでの学習に集中しなければ効果がない、という点に注意する必要があります。

以上のように、本章での分析から見えてきた高校教育の課題は、端的にいえば、高校前半期に学習習慣をつけること（時間的要因）、生徒を学習へと向かわせる人間関係と空間（学習の「場」）の構築にあるのです[16]。

なおかつ、「身の丈大学志向」が学習時間を減少させる方向に作用している点に留意すべきです。二つの調査をとおして、進学校では「ちょうどいいぐらいの大学を目指したい」に肯定的な回答は二割に満たないのに対して、進学中堅校ではその割合は四割台半ば（「第一次」）もしくは四割台前半（「第二次」)でした(四年制大学志望者のみ)。若者は自分の潜在力に気が付いていない場合があり、ときに自分でも思いがけないほどの力を発揮します。しかしながら、「身の丈大学志向」が学習時間を減少させることは、若者が「身の丈大学志向」になることで将来の可能性を狭めかねないことを示唆しています。進学中堅校生徒の「身の丈大学志向」の背景には、彼／彼女らの自己効力感が進学校の生徒ほど高くないことがあると思われます。高校で自己効力感を高めるような実践が期待されます[17]。そのためにも、教員が自律的・創造的な教育実践を行えるような教育政策が求められているのです。

注

(1)　この点に関して、一九七九年に開始された「共通第一次学力試験＋各大学個別(二次)試験」への改革の事例については山村他(二〇一九)の序章を参照して下さい。

(2)　パネル調査とは、同じ調査対象に対してある期間をおいて同じ質問を繰り返し行う縦断的な調査方法です。独立変数の変化(たとえば、一週間あたりの部活動日数の変化)が、従属変数の変化(たとえば、ふだん(平日)の学習時間の変化)を促すかを検証するためには、一時点のみの横断的データでは原理的に不可能で、パネルデータに基づいた分析が必要になります。なお、パネルデータでは個体間で違いが見られる変数も、時間の経過とともに変化する変数も、同時に扱うことが可能です(三輪(二〇一四)、および、中澤(二〇一六)を参照しました)。

(3)　山村他(二〇一九)序章を参照して下さい。

(4)　生徒インタビュー調査と質問紙調査を組み合わせた第一次高校生学習行動パネル調査(「第一次」)に関しては、山村他(二〇一九)の第一章を参照して下さい。

また、「第一次」の知見が首都圏以外でも妥当か否かの検証を大きな目的のひとつとした第二次高校生学習行動パネル調査(「第二次」)は、二〇一六年度入学の高校一年生を対象として、二〇一六〜一八年度にかけて、各年度の二学期に質問紙調査を計三回実施しました。回答者数は、毎回、進学中堅校(八校)約二〇〇〇人、進学校(九校)約二七〇〇人でした。インタビュー調査を併用し、進学校一校の生徒を対象にして、質問紙調査後に一回あたり一〇名程度、計三回行いました。

なお、パネル調査ではサンプルの「脱落」が一般に問題となりますが、「第一次」、「第二次」とも学校の協力が得られ、また、転校者等はごく少数だったので、幸い脱落はほとんど起きませんでした。

ここで、次の点を強調しておきたいと思います。本文中で述べたように、高校生の学習行動は、これまでほとんど手がつけてこられなかった研究領域でした。ですから私たちの調査研究は探索的な面が多分にあるものになりました。政府の改革論議で使われている資料などは手がかりとはしたものの、実際に高校の現場に入ってみると、生徒の生の声からは、政策論議ではまったく視野に入れられてないことや私たち研究者もこれまで見落としていたことに気づかされました。こうした気づきをパネル調査の過程で質問紙に反映させていきました。

教育学は教育という営みと何らかの形で関わる学問ですので、このように教育の現場や実践者の経験などから研究を創っていくような方法も有効な研究方法のひとつであり、かつ大切だと私たちは考えています。

(5) この調査(「高校生の学校生活と進路希望に関する調査」)は、全国の高校・中等教育学校の一〇%を単純ランダムサンプリングによって抽出した学校の高校三年生一クラス(四〇人)が対象です。調査は二〇一八年一一月に実施しました。調査対象の抽出にあたり大学入試センターが毎年作成している「高等学校等データ」の平成三〇(二〇一八)年度版を用いました。このデータにある四九六〇校から一〇%にあたる四九六校を抽出しました。このうち四二一校(421/496＝84.9%)の協力が得られ、一万四〇五五人分の回答を回収できました。

なお、この調査と同時に、教務主任を対象とした「高等学校の教育課程編成方針等についての調査」を実施しました。こちらに関しては四〇八校(408/496＝82.3%)から回答が得られました。

(6) 二〇二一年度大学入学者選抜より、一般入試は一般選抜、推薦入試は学校推薦型選抜、ＡＯ入試は総合型選抜となります。本書次章を参照のこと。

(7) 「第一次」では、現役進学者のうち、一般入試以外での進学者は四割弱、「第二次」では四割でした。ただし、私立大学が少ない地方では、一般入試の割合が高くなります。

(8) これは実際のある進学中堅校生徒の入試方法志向の変遷の事例です。成績による入試方法志向の変更は、この生徒の成績(自己申告)に照らして筆者が推測しましたが、成績が指定校推薦志向を左右する要因になることはインタビュー調査や自由記述から裏付けられています。

(9) 詳しくは山村他(二〇一九)の第三章を見て下さい。なお、「第一次」の分析対象は四年制大学進学希望者ですが、第五回(三年二学期)調査では進学先未決定者に限定しています。なぜならば、進学先決定者は未決定者に比べて学習時間——とりわけふだん(平日)の学習時間——が短くなる傾向があるからです(山村他 二〇一九)。

(10) 「第二次」の一年二学期の学習時間は一年二学期における調査時点のものですが、「横断的調査」の一年二学期の学習時間は回顧的なものです。

(11) すべての分析で、個人内、個人間の二レベルモデルよりも、三レベルモデルの方が適合度は上昇しました。

(12) 「身の丈大学志向」に関しては、さらに説明しておきたいことがあります。昨年(二〇一九年)一一月、大学入学共通テストでの英語民間試験の利用が、萩生田文部科学大臣の「身の丈」発言をきっかけとして延期されたのは記憶に新しいと思います。この発言は「上から目線」だと批判されました。私たちは決して萩生田文部科学大臣のように「上から目線」でこの独立変数を設定したわけではありません。

調査の過程で、ある対象校の教員から、進学中堅校に通う高校生の特徴として「自信のなさ」があるという指摘を受けました。そしてその自信のなさが、挑戦を回避しようとする判断に繋がっているというのです。そしてたしかに、生徒に対するインタビュー調査からも、そのような発言をいくつか拾うことができました。高校生の中には、学力相応の「ちょうどいいぐらいの大学」を目指すことに注力し、だからこそ学習へのかまえが形成されないということがあるのではないでしょうか。この、高校生本人の意志として「ちょうどいいぐらいの大学」を目指すことを本研究では「身の丈大学志向」と呼び、検証することにしました。

私たちがパネル調査を開始したのは二〇一二年でした。二〇一九年に上記のような萩生田文部科学大臣の発言がありました。私たちがそれに先立って名付けた「身の丈大学志向」の意味が誤解されかねないと、とても驚いた次第です。

(13) マルチレベル分析の結果に関して、固定パートの独立変数のうちの有意なもの(有意水準五%未満)についての係数の符号を示しました。

(14) 山村他(二〇一九)の第二章、第四章を参照して下さい。

(15) なお、「第一次」でＡＯ入試は、三年一学期から二学期にかけてのみ、テスト期間中の学習時間の増加要因となっていました。しかし、本文で述べたように「第二次」の高校後半期ではこの点は確認できませんでした。

(16) 大学入試改善のための検討課題については、山村他(二〇一九)の終章を参照して下さい。

(17) たとえば、学習の「場」を設定した上で、短期的に達成しやすい具体的目標を生徒の前に提示して、それを達成させる、さらにそれを継続することで自己効力感を高めるとともに学習習慣も育む。ある高校では、このような実践が行われています。

引用文献

中央教育審議会 二〇一四、「新しい時代にふさわしい高大接続の実現に向けた高等学校教育、大学教育、大学入学者選抜の一体的改革について——すべての若者が夢や目標を芽吹かせ、未来に花開かせるために(答申)」(二〇一四年一二月)。

中澤渉 二〇一六、「教育政策とエビデンス——教育を対象とした社会科学的研究の動向と役割」志水宏吉編『社会のなかの教育』岩波書店、七三—一〇一頁。

三輪哲 二〇一四、「パネルデータのマルチレベル分析」三輪哲・林雄亮編著『SPSSによる応用多変量解析』オーム社、二七九—三〇三頁。

文部科学省 二〇一八、「平成三一年度大学入学者選抜実施要項」。

山村滋・濱中淳子・立脇洋介 二〇一九、『大学入試改革は高校生の学習行動を変えるか——首都圏一〇校パネル調査による実証分析』ミネルヴァ書房。

4　試験日程と高校教育

杉山剛士（私立武蔵高等学校中学校）

●高校の教育活動にはさまざまな意義と目的があり、固有の日程で営まれている。
●望ましい試験日程の設定にあたっては、現場への想像力を働かせながら、ていねいに取り組むことが必要。

はじめに

高大接続改革については、二〇一二（平成二四）年八月に中央教育審議会へ諮問されて以来、議論が進んできました。しかし、二〇一九（令和元）年一一月以降、大学入試における英語民間検定試験と国語・数学の記述式問題の導入が突如見送られることとなりました。

私は、この間、現場の校長という立場から、この問題に強く関心をもってきましたが、先行き不透明な時代に必要な資質能力を身に付けさせるために、高校教育・大学教育・大学入学者選抜を一体的に改革するという趣旨はよかったものの、率直に言ってその制度設計は、現場への「想像力」にやや欠けていたと捉えています。また、「人間の成長」という価値を扱う教育の営みはさまざまな要因が複雑に絡み合っており、「こうしたらよいだろう」という「部分真理」が必ずしも「全体真理」にならない場合もあります。したがって、教育改革の制度設計にあたっては、中期的な見通しを示しつつ、さまざまな英知を結集して、現場に定着させるための「想像力」を働かせながら、ていねいに取り組むべきと考えています。

二〇二〇(令和二)年一月、国は改めて「大学入試のあり方に関する検討会議」を設置し、一年間をめどに今後の大学入試改革に対する方向性を打ち出そうとしています。ぜひその中では、上記の視点をもって議論を進めていただければと期待しています。

さて、「試験日程と高校教育」は、これまでの議論の中でも話題になってきた主題です。その方向性については概ね合意が図られていると思いますが、本章においては、高校現場の実態を踏まえ、改めてこの問題を整理していくことにします。

一　試験日程に関する国の議論の流れ

試験日程に関するこの間の国の議論の流れについて、①教育再生実行会議第四次提言、②中央教育審議会答申、③高大接続システム改革会議最終報告、④高大接続改革の実施方針に沿って概観しておきます。

まず、①教育再生実行会議第四次提言(二〇一三年一〇月)では、新たな「達成度テスト(発展レベル)」として、「試験として課す教科・科目を勘案し、複数回挑戦を可能とする」ことを求めました。それを受けた②中央教育審議会答申(二〇一四年一二月)では、従来の教科型試験に加え、「合教科・科目型、総合型の問題を出題し、年複数回実施をする」とさらに踏み込んだ方向性を打ち出しました。

しかし、③高大接続システム改革会議最終報告（二〇一六年三月）では、現実的な落とし込みがなされ、「合教科型」「総合型」の実施ではなく、従来の教科型での記述式問題の導入が示されました。また「複数回実施」については、「記述式を導入することにより、知識に偏重した一点刻みの評価の改革という複数回実施の狙いは改善される」という論理により、事実上見送られました。記述式の実施時期については、マークシート問題とは別に前倒しして実施することも含め、「高等学校教育への影響、受検者や大学側の負担、大学入学者選抜の合否のタイミング等に関する関係者の意見も聞きながら十分に検討する」との整理になりました。それを踏まえ、文科省内で議論された結果、④高大接続改革の実施方針（二〇一七年七月）では、「試験実施期日を一二月に早める案も検討したが、全国高等学校長協会から、受検までに学習指導要領に示された学習内容を終了させることが困難であること、多様な教育活動（学校行事や部活動）を行うことが困難になるといった懸念が示されたことを踏まえ、従来と同様の一月中旬の二日間とする」となりました。

もう一つの論点であった、「学力不問の選抜」と教育再生実行会議で指摘されたAO入試や推薦入試については、「生徒の学力を高めていない」「青田刈りになっている」との批判も踏まえ、何らかの形で学力も測りつつ、前倒しせずに可能な限り遅らせるという新しいルールがつくられました。これについては特に大きな異論はなかったと認識しています。

二　大学入試の種類と試験日程

大学の入試が多様化する中で、現在どのような種類があるのか。これについては、すでに本書の第

表 1　大学入試の種類と試験日程について

旧名称	AO 入試(アドミッション・オフィス入試)	推薦入試	一般入試
新名称(2021 年度入試以降)	総合型選抜	学校推薦型選抜	一般選抜
定義(「大学入学者選抜実施要項」から)	詳細な書類審査と時間をかけた丁寧な面接等を組み合わせることによって，入学志願者の能力，適性や学業に対する意欲，目的意識等を総合的に評価・判定する入試方法	出身高等学校長の推薦に基づき，原則として学力検査を免除し，調査書を主な資料として評価・判定する入試方法	いわゆる学力試験(入学志願者の能力・意欲・適性等を多面的・総合的に評価・判定する入試方法)
2021 年度入試以降の改善点	各大学が実施する評価方法(小論文，プレゼンテーション，口頭試問，実技，教科・科目に係るテスト，資格・検定試験の成績など)または大学入学共通テストのいずれかの活用を必須化	調査書・推薦書等の出願書類だけでなく，総合型選抜同様に各大学が実施する評価方法(小論文，プレゼンテーション，口頭試問，実技，教科・科目に係るテスト，資格・検定試験の成績など)または大学入学共通テストのいずれかの活用を必須化	総合型選抜や学校推薦型選抜と同様，調査書や提出書類等により，在学中の多様な学習や活動状況も考慮するとしているが，実際どの程度選考に組み入れられるかについては不明
出願時期(現行)	8 月 1 日以降	11 月 1 日以降	1 月以降(センター試験は 9 月末～10 月上旬)
出願時期(2021 年度入試以降)	9 月 1 日以降	11 月 1 日以降	1 月以降(大学入学共通テストは 9 月末～10 月上旬)
合格発表時期(2021 年度入試以降)	11 月 1 日以降(現行は定めなし)	12 月 1 日以降(現在は定めなし)	2 月以降
比率の変化(2000 年度⇒2018 年度)	1.4%⇒9.7%	31.7%⇒35.5%	65.8%⇒54.5%

＊文部科学省「大学入学者選抜実施要項」「大学入試のあり方に関する検討会議第 1 回会議配布資料」「高大接続システム改革会議最終報告」に基づいて作成.

＊2021 年度は新型コロナウイルスの影響で，この表とは異なる試験日程で実施される部分がある(総合型選抜(旧 AO 入試)の出願時期は 2 週間遅らせて 9 月 15 日以降に変更．大学入学共通テストは第 1 日程，第 2 日程，特例追試験の 3 つの日程を設定).

Ⅰ部3章等で紹介されていますので、ここでは試験日程と、それぞれの入試を受験する生徒の傾向を中心にふれておきます。

大学入試は大きく①AO入試（アドミッション・オフィス入試――二〇二一年度からは「総合型選抜」）、②推薦入試（同じく「学校推薦型選抜」）、③一般入試（同じく「一般選抜」）に分けられます。それぞれの定義等や試験日程（出願や合格発表時期）、近年の比率の変化については**表1**のとおりです。

ＡＯ入試については、学校からの推薦でなく自己推薦という側面があるため、成績上位者で部活動や課外活動などで顕著な実績をあげた者もいますが、比較的成績が低い生徒でもチャレンジしていきます。

一方、学校からの推薦を受ける推薦入試を狙う生徒は、在学中に勤勉で成績優秀な生徒で、生徒会活動・部活動や課外活動などで顕著な成果を残している生徒が多くなっています。

推薦の可否は三年一学期までの成績等で決まり、校内選考は九月頃に実施されます。大学から推薦枠を指定される指定校推薦の場合は合格の可能性が高いですが、一般推薦の場合は不合格の可能性も十分あります。このため、教師としては「推薦入試だけでなく一般入試の準備もするように」という指導をしますが、例えば専門高校や普通科中堅校においては、もっぱら一般入試は回避し、推薦入試が大学進学の主要ルートになっている傾向があります。また、「安全志向」「早期決定」を求める生徒の意識もあり、志望を下げてでも推薦入試で決めたいというケースも多々あります。

一般受験を目指す生徒は進学校の生徒に多く、また普通科中堅校でも学校推薦を獲得できずに、「一般受験をせざるをえない」という生徒も多数います。彼らは、一月の入試シーズンまで、準備を続けていくことになります。

三　高校教育の日程

大学の試験日程に対し、高校の教育活動はどのような日程で営まれているのでしょうか。

(1) 授業の展開

学校の教育課程は、学習指導要領に基づいて編成されています。それぞれの教科で段階的に科目が編成されています。例えば理科においての必履修科目は理科総合です。必履修科目は一般的に高校一年生を中心に低学年で履修されます。その後、それぞれの発展科目へとつながっていきます。

国語、英語などは、比較的低学年で一通り終えることができますが、数学や理科あるいは地歴・公民においては、低学年での履修科目の上に、新たな専門性を積み重ねる必要があることから、高校三年生いっぱいまでかかるというのが一般的です。このため、どうしても、実際には冬休みの補習も含め、一二月までかけて「ようやく入試科目の範囲が終わる」という状況が生まれてしまいます。

(2) 学校行事

日本の高校には、文化祭、体育祭、修学旅行、ボランティア活動や職業体験など、さまざまな学校行事があります。これらの活動は高校三年間の中でバランスよく配置されていますが、特に学校全体で行う文化祭や体育祭は、三年生がリーダーシップを発揮する意義深い行事と言えます。

文化祭の実施時期については、東京都を例に取ると九月が最も多く、六月など一学期に実施するところも多いようです。九月に実施する場合は、夏休みは生徒にとって準備をする期間になります。学校によっては例えば東京都立国立高校のように、本格的な演劇を上演するために夏休みをその練習に充てることが一つの文化になっている学校もあります。

また、独特の学校行事が文化として継承されている学校もあります。例えば、青森県立弘前高校の「弘前ねぷたまつり」への参加（七月）、昼夜をかけて六〇キロあまりを踏破する茨城県立水戸第一高校の「歩く会」（一〇月）のように、長年受け継がれた伝統行事においても三年生の存在は重要です。

（3）部活動

部活動について、通常三年生は、チームのリーダーとして下級生をまとめ、活動を行っていきます。多くの運動部は全国高等学校体育連盟（高体連）に所属します。ただし野球部については全国高等学校野球連盟（高野連）に所属しています。

三年生が参加する大会の年間スケジュールとしては、四～五月に関東・近畿大会などブロック大会の都道府県予選、五～六月にブロック大会、六月後半に全国高等学校総合体育大会（インターハイ）都道府県予選が行われ、通常、多くの生徒はここで引退になります。予選を突破した生徒はその後、七～八月のインターハイ（野球は全国高等学校野球選手権大会（夏の甲子園））に出場します。さらに、競技によってはその後も全国大会があります。ラグビーについては、インターハイに種目がないため、九～一一月にかけて都道府県予選を行い、一二月～翌一月に大阪・花園で全国大会が行われます。サッカーや陸上・駅伝、バレー、バスケットも一二月から翌一月にかけて三年生が出場する最後の全国大会が行われます。こうした全国大会に出場するチームや選手は、大学入試を目指す場合、「スポーツ推薦」の枠を使う生徒も多いですが、例えば埼玉県立浦和高校のように、全員が一般入試を目指しながら花園に出場する学校もあります。

一方、文化部は全国高等学校文化連盟(高文連)に所属します。インターハイに匹敵する大会として、八月に行われる全国高等学校総合文化祭があります。芸術や文化などさまざまな部活動の都道府県代表が、その成果を披露し交流します。文化部において熱心に取り組んでいる分野として、吹奏楽と合唱があります。大まかなスケジュールは八月に地区大会から都道府県大会、さらに九月のブロック大会を経て、一〇～一一月に全国大会という日程になります。文化部の引退時期は、運動部と比べ、各学校や各部活動の状況においてさまざまです。各校の文化祭発表に併せて引退することも多いと思います。

ただし、運動部や文化部とも、中高一貫校などにおいては、高校二年生の段階で引退する場合もあります。

(4) 進路指導

進学希望の三年生にとって、おおよそどのような日程で進路指導が進んでいくかについてふれておきます。一学期は最終志望校選択にむけての情報収集を行います。進路希望調査が実施され、担任との二者面談や保護者も交えた三者面談などが行われます。一学期が終わり、夏休みから具体的な出願準備が始まります。ＡＯ入試は若干早めのスタートですが、推薦入試を希望する場合は通常九月頃に校内選考が行われます。指定校推薦も含め、校内選考を通過した生徒は、その後速やかに出願を行うとともに、面接練習などの準備を進めます。センター試験志願者は、九月末から一〇月にかけて学校ごとに書類をまとめ出願します。一般入試については、二学期が終わった段階で調査書を作成し、一月以降に出願します。授業や補習など、学力をつけるための指導は最後まで続きます。

四　大学入試日程が前倒しされる場合の課題

大学から見れば、事務処理上、可能な限り前倒しして入試を実施したいところでしょうが、その場合は、以下のような課題が生じます。

（１）高校の授業で入試の範囲が終わらないまま受験に突入すること

高校の授業は、通常三学期の一月末まで行われます。一月中旬には大学入試センター試験が実施されることから、先に述べたように、それまでに学習指導要領に定められた授業の範囲を終えることになります。

したがって、試験日程が前倒しされると、未履修の内容が試験に出てくるような逆転現象が起きてしまいます。そこで、学年の早い段階から履修科目の幅を限定して、受験科目を学び終えてしまうという考え方もありますが、「高度な普通教育」を行うという高校教育の趣旨に照らし合わせたときに、果たしてそれでよいのかという疑問が残ります。

（2）学校行事や部活動など「日本のよき学校文化」を結果として衰退させること

日本の高校教育においては、さまざまな学校行事や部活動が「日本のよき学校文化」として定着しています。海外からの留学生を受け入れると、彼らは日本の学校教育の中でさまざまな学校行事や部活動が行われていることに感嘆します。適正な部活動のあり方については、近年「教員の働き方改革」などからも議論されているところですが、インターハイや甲子園などの各種大会は日本国民の中に定着しており、こうした生徒の自主的な活動を通して、勤勉性や達成感、チームワークや規律など、豊かな人間性も育まれていると思います。

「文武両道」という言葉が日本の高校教育ではよく語られます。勉強も頑張り、部活動も頑張る相乗効果によって、人間は成長していくという価値観が共有化されている証ではないかと思います。そうした中、大学入試日程が前倒しされることにより、例えば部活動の引退を三年生の最後の大会ではなく、二年生秋の新人戦の時期にするなど、勉強と部活動の両立に悩む生徒が増えてくると想定されます。ひいては、そのことが「日本のよき学校文化」を、結果として衰退させていくことにもつながりかねません。

（3）教育による格差拡大を助長する懸念があること

カリキュラムの進度については、三年間での高校教育か六年間の中高一貫教育かで違いがあります。公立の場合は、公立中高一貫校が都市部を中心に増加しているというものの、三年間の高校教育が中心です。一方、私立は少子化の現状を踏まえ、六年間の中高一貫教育が主流になってきています。したがって、大学進学に焦点を当てれば、中高一貫の時間的ゆとりの中で、先取り学習により、早い段階でカリキュラムを終わらせるという方法が、より可能になります。

公立と私立の授業料の差は、近年、就学支援金や私学助成制度の実施等により、以前より縮小傾向にあると思われますが、それでも私立、まして中高一貫教育の場合は、家計負担を多く求めざるをえない状況があります。

教育が果たす社会的機能について考えるときに、教育を通じて社会の格差を解消し、多様で活力のある社会を構築するという側面があります。我が国においては、一八七二（明治五）年に学制が発布されました。その序文には「邑《むら》に不学の戸なく、家に不学の人なからしめん事を期す」とあります。明治政府の「士農工商」の身分制度を打破し、近代国家をつくろうという意気込みがよく伝わってきます。そして実際、そのベクトルで、戦後の教育機会均等政策も進んできました。現実には、教育達成に家庭による経済格差が関連していることは研究者の知見により示されているところですが、少なくとも教育政策の進展によって格差が拡大していくというベクトルには疑問が生じます。

五　提言――どのような試験日程が望ましいのか

本章を終えるにあたり、現状においてはどのような試験日程が望ましいか、いくつかの留意点も含めて述べていきます。

（1）可能な限り遅くして、高校教育の成果を測ることができる日程とすること

大学入試においては、高校教育のさまざまな視点からの成果を測り、それを大学教育へとつなげていくことが望ましく、それが本来の高大接続です。そのためには、可能な限り入試日程を遅らせることが必要です。

一方で、大学側も新入生を受け入れる時期から逆算して、大学入試の事務作業を行います。一般入試については、おそらく予定調和の視点から、一月中旬に大学入試センターを行い、その後に各大学の個別入試を行うという日程が続いてきました。

二〇二一年度から新たに大学入学共通テストが始まりますが、初年度は新型コロナウイルスの影響で特例措置が設けられたものの、基本的には現行と変わらない日程となりました。このことも、高校教育の学習成果をしっかり見ることと、大学の入試事務との均衡点として現状においては妥当な日程だったからだと思います。

新たに始まる総合型選抜（旧ＡＯ入試）、学校推薦型選抜（旧推薦入試）においても、部活動や学校行事あるいは課外活動での学習成果を見ることから、望ましいのはやはり可能な限り遅い時期です。ただ、これらの入試においては、大学側が一般選抜以上にきめ細かい選抜を行う必要があることを踏まえ、生徒の部活動引退時期などを考えると、今回示された、総合型選抜は九月以降の出願、学校推薦型選抜入試は一一月以降の出願とすることは妥当だと考えます。

（2）複数回実施の条件

冒頭で述べたように、今回の高大接続改革の議論に際しては、「複数回実施」という問題提起がありました。その趣旨は、「若者の力を引き出していく上で重要なこの時期に知識偏重の一点刻みの試験による選抜によって、本来伸びるはずの若者の能力を損ねることがあってはならない」ことだと認識しています。その趣旨は理解しつつも、現実の高校教育に落とし込む際には、以下の留意すべき点があります。

① 受験勉強が前倒しされ、高校生活が圧迫されると感じさせないこと
② したがって、それまで学んだ基本的な事項を問うものであること

当初「達成度テスト（基礎レベル）」として構想された「高校生のための学びの基礎診断」は、大学入試センターの手を離れ、民間業者に委託されることになりました。

このため、この診断の公平性・公正性をどう担保するかという課題も生じてきましたが、「高校生のための学びの基礎診断」を大学入試に活用できるかどうかは今後の検討に委ねられていることから、国が責任をもって上記課題を解決していくことにより、先の留意点を踏まえた複数回実施についても検討が可能になるかと思います。

(3) 高校卒業後の入試の可能性

大学入試事務の手続きも勘案すると、「総合型選抜」などは大変手間がかかります。そこで、発想を変えて「一般選抜」が終わったあとに、秋入学も視野に入れて、入学者選抜を行っていくことも一つの考え方だと思います。

高校生の中には、在学中に留学したことにより、通常の受験のペースには間に合わず浪人生活を送る者もいます。彼らの経験や感性を導入することは大学のいっそうのグローバル化・活性化に資するはずです。そうした生徒の存在も踏まえ、少数であっても「高校卒業後の入試」を考えていくことも、今回の高大接続改革の議論で提起された「複数回実施」や「一点刻み入試からの脱却」といった課題への一つの答えになるのではないでしょうか。

以上、本章では「試験日程と高校教育」に焦点を当てて問題を整理してきました。いずれにしても、高校教育を通して生徒は伸びやかに成長を遂げ、それが大学教育へと引き継がれる制度であってほしいと願っています。

結びになりますが、本章を執筆している段階で、新型コロナウイルスという人類にとって大きな課題が発生しており、「九月入学制の導入」の議論も出てきています。二〇二〇年七月の時点では「直ちに導入を結論づけることはない」との見解を国は示していますが、今後、以上述べてきた論考の前提が全面的に見直しされる可能性もあると思います。ただ、たとえそうであっても本章で述べた「現場への想像力」を踏まえた考え方は、問題認識の基盤となることを申し添えたいと思います。

参考文献

荒井克弘 二〇一八、「高大接続改革・再考」『名古屋高等教育研究』第一八号。
教育再生実行会議 二〇一三、「高等学校教育と大学教育との接続・大学入学者選抜の在り方について(第四次提言)」一〇月三一日。

高大接続システム改革会議 二〇一六、「最終報告」三月三一日。
中央教育審議会 二〇一四、「新しい時代にふさわしい高大接続の実現に向けた高等学校教育、大学教育、大学入学者選抜の一体的改革について(答申)」一二月二二日。
東京都立国立高校、青森県立弘前高校、茨城県立水戸第一高校、埼玉県立浦和高校ホームページ。
濱中淳子 二〇一六、「高大接続改革と教育現場の断層――「善意」の帰結を問う」『教育学研究』第八三巻第四号。
ベネッセ教育総合研究所　二〇一四、「高大接続に関する調査」。
松岡亮二 二〇一九、『教育格差――階層・地域・学歴』ちくま新書。
文部省 一八七二、「学制」明治五年八月二日。
文部科学省「子供の学習費調査」。
文部科学省「大学入学者選抜実施要項」。
文部科学省 二〇一七、「高大接続改革の実施方針等の策定について」平成二九年七月一三日。
文部科学省 二〇二〇、「大学入試のあり方に関する検討会議」第一回会議配布資料、令和二年一月一五日。
よみうり進学メディア 二〇一九、「二〇一九年度東京都内公立私立高校文化祭カレンダー」。

5　高大接続改革の現在

荒井克弘（大学入試センター名誉教授）

●高大接続の特質は高校教育と大学教育という異質な教育課程の接合にある。
●今次の「高校教育、大学教育、大学入学者選抜の三位一体改革」が招いた混迷と改革の構想は検証されるべきである。

一　高大接続の基本問題

大学入試には教育と選抜の両面があると論じたのは故・佐々木亨《すすむ》氏(1)である。学歴主義が根強く、受験競争が過熱していた時代には、社会の関心は大学入試の「選抜」に向けられた。現在は、行政もメディアも大学入試に「教育」を期待する。一九八〇年代は受験競争たけなわの頃であり、偏差値による管理受験が支配的であり、「序列輪切り」に対する反発も強かった。九〇年代に入り少子化が進むと、それまでとはまったく逆の「競争緩和」の時代が訪れた。大学入試は規制緩和の政策のもとで多様化し、少子化はそれを加速させた。大学の収容力が志願者数に近づき、やがてそれを上回る中で大学進学率が押し上げられ、学生の学力不足・低下が顕在化した。「選抜」は後景に退き、大学入試への主要な関心は教育の質保証に向けられるようになった。(2)「高大接続」が用語として定着したのはこの頃からである。

教育課程の異質性

高大接続の特質は、高校教育と大学教育という二つの異質な教育課程の接合にある。初等中等教育の学校段階にも進学にあたる教育課程の節目はあるが、「高校と大学」のように社会の注目を集めることはない。おおかたの人にとって大学入試が人生最後の「教育選抜」ということもあろう。だが、接続の様相がそれまでの学校段階とはやはり違うのである。

学校教育法(3)(学教法)によると、「小学校は、心身の発達に応じて、義務教育として行われる普通教育のうち基礎的なものを施すことを目的とする」(第二九条)。中学校は「小学校における教育の基礎の上に」(第四五条)教育を施すことを目的とし、高等学校はさらに「中学校における教育の基礎の上に、心身の発達及び進路に応じて、高度な普通教育及び専門教育を施すことを目的とする」(第五〇条)(傍線は筆者)。すなわち、小、中、高の教育は順次「積み上げ」られることで教育目標が達成される。

大学教育は高校までの教育とは別である。学教法第八三条に「大学は、学術の中心として、広く知識を授けるとともに、深く専門の学芸を教授研究し、知的、道徳的及び応用的能力を展開させることを目的とする」とある。大学では専門が文系・理系、さらに細かく分化し、内容も高度になっていくが、それ以上に、学術研究を軸に教育が展開されるところに特徴がある。

九〇年代はじめ、大学入試センターの研究開発部が共通第一次学力試験の成績上位者の追跡調査を行った。各年度の受験者三〇万人の中から上位一〇〇〇人を選び、一一年間の合計一一〇〇〇人を対象に行われた。その調査項目の中に「高校教育と大学教育の違い」について尋ねた質問があり、その回答（自由記述）が興味深かった。ほぼすべての回答者が大学の教育に戸惑い、苦労した経験を書き綴っていた。共通一次のトップ集団を形成した秀才たちも、高校と大学に挟まれた教育の壁を前にしばし佇み、それなりの苦労をして乗り越えたのである(4)。

図1は高校教育と大学教育、そして大学入試センター試験の位置関係を図示したものである。センター試験は高校教育と大学教育とが交差するそのただ中にある。同じ共通試験でも、共通一次試験は少し性格を異にしていた。高校調査書の代わりを期待されたため、センター試験よりもやや高校寄りのスタンスの問題づくりが行われた。とはいえ、作り手は大学教員であるから、高校寄りとはいえいまよりも無造作であっただろう。また、一次試験だけでなく二次試験もあり、それなりの棲み分けを意識していた。センター試験では一次試験、二次試験の枠組みもなくなり、センター試験のみで入学者選抜をすることもできるようになった。その観点でいえば、センター試験はそれ自身で独自の高大接続ツールたることが求められた。

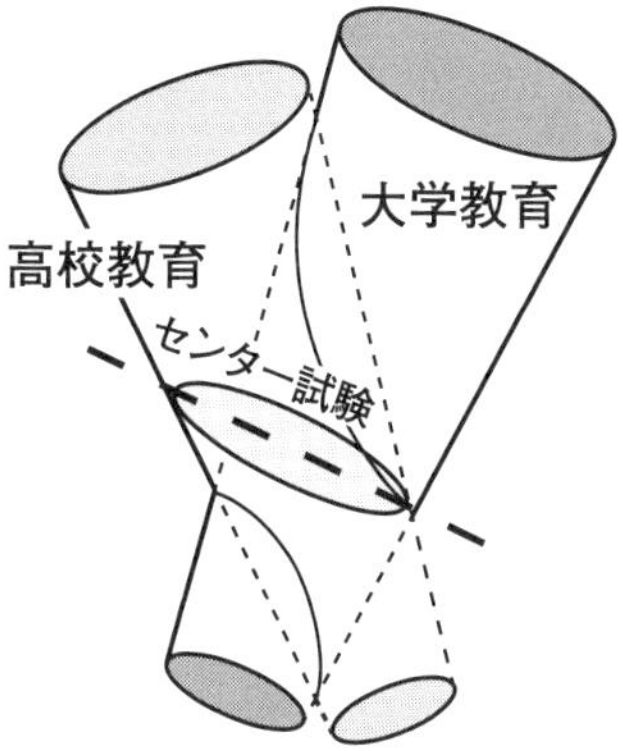

図1　高大接続ツールとしての大学入試センター試験

センター試験の公民教科の「倫理」を例に挙げれば、この科目の作問委員数を二四名以下に削ることは難しい。高校「倫理」は二単位科目であり教科書も厚いものではないが、その中にギリシャ・ローマの源流思想から西洋近代思想、東洋思想、日本思想、各種宗教（キリスト教、イスラム教、仏教等）、青年心理、が詰め込まれている。このすべての要素を学習指導要領の枠に添って切り取り、教科書に埋め込まれた素材を使って問題づくりが進められる。作問部会の委員はときに原典に遡り、ときに研究の最先端の動向を確認して作業にあたる。試験問題は全国の研究者、専門家の眼に晒されるから、一言一句疎かにできない。あらゆる批判に耐える試験問題でなければならない。高校倫理の教科書からそのままセンター試験の問題が生まれるわけではないのである。専門研究者の英知を集め、新しいテーマのレシピを工夫し、大学から受験者へ送られるメッセージがつくられる。それが試験問題である。

普通教育から専門教育への移行

高校教育と大学教育の異質性を考える上で、じつはもうひとつの観点が必要になる。それは高校から大学への進学が、普通教育から専門（科学）教育への移行時期に重なるという制度上の理由である。ドイツ、フランス、イギリスなどのヨーロッパの国々では、大学はまさに専門科学を考究教授する「専門教育機関」である。したがって大学へ進学するには進学型の中等学校に進み、後期課程で進学予備課程に入る。修了資格試験の準備もさることながら、予備課程は学問の広がりを知り、自身の志望する専門・専攻を決める大切な〝時間〟である。(5) 修了資格試験が日本の大学受験のように過熱しないのは後期中等教育の入り口で進路が分かれていること、予備課程の成績が修了資格試験に反映されることが影響していよう。試験だけで合否が決まるわけではないのだ。そして、この予備課程の修了資格が同時に大学入学資格になる。その意味でも進学予備課程はまさに高大接続の要衝である。ベン

＝デビッド[6]によれば、一八～一九世紀にヨーロッパの大学は専門科学化を進めるために一般教養教育の一部を中等教育に押し込めた。これが予備課程が正統な「高大接続システム」たりうる所以でもある。

この経緯と比較すると、アメリカ大学の構造がよくわかる。アメリカでは一九世紀まではカレッジで専門教育を行っていた。専門科学を研究するためにドイツに留学していた学生たちが帰国し、ドイツに匹敵するアメリカ大学をつくろうと懸命に大学改革に取り組んだ。故・中山茂氏によると、その奮闘のすえ、彼らは「大学院を発明」したのだという[7]。この大学院が普及することによって従来のカレッジは一般教育を担う教育課程の役割を引き受け、専門教育は大学院に進んで後に本格的に学ぶ課程となった。つまり、普通教育から専門教育への移行は、アメリカではヨーロッパよりワンテンポ遅れる。「高大接続」はアメリカでは学士課程から大学院へ進学する時期にあたる。こうした工夫の積み重ねによって、アメリカ大学のシステムができあがり、二〇世紀に世界の学問中心地として卓越した業績をあげた。

日本の場合は終戦後、ヨーロッパ型からアメリカ型に学校制度を変更し、進学予備課程に該当する旧制高等学校や大学予科は廃止された。中等教育の諸学校は高等学校に一本化され、高等学校を卒業すれば誰もが大学へ進学できる風通しの良い学校制度ができあがった。しかし、新規の学制が高校教育と大学教育との接続に格別な用意をしてくれたわけではない。新制高校の卒業と新制大学の入学との間には大きな隔たりが存在し、大学入試の壁は高かった。一九五〇年前後の入学者の多くが浪人組で占められていたこともその証左であろう[8]。

新制大学では前期課程に一般教育が導入され、後期に専門教育が置かれた。しかるに入試は旧制と同じく学部別に行われたから、専門・専攻の所属が決まった後に一般教育を受講する。順序はアベコベになった(9)。一般教育の主要な目的は専門・専攻を決めること、その学問的な準備をすることである。にもかかわらず、日本の大学にはその余地はなかった。専門・専攻の選択は大学入試にすでに組み込まれており、十分な知識も理解もないまま、受験生たちは志望する大学を決め、専門・専攻を決めて大学を受験した。進学機会が開かれたといっても、日本の高大接続システムはお粗末であった。

大学進学の普遍(ユニバーサル)化

前項までに述べたのは、いわば高大接続の原論である。しかし現在、この高大接続に軋《きし》みが生じている。大学進学者の増加、そして進学率の上昇である。世界の先進各国では第二次大戦後、中等教育が急激に膨張し、大学を含む高等教育への進学圧力を高めた。昔のように限られた階層の出身者だけが、あるいは特に秀でた才能をもつエリートだけが大学に進学するわけではない。そして社会もまた、高度産業化をめざし経済競争に打ち克つために新しい知識、技術をもつ人材を求めている。高等教育の量的拡大は当然の結果であったろう。だが、高等教育へ膨大な投資をしたからといって、それに見合う収益がもたらされるとは限らない。大学進学者の急激な増加は往々にして教育の劣化をもたらし、教育・研究の卓越性を脅かすことはめずらしくないからだ。

ドイツ、フランス、イギリスを概観すれば(10)、ドイツの大学進学率はいまだ四割台にとどまり、かろうじて伝統的な制度が守られている。他方、フランスは大学入学資格(バカロレア)の分化をきっかけに大学進学者が急増し、資格取得率は八割に及ぶ。学生の中途退学、転学が頻発し、今日ではフランスの各地で高等教育機関の統合、大学制度の改革が進んでいる[11]。イギリスは、ポリテクなどの高等教育機関を大学に編入させるなど、大学の拡大に努める一方、大学の階層制を守り、資格試験制度(GCE)を厳格化し、能力主義的な選抜を堅持しようと努めている[12]。各国各様である。だが、どの国も高大接続が今日的な教育課題であり、それに頭を悩ましているのは同じである。

日本の大学・短大進学率が急速に上昇したのは一九六〇~七五年の時期である。その後、高等教育計画が発動され一旦は停滞期を経験したが、その後九三年以降に急激な少子化が進み、進学率が上昇した。ここで、大学入試は受験競争の緩和という初めての経験に遭遇した。一八歳人口は最近の三〇年間に四割(八〇万人)減少し、大学・短大進学率は一九九〇年からの三〇年間に四割から六割に跳ね上がった。高専・専門学校を含めた高等教育進学率は年齢人口比で八割(二〇一八年)に達する。

日本の大学、高等教育の特質は、私学セクターが圧倒的なシェア(七五%)を占めることである。学生数の確保はつねに私学経営の要であり、少子化が続けばダメージは積み上がる。志願者が少なければ入学基準を切り下げることも避けられない。学生数の確保と質保証の関係はシーソーゲームのようである。市川昭午氏は一九八〇年代の教育政策を丹念に追い、日本の教育は臨時教育審議会(一九八四~八七年)を境に「生産者主義から消費者主義に転じた」と分析した[13]。

一九九〇年代の教育政策の規制緩和(消費者主義)は何より大学入試にストレートに反映した。偏差値による管理受験が主流だった八〇年代に比べ、センター試験は九〇年代に入試の多様化を押し進めた。センター試験を利用する私学は二〇一〇年には九割に達し、推薦入試、AO入試の台頭もめざましい。直近のデータでは大学入学者の約半数が推薦・AO入試のルートによって占められる。入学志願者の収容率も九割を超え、志願者全入化は目の前の現実となった。

大学入試が多様化し競争が緩和すれば、日本の大学の入学基準はしだいに低下していく。入学基準が低下すれば、大学の教育負担は増える、補習教育の経費も嵩《かさ》む。大学の努力は続けられているが、教育の質を保証するまでには遠い。これが日本の高大接続の現実である。大学全入化の時代を前にして、大学の教育、研究の存在意義を示し、なおかつ教育の質保証をどのように達成するのか、それが高大接続改革に問われている。

二　高大接続改革(二〇一二〜二〇二〇年)

改革の前史

一九九〇年代後半、学生の学力低下問題にまず抗議の声を上げたのは経済学者の西村和雄氏らのグループであった。彼らは『分数ができない大学生』(14)を出版し、文科省の「ゆとり教育」路線を批判した。同じ頃、樋田大二郎、苅谷剛彦氏ら教育社会学の研究グループは高校生の学習時間の減少に注目し、それに社会的階層差が強く影響していることを示唆した。(15)行政関係では「選抜から選択への転換」を主旨とする中教審答申「初等中等教育と高等教育との接続の改善について」が一九九九年に、その翌年(二〇〇〇年)には大学審議会が「大学入試の改善について」を答申した。大学審議会答申は従来の入試改革提案と違って、センター試験の複数回実施や資格試験的利用など、共通試験のテクニカルな利用法を多く提案した。実用化したものは英語のリスニング程度だが、世間やマスコミ受けは悪くなかった。二〇〇八年の中教審答申「学士課程教育の構築に向けて」が出たのは、高大接続問題もかなり煮詰まった頃で、この答申には「高大接続テスト（仮称）」の検討が本文に盛り込まれた。高大接続テストの考え方は教育再生実行会議の提言にも反映された。[16]

教育再生実行会議の提言まで

改革プロパガンダとして衆目を集めたのは、二〇一三年の教育再生実行会議の第四次提言と二〇一四年の中教審高大接続特別部会の答申の二つと言ってよいだろう。特に、後者は文科省の全面的な支援のもと、改革のための諸施策のバックボーンとなった。現在、改革が変調をきたしているのは、中教審答申の責任が重い。あと追加するとすれば、二〇一三年一月に中教審初等中等教育分科会高等学校教育部会が出した高等教育改革の提案は貴重なもののひとつであろう。

教育再生実行会議（以下、再生実行会議）は第二次安倍内閣の首相私的諮問機関として二〇一三年一月に発足した。「いじめ問題」、「教育委員会」、「大学教育」のテーマを矢継ぎ早に片付けて、四番目のテーマに高大接続をとりあげた。さすがに高大接続問題はスピード審議でとはいかず、第四次提言の提出までに六月から一〇月末まで五カ月を要した。

この第四次提言の内容は「達成度テスト」の導入が柱であり、センター試験の後継となる「達成度テスト（発展レベル）」と高校在学中に受検する「達成度テスト（基礎レベル）」を提案した（二六一頁の**図2**参照）。高校教育と大学教育をただ繋げればよいという発想ではなく、両者の違いを踏まえた上で提言している点は貴重である。そして表だってはいないが、この提言には隠されたもうひとつの主張がある。それはテスト技術の進化、テスト科学の振興である。「日本の試験風土を変えよう」という主張が提言の随所にそれとなく散りばめられている。新テストの複数回実施や段階別評価もそれを実行しようとすれば、テスト技術の高度化が必要になる。間接的なテスト科学の振興提案である。いまの技術水準、入試風土の中で、これらをすぐに実用化するのは無理というものだが、将来の方向として受けとめておくべき内容である。高校段階の到達度評価を推薦入試やＡＯ入試の参考資料とするなどの提案も盛り込まれており、これについては各種異論もあろうが、検討に値する提言である。

達成度テストの発展レベルは、センター試験の目的にある「高校教育の基礎的な学習の達成の程度を判定する」との文言もなく、「大学が求める学力水準の達成度の判定」と言い切ったところに見識が窺える。またこの達成度テストを大学入学者選抜の「基礎資格」として利用するとの提案もあり、入試の多様化にともなって、センター試験のアラカルト的な利用が一部、無節操に行われている点にも釘をさしている。

他方の基礎レベルは「高等学校の基礎的・共通的な学習の達成度を客観的に把握し、学校における指導改善にいかす」ための評価である。高校教育の評価を大学入試に任せず、高校段階で評価するという考え方は正論だと言われながら、これまで実現しなかった提案である。

中央教育審議会の答申

中教審高大接続特別部会は二〇一二年九月から審議に入っている。六月の「大学改革実行プラン」では高大接続改革の目的を、また直前の八月に提出された中教審答申「大学教育の質的転換」では高校教育、大学入学者選抜、大学教育の三位一体で改革を進めるとの方針を示し、高大接続改革を喫緊の課題の筆頭にあげた。文科省としては鳴り物入りの前宣伝であった。

高大接続特別部会は満を持してのスタートとなった。そこまではよかったが、あとの審議がなぜかもたついた。途中に再生実行会議が挟まった影響もあったのだろうが、第四次提言が公表されたあとも、提言の具体化を検討するわけでもなく、また、独自の構想を打ち立て審議するというわけでもなかった。相変わらず学力像をめぐる抽象的な議論がくり返されるばかりで、マスコミは「審議は迷走」と書き立てた。ようやく答申が出てみれば、「学力の三要素」が改革の柱であった。この文言は「審議のまとめ」の際に書面で配られたときに盛り込まれたのが最初で、傍聴していた私にも単なる条文の引用のようにしか記憶に残らず、これについての審議は格別行われることもなかった。

「学力の三要素」とは改正学校教育法(二〇〇七年)の第三〇条二項の文章からの抜粋で、小学校から中学校、高等学校までの教育課程の目標を述べた内容である。学習指導要領の支柱と言ってよいようなものである。三要素とは、①基礎的な知識及び技能、②これらを活用して課題を解決するために必要な思考力・判断力・表現力等の能力、③「主体的に学習に取り組む態度」である。

高大接続答申はこの「学力の三要素」の拡張解釈を試みた。小・中・高の学校のみではなく、大学・高等教育にまで広げ、学校・大学を貫く教育目標としてその実現に努めることを答申の主張とした。あらかじめ、高校も大学も同じ目標をもつ学校なのだと宣言してしまえば、わざわざ「高大接続」を論じる必要もなく、その種の先入観をもたずに、大学教育も義務教育や高校教育の経験をすなおに学べばよいのだという考えが根底にある。

中教審も、再生実行会議の提言と同じく二種類のテストを提案した。「大学入学希望者学力評価テスト（仮称）」（以下、学力評価テスト）と「高等学校基礎学力テスト（仮称）」（以下、基礎学力テスト）である。学力評価テストは、達成度テスト（発展レベル）とは趣旨の異なるものであったが、基礎学力テストは再生実行会議の提案と同種のものであった。

学力評価テストの目的は「大学入学希望者が、これからの大学教育を受けるために必要な能力について把握する」こと、「確かな学力」のうち「知識・技能を活用して、自ら課題を発見し、その解決に向けて探究し成果等を表現するために必要な思考力・判断力・表現力等の能力」（傍線は筆者）を評価することであった。

一方の基礎学力テストのほうは「生徒が、（中略）自らの学力を客観的に提示することができるようにし、それらを通じて生徒の学習意欲の喚起、学習の改善を図る」と説明している。さらに補うと、「高等学校で育成すべき「確かな学力」を踏まえ、「思考力・判断力・表現力」を評価する問題を含めるが、（中略）特に「知識・技能」の確実な習得を重視」となる。

つまり、学力の三要素のうち、学力評価テストは主として「思考力・判断力・表現力等」を、基礎学力テストは主として「知識・技能」を評価するテスト、と性格づけされている。基礎学力テストは「年間に二回程度、高校二、三年での受験を可能とする」、活用方策では「進学時や就職時に基礎学力の証明や把握の方法の一つとして、その結果を大学等が用いることも可能とする」となっていた。

三　「学力の三要素」の躓き

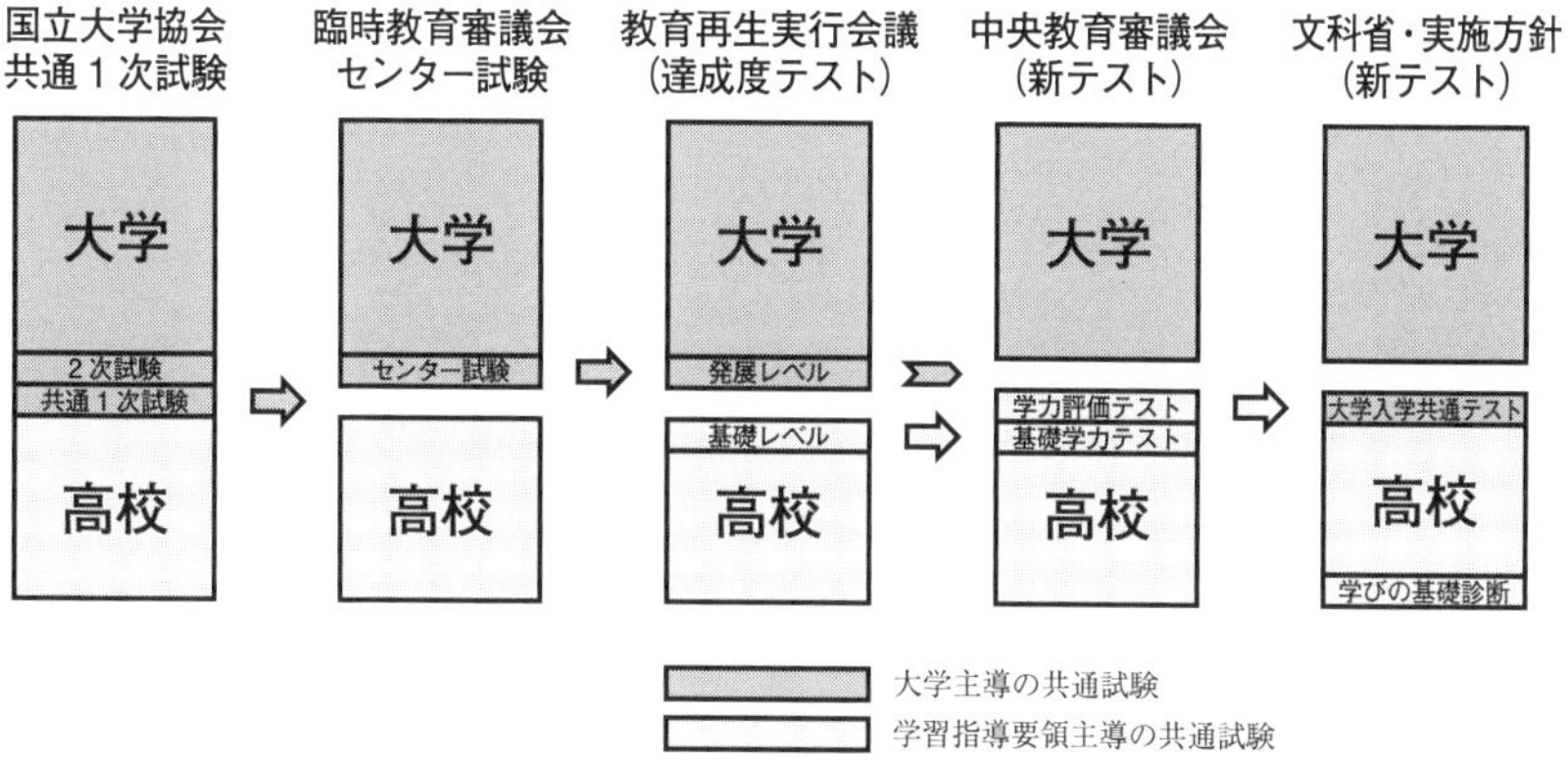

図２　共通テストによる高大接続の仕組み

図２は、再生実行会議の達成度テスト（案）から中教審の新テスト（案）、最後に文科省が「実施方針」で公表した新テストまでの変遷を図示したものである。比較のため、左脇に共通一次試験、大学入試センター試験を入れておいた。共通試験の位置をめぐって複数の考えが交錯していたことがわかる。

まず再生実行会議の達成度テスト（発展レベル）はセンター試験の後継を想定したテストであり、当然その主体としての大学教育を前提としていた。中教審の学力評価テスト（仮称）はこれとは逆で高校教育中心のテスト、すなわち学習指導要領に忠実なテストを共通試験に提案した。「学力の三要素」を共有することで、高校教育から大学教育への積み上げを可能にし、高校教育の到達度評価で大学入試の共通試験に置き換えることが可能という原案である。

言い換えれば、中教審の学力評価テストは学習指導要領を忠実に再現する「テスト」をめざしている。事実、二〇一七年、二〇一八年の試行テストの試験問題を見ても、新テストは表現、用語、状況設定まで学習指導要領をベースにして試験問題が作成された。従来のセンター試験が大学教育と高校教育をいかに結ぶかを追求していたのに比べると、中教審の構想は高校学習指導要領の到達度試験をそのまま共通試験に着せ替えればよい、という発想であった。

したがって、再生実行会議の達成度テストがセンター試験と同じく大学主体の共通試験を構想していたのに比べると、大学教育との接続よりもまずは高校の到達度を測ることを重視しており、図2に示せば、中教審の学力評価テストは高校教育に近く、大学教育との接続には一定の隔たりが見られる。行政当局が英語四技能、記述式の出題を共通試験へ残すことに強い執着を示したのも、それを反映したものと推察できる。

「学力の三要素」の足かせ

多くの関係者を困惑させたのは、中教審の構想は高校の学習指導要領ベースのテストであるにもかかわらず、センター試験よりも「高度なテスト」のイメージを振りまいたことである。高大接続答申に次の記述がある。「大学入試センター試験は「知識・技能」を問う問題が中心となっており、(中略)「知識・技能」を単独で評価するのではなく、「知識・技能」と「思考力・判断力・表現力」を総合的に評価するものにしていくことが必要である」(本文一四頁)。つまり、この記述をそのまま素直に読むと、センター試験は新テストの基礎学力テスト相当かと錯覚させせられてしまう。

一般に「知識・技能」「思考力・判断力・表現力等」と並べれば、抽象度の高い目標を掲げたテストのほうがより高度な試験になるとイメージしてしまうが、図2にも示したように、学力評価テストは高校指導要領に包摂されている限り、高校教育の到達度試験の域を出ることはない。大学志願者向けのテストではあるが、実質的に高校教育到達度試験に近いテストにならざるを得ない。その点で、基礎学力テストとの重複が多々出てきてしまう。次項で述べるが、基礎学力テストの消滅はこの事実と符合する。

現時点では、まだ大学入学共通テストが始まっていないので、センター試験と比べることはかなわないが、試行テストと比べてみれば、前者は試験テクニック依存的であり、センター試験はより学術的な志向が強かった。両者はめざしている目標が違うのである。

参考までに、大学入試センターが毎年実施しているセンター試験の外部評価を簡単に紹介しておこう（大学入試センターのＨＰに掲載）。評価項目は八項目ほどあるが、特に注目すべきは①「思考力」、②「出題内容（特定の教科書、特定の分野・領域の偏り）」③「問題構成（設問数、配点、設問形式の適切さ）」、④「難易度の適正さ」、⑤「得点分布の適正さ」などである。評価は自由記述のほか、４（あてはまる）から１（あてはまらない）のスコアが記入されており、現在は二〇一九年度の試験問題評価が公表されている。センター試験に対する評価は全体にすこぶる高い（なお、二〇一九年度の外部評価者は全国から集まった高校教員七七名、各科目二〜四名であった）。

「思考力・判断力・表現力等」の正体

高大接続答申が恣意的なレトリックを用いて、事実とは異なるイメージ操作を試みていることは明らかであったが、レトリックを支える「思考力・判断力・表現力等」の中身が何であるかを突き止められずにいた。答申が公表されてから二年後、探していた資料が見つかった。大学入試センターの「作題体制の抜本的改革」を記した文書である。[17] 大学入試センターでは、従来、作題関連の作業は原則、すべて大学教員の責任で行ってきた。共通試験は大学入試の一環だったからである。その作題作業に高校関係者が立ち入ることは格別のことがない限りありえなかった。ところが、センター試験に「思考力・判断力・表現力等」を補充するとの大義名分を掲げて高校関係者の大量投入が実施されることになった。作題体制の刷新計画である。

このために、大学入試センターに「試験問題調査官」(当初は企画官)なる専任職員ポストがつくられた。二〇二〇年までに一七名のスタッフが採用され、職務に就いている。一〇〇人程度の大学入試センターの規模の中では研究開発部よりも大きな新組織ができあがった。科目部会の大学教員委員は最大限の努力をしても、作業に割けるのは年間四五〜五〇日程度が上限である。一方の試験問題調査官は常勤の専任スタッフだから、一七名といえども、部会委員一〇〇名に匹敵するほどのマンパワーになる。

彼らの職務は作題方針策定への協力、作題マニュアルの作成、そして作問部会に常駐しての指導助言である。すべての科目部会に一〜二名程度の調査官が配置される。調査官は全国の教育委員会から指導主事クラス(あるいはそのOB)が集められた。高校教科・科目の専門家であり、行政職員としても所轄の公立高校に出向き指導助言する経験を有している。ともあれ、高大接続答申の言う「思考力・判断力・表現力等」の補充はこの「試験問題調査官」に強く期待された。要は「思考力・判断力・表現力等」とは高校現場での教え方、授業での経験によって蓄積された高校教育のノウハウということのようである。

悪くない制度とは思うが、大学入試の問題作成現場に高校関係者が常駐することに制度上の問題はないのだろうか。試験問題調査官は出向組が多いからいずれ教育委員会、高校現場に戻っていく。彼らが修得した大学入試センターの経験は教育現場で活かされるのであろう。それは不公平、不公正の元になりはしないのだろうか。いずれにしろ、マスメディアが掲げた「センター試験さよなら」「知識偏重の試験から思考力の試験へ」という大見出しは世間の誤解を増幅させただけの、ミスリードであったのだろう。

消えた基礎学力テスト

高大接続答申の具体化を検討するため、有識者会議、高大接続システム改革会議が設置されたのは二〇一五年二月である。座長は中教審高大接続特別部会と同じく安西祐一郎氏であった。中教審からの居残り組も多いが、大学、高校関係者の他、テスト理論の専門家も加わり、議論は活発になった。しかし議論が活発になったからといって、それが成果につながったかどうかは疑わしい。実際、英語四技能試験も記述式の出題も、議論の決着を見ることはなかった。会議は会期の延長はなく、議論の途中で打ち切られるように終わり、あとは文科省の非公開の小委員会に引き取られた。

システム改革会議の様子は二回の報告にまとめられている。二〇一五年九月に出た「中間まとめ」、二〇一六年三月に出た「最終報告」である。格別の進捗はなかった、と思っていたが、この二つの報告を読み比べてみると、意外なところに発見があった。基礎学力テストの消滅である。再生実行会議、中教審では、高校教育改革に有効と提案された学習到達度試験である。システム改革会議の「中間まとめ[18]」では「高等学校段階における生徒の基礎学力の定着度を把握及び提示できる仕組みを設ける」(一五頁)とある。微妙に表現は変わっているが文意に変化はない。それが「最終報告[19]」では「義務教育段階の学習内容も含めた高校生に求められる基礎学力の確実な習得」(二一頁)となった。続けて付記されている「高校生の学習意欲の喚起のための施策」を併せ読むと、テストの目的は高校上級学年の学習到達度評価から高校入学時期の基礎学力評価に著しく変わったことが分かる。

図2の右半分をご覧頂きたい、高大接続システム改革会議の終了後、二〇一七年に公表された文科省の「実施方針について[20]」によると、「(仮称)学力評価テスト」は「大学入学共通テスト」へ、「(仮称)基礎学力テスト」は「高校生のための学びの基礎診断」に名称が決まった。「学びの基礎診断」導入の意義を否定するつもりはないが、高大接続改革を中心に考えればもっと優先すべき課題があったはずである。高校在学中に行う学習到達度評価である。高校のボリュームゾーンと言われる学力中位層から下位の生徒は学習習慣がほとんど形成されていないという最近の研究報告もある[21]。基礎学力テストは大学進学志願者だけでなくより広範な生徒を対象に、その現状を把握するという重要な役割を担っていたのではなかったか。

大学入試の共通試験には過剰と思えるほどの衆目が集まる。ところが実際に対象集団を数え上げてみるとさほどの大きさを占めるわけではない。前述したとおり、入試の多様化によって大学へ入学してくる学生の数は推薦入試、AO入試ルートによって半数を占められている。センター試験の頃も受験者五〇万人のうち、過年度卒者が一〇万人、成績未利用者(受験のみ)が一〇万人いた。残りの三〇万人がセンター試験の成績を利用して大学へ出願する現役受験者たちである。このうち五教科受験者は二〇万人、三教科以下が一〇万人である。高校卒業見込者を仮に一一〇万人とすれば、五教科受験者の数は五分の一にも足りない。高校教育改革を考えるなら、もっと広い網掛けの可能な施策を講じなければならない。それは何も試験である必要はない。それにしても、基礎学力テストを切り捨てたことは高校教育改革に対する行政の責任放棄に近い。重大な失策であろう。

四　高大接続改革の混迷

萩生田文科大臣が英語民間試験の成績提供システムを延期すると表明したのは二〇一九年一一月一日である。受験者の「共通ＩＤ」の申請が始まる当日であった。それからひと月半後の一二月一七日、今度は国語と数学の記述式出題の見送りを公表した。いずれも準備が足りないとの理由であった。英語民間試験も記述式の出題も、文科省の実施方針が公表される前から、その内容、実施の危うさについて多くの専門家が警告をくり返してきた。にもかかわらず、なぜ、これらの試験が大学入学共通テストに組み入れられたのか、またなぜ、実施主体である大学関係者が記者会見の場に現れないのか、これらの理由は解明されるべきであろう。

行政主導の顚末

高校教育、大学教育、大学入学者選抜の三位一体改革と言いながら、行政当局は「学力の三要素」を改革の柱に据えた。すでに述べた通り、「学力の三要素」とは小・中・高の教育課程の目標を述べた学校教育法からの抜粋である。高大接続答申はそれを小・中・高だけでなく大学・高等教育まで伸ばし、学校から大学教育までを貫く教育目標に位置づけようとした。法令の拡張解釈である。しかしこうしておけば、「学力の三要素」を足がかりにして行政当局が大学入試、大学教育へ直接アプローチすることが容易になると考えたのであろう。

シナリオ通り、行政当局は大学入学共通テストを「学習指導要領」の縄張りに引き込むことに成功した。入試を梃子《てこ》にして学習指導要領の徹底を図ることを目的と考えるなら、大学入学共通テスト＝高校教育到達度試験という図式によって大学におかまいなく、英語四技能だろうと、記述式の出題だろうと、自由に舵取りができる。問題は行政担当者が大学入試というものを知らない、ハイステイクな試験の経験を積んでいないという最大の弱点だった。それが英語民間試験と記述式が頓挫した理由であろう。だが、元々の狙いであった大学入学共通テストの奪取は成功した。大学と大学入試センターがこれを許したことの責任は重い。

この種の行政当局者の拡張解釈は上記の「学力の三要素」にとどまらない。民間活用を盾に英語四技能試験、記述式の大量採点を業者発注すること自体も文科省の越権行為だった。これについては教育行政の専門家による指摘もある(22)。ましてや、その事業が実施直前に頓挫したことを思えば、行政当局は言い逃れようもないだろう。通則法第二条には、独立行政法人とは「民間の主体に委ねた場合には必ずしも実施されないおそれがあるもの又は一の主体に独占して行わせることが必要であるものを効果的かつ効率的に行わせるため、（中略）設立される法人をいう」とある。大学入試センターが独立行政法人に指定されている理由である。文科省は主管省といえども、独立行政法人の権限を侵すような指示を出すことは許されないのである。

新テストの羊頭狗肉

図2に示したように、再生実行会議の提案した達成度テストは、大学が主体の「発展レベル」と高校段階の到達度評価にあたる「基礎レベル」の二つに分かれていた。中教審はこれを「学力の三要素」を下敷きにして「学力評価テスト」と「基礎学力テスト」の二種類のテストに改変した。学力評価テストは高等学校外の試験ではあるが、高校教育の延長上のテストであり、大学入試として実施されてきた従来の大学主体の共通試験とは違っている。

基礎学力テストは「知識・技能」、学力評価テストは「思考力・判断力・表現力等」と名目を分けていても、学習指導要領の枠組みの中の区分にすぎない。いかに中教審の提案でも二種類の「学習指導要領」テストは重複が多いと見なされたのだろう。基礎学力テストが消滅し、学力評価テストだけが残った。その後、体裁を繕うために「学びの基礎診断」がでっち上げられた。基礎学力テストとはまるで目的が違う。

大学入学共通テストは限りなく高校教育の到達度試験に近いものであり、他方、学びの基礎診断は高校教育改革というよりも、義務教育と高校教育の接続のための試験である。いずれも高大接続改革の目的とは異なる性格のテストが居残ることになった。行政当局はこの改革において基礎学力テストを捨て、高校教育改革の恰好の手段を手放したばかりか、大学入学共通テストがもっていた大学入試の正統性をも捨ててしまったのである。

改革はどこへ

改めて政策関係者に問いたいのは、今回の改革で何をしようとしたのか、である。大学の学校化なのか、それとも高校に学習指導要領を徹底させたかったのか、高大接続について社会の混乱は続いている。それは改革を押し進める人々の混乱を反映している。改革の思考そのものが未熟だったのではないか。大学入試が「選抜」であった時期は長いが、大学入試を「教育」として見始めてからはまだ時間がさほど経ってはいないのである。慎重な設計が必要であろう。

高大接続とは互いに異質な教育課程を結びつけるプロセスである。だが、高大接続の役割はそれにとどまるものではない。異質な教育課程の接合は新しい知的刺激を生み、新しい学びを発見させる好機である。学びの可能性を知ることこそ高大接続の本旨であろう。受験競争の緩和は受験生にとって果報である。競争に追われながら大学や専門・専攻を決めるよりも、知識を広げ、情報を集め、時間をかけて考えるほうがよほど恵まれている。受験生たちがこの環境の中で、なお、学びへの高揚感をもてないとしたら、それこそが日本の教育問題である。

幼稚園から大学まで「同質の教育目標」で貫くことなどつまらない話である。高校教育の延長にある大学教育などに、高校生は魅力を感じるだろうか。異質な教育課程との接触、異質な文化の衝突こそが刺激と閃きをもたらす。異質な教育課程をジグザクに歩む中で多くを学び、経験し、考えることができる。高大接続の道すじを丹念に辿れば、そこに改革の糸口が自ずと現れてくるのかもしれない。期待したい。

注

(1)　佐々木享　一九八四、『大学入試制度』大月書店。
(2)　中央教育審議会　一九九九、「初等中等教育と高等教育との接続の改善について(答申)」。
(3)　文部科学法令研究会監修　二〇一九、『文部科学法令要覧(令和二年版)』ぎょうせい。
(4)　大学入試センター研究開発部　一九九六、『共通第一次学力試験高得点者層の分析を通してみた人材の評価と育成条件』大学入試センター。
(5)　市川昭午　二〇〇一、『未来形の大学』玉川大学出版部。
(6)　Joseph Ben-David 1977, *Centers of Learning, Britain, France, Germany, United States, An Essay*, McGraw-Hill.(天城勲訳『学問の府――原典としての英仏独米の大学』サイマル出版会、一九八二年)
(7)　中山茂　一九八八、『アメリカ大学への旅――その歴史と現状』リクルート出版。
(8)　荒井克弘　一九九三、「大学入学者選抜に関する研究の回顧と展望」『大学論集』広島大学大学教育研究センター、第二二集、五七―七九頁。
(9)　市川昭午　二〇〇一、前掲書。
(10)　荒井克弘　二〇一八、「高大接続改革・再考」『名古屋高等教育研究』名古屋大学高等教育研究センター、第一八号、五―二二頁。
(11)　細尾萌子・田川千尋・大場淳　二〇一八、「フランスの高大接続改革の動向――バカロレア試験への内申点活用と進路選択システムの見直し」『フランス教育学会紀要』第三〇号、七七―八八頁。
(12)　山村滋　二〇一六、「イギリスにおける大学入学者選抜制度改革――GCE試験制度改革の分析」『比較教育学研究』第五三巻、三一―一三頁。
(13)　市川昭午　一九九五、『臨教審以後の教育政策』教育開発研究所。
(14)　岡部恒治・西村和雄・戸瀬信之編　一九九九、『分数ができない大学生――二一世紀の日本が危ない』東洋経済新報社。
(15)　樋田大二郎・耳塚寛明・岩木秀夫・苅谷剛彦編著　二〇〇〇、『高校生文化と進路形成の変容』学事出版。

(16) 佐々木隆生 二〇一二、『大学入試の終焉——高大接続テストによる再生』北海道大学出版会。
(17) 独立行政法人大学入試センター 二〇一八、「「大学入学共通テスト」における問題作成の方向性等と本年一一月に実施する試行調査(プレテスト)の趣旨について」二〇一八(平成三〇)年六月一八日。
(18) 高大接続システム改革会議 二〇一五、「中間まとめ」二〇一五(平成二七)年九月一五日。
(19) 高大接続システム改革会議 二〇一六、「最終報告」二〇一六(平成二八)年三月三一日。
(20) 文部科学省 二〇一七、「高大接続改革の実施方針等の策定について」二〇一七(平成二九)年七月一三日。
(21) 山村滋・濱中淳子・立脇洋介 二〇一九、『大学入試改革は高校生の学習行動を変えるか——首都圏一〇校パネル調査による実証分析』ミネルヴァ書房。
(22) 結城忠 二〇一九、「独立行政法人大学入試センターの法的地位・性格」私学教育研究所「専門委員会」研究発表レジュメ(二〇一九(令和元)年一一月七日)。

Ⅳ 多様な入試

1　知られざる附属高校からのエスカレーター進学

村山詩帆（佐賀大学）

●「エスカレーター校」の実態はさまざまで地域的偏在がある。
●一八歳人口減少下でも受験を忌避する「エスカレーター校」は存在感を示しているが、学校間の厳しい生き残り競争も生じている。

一　「附属学校」と「エスカレーター校」

「エスカレーター校」は、入学した学校と系列化ないし連携化された学校間関係にある上級学校にほぼ自動的に進学できる内部進学のトラックとして理解されることがしばしばですが、「附属校」や「系列校」、「系属校」など、さまざまな名称があります。「附属学校」を冠しているのは、明治期に設置された高等師範学校の附属校を前身とする筑波大学、広島大学、お茶の水女子大学、奈良女子大学のものを筆頭に、国立大学の附属学校園（以下、国立大附属校）であるケースが多くなっています。

国立大附属校の小学校と中学校はすべての都道府県に設置されていますが、中等教育学校や高等学校を附属学校として設置しているのは、東京大学やお茶の水女子大学、東京工業大学、筑波大学、東京芸術大学、東京学芸大学、金沢大学、名古屋大学、愛知教育大学、京都教育大学、大阪教育大学、奈良女子大学、神戸大学、広島大学、愛媛大学に限られます。そして戦前の帝国大学を前身とする大学でも、北海道大学や東北大学、京都大学、大阪大学、九州大学には附属学校が設置されていません。附属の中等教育学校や高等学校を設置している場合であっても、大学への進学にあたっては、東京工業大学附属科学技術高等学校や愛知教育大学附属高等学校の高大連携特別入試などを除けば、基本的に一般入試によってしか大学へは進学できないようになっています。

国立大附属校は、同級生を振るい落とさなければ小学校から中学校に内部進学できないような、あからさまに競争的な仕組みにはなっていません。また、北海道・東北、九州・沖縄地方には国立大学附属の高等学校は存在しません。附属高等学校が設置されているケースであっても実験校として位置づけられているため、せいぜい学校推薦による進学が可能なくらいでしかなく、エスカレーター式の内部進学を公式のトラックとして制度化するものではないのです。なお、最近は公立中高一貫校が増えてきましたが、それらの大部分は公立大学の附属校として設置された学校ではありません。

「エスカレーター校」と呼ぶにふさわしい内部進学のトラックを設けている学校は、少なくとも国立や公立の学校には見当たりません。明治期の東京では私立学校が政治的に影響力を行使するようになり、中等教育から切り離すこ

(国・公立を除く)のパターン(2012年度)

非一貫型		計
幼・中〜大	幼・高〜大	
7(24.1)	7(24.1)	29(99.9)
12(37.5)	12(37.5)	32(100.0)
63(25.0)	20(7.9)	252(99.9)
23(24.7)	19(20.4)	93(100.0)
32(23.9)	17(12.7)	134(100.0)
9(30.0)	4(13.3)	30(100.0)
5(50.0)	1(10.0)	10(100.0)
22(35.5)	11(17.7)	62(100.0)
173(26.9)	91(14.2)	642(99.9)

表１　地方区分別にみた系列化・連携化された学校間関係

	一貫型				
	幼〜大	小〜大	中〜大	高〜大	幼〜小・高〜大
北海道	2(6.9)	3(10.3)	4(13.8)	6(20.7)	—
東北	3(9.4)	—	1(3.1)	4(12.5)	—
関東	49(19.4)	17(6.7)	75(29.8)	26(10.3)	2(0.8)
中部	13(14.0)	5(5.4)	17(18.3)	16(17.2)	—
近畿	35(26.1)	7(5.2)	31(23.1)	12(9.0)	—
中国	6(20.0)	2(6.7)	5(16.7)	4(13.3)	—
四国	2(20.0)	—	2(20.0)	—	—
九州・沖縄	7(11.3)	—	12(19.4)	10(16.1)	—
全体	117(18.2)	34(5.3)	147(22.9)	78(12.1)	2(0.3)

＊(　)はパーセント値．計の値は丸めによる誤差のため必ずしも 100.0 にならない．

とのできない地位を築いていたとされ（武石 二〇一二、八三頁）、開成に麻布、獨協や暁星など、現在に至るまで存在感を発揮し続ける私立学校はすでに設立されていました。しかしながら、大学進学するための厳しい選抜を迂回するために利用されていたわけではありませんでした。

二　学校間関係の系列化・連携化とローカル性

「エスカレーター校」の誕生を可能にしたのは、〈子どもらしさ〉を尊重する「童心主義」から大正新教育運動の理念を支持しながらも、将来の準備のために知識習得を重視する「学歴主義」を併せもった都市中間層であるとされています（小針 二〇〇九、一〇〇頁）。ただし、大学までの内部進学を可能にする「エスカレーター校」は、首都圏に住む人々にとって聞き慣れた存在ではあっても、地方にとっては縁遠いものでした。

四年制大学または短期大学と系列・連携関係にある、これら六四二校の私立の高等学校は、二〇一二年度時点で全

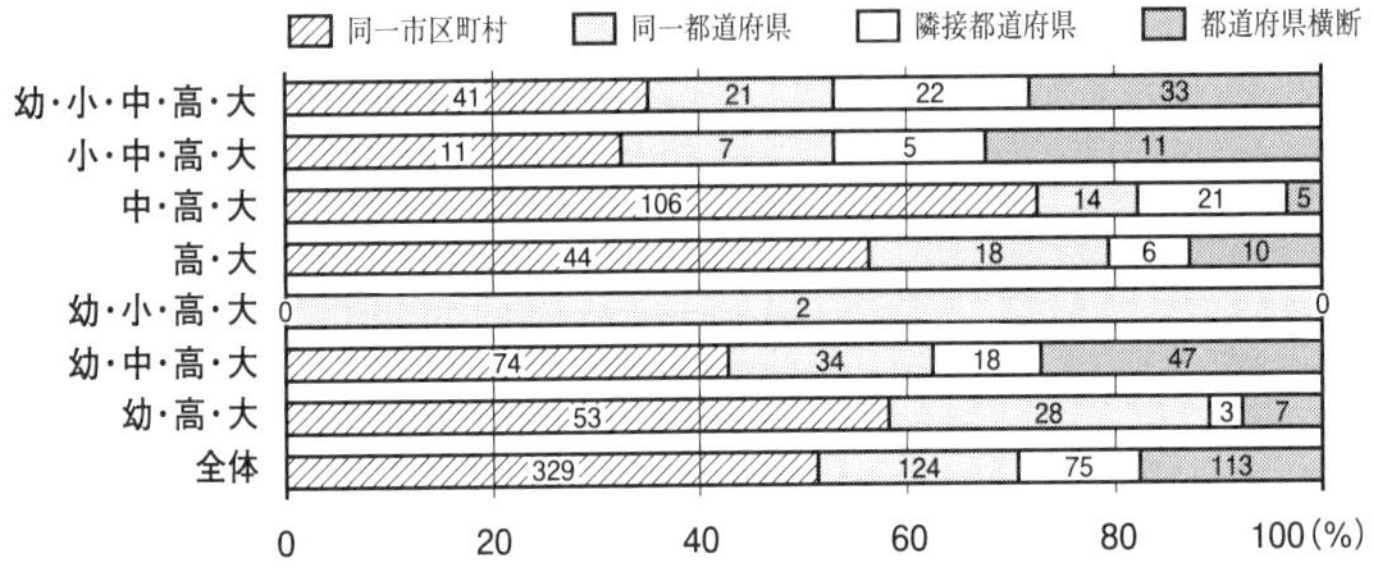

図1　設置パターン別にみた学校間関係の地域的展開（2012年度）

体の約一三%を占めていますが、地域的にかなり偏在しています。

表1は、系列化・連携化された学校間関係（国・公立を除く）のパターンを地方区分ごとに示したものです(1)。一貫型の学校間関係はいずれも、三大都市圏が含まれる関東、中部、近畿に集中していることがわかります。また、全体では慶應義塾に代表される小学校から大学・短大までの一貫型は約五%、青山学院のような幼稚園から大学・短大までの一貫型は約一八%でしかなく、中学校や高等学校からの一貫型と小学校や中学校がない非一貫型を合わせると八割近くを占めています(2)。

都道府県を跨《また》いで複数の附属校や連携校などを設置する日本大学や東海大学、近畿大学のような学校間関係もありますが、その割合は大きくありません。学校間関係のパターンが地域的にどのように展開しているのかを示すと、**図1**のようになります。学校間関係の約七一%が「同一市区町村」か「同一都道府県」で展開されており、「隣接都道府県」まで含めると約八二%に達します。学校間関係が複数の都道府県に跨る「都道府県横断」は約一八%にすぎず、多くは第一次・第二次ベビーブーム世代による大学・短大進学者の増加が見込まれる時期に設置されています。近年になって設置されているケースも散見されますが、早稲田佐賀中学校・高等学校などは、早稲田大学の創始者である大隈重信の出身地に創立一二五周年記念事業として設置された系属校です（**写真**）。

隣接する都道府県を超えた学校間関係が、幼稚園や小学校から大学・短大までの一貫型、小学校だけがない非一貫型で相対的に大きくなる理由は判然としませんが、学校間関係の地域的な展開からは、学業成績とは別次元にある地域固有の、それも大都市圏に根差した「ローカル・トラック」（吉川 二〇〇一、二三頁）を形成している可能性が考えられます。学校間関係にはさまざまなパターンと地域的展開があるものの、大学や短大までの内部進学を可能にする学校間関係は、欧米諸国の学校には見られない特殊性の高い組織間連携なのです（天野 一九九二、八四頁）。なお、日本の組織間連携に関しては、「系列」のような用語法の誤解から論争を生んでいます（Scher 1999, p. 305）。海外にあるような組織間連携を「系列」と呼ぶこともあれば、タテ社会や集団主義など日本的な要素が強い「系列」まで、さまざまな企業間結合があります（島田 二〇一〇、一二五頁）。ちなみに海外にも附属学校を設置する大学は存在しますが、エスカレーター式に大学まで内部進学できる関係にはありません。[3] ただし、経済のグローバル化は教育の分野にも少なからぬ変化を引き起こしており、一九九〇年に開校した慶應義塾ニューヨーク学院のように、海外にも「エスカレーター校」が進出するようになっています。

早稲田大学系属校の早稲田佐賀中学校・早稲田佐賀高等学校（佐賀県唐津市）．

三　エスカレーター上の生き残り競争

「エスカレーター校」の内部進学が閉鎖的で不公正なトラックにすぎないとすれば、教育内容の連続性や接続性を高めようとする今般の高大接続といった教育改革もまた、行きすぎれば公平性を損ねるリスクがあるのかもしれません。学校間関係が一貫性と地域的な展開において多様であるように、内部進学には高大接続の教育改革とさほど変わらないものから、エスカレーター式に近いものまで、さまざまなトラックの姿があるのです。

平成期に入って以降、一九九二年に一八歳人口はピークを迎え、その後は減少する傾向が続いています。大学入学者の収容力はさほど厳しく抑制されず、大学進学率は上昇し続けましたから、受験競争は緩和されたはずです。国立大附属校に関しては、政府によって増設が厳しく抑制されてきましたが、私立中学校はシェアを伸ばしており、そうした動静が受験型の公立中高一貫校を拡大させています（濱本 二〇一二、一二〇―一二二頁）。一八歳人口は減少したものの、受験競争を加熱する選抜の機会はむしろ増加する傾向にあるといえます。エスカレーター式に大学まで内部進学できるだけでは、他校との生存競争を耐えしのぐのは難しい状況にありましたが、結果的に、受験競争を回避するために「エスカレーター校」を利用する社会的な素地は失われませんでした。

内部進学率と増減率

増減率		
中央値	平均値	標準偏差
0.0	0.0	0.05
−0.1	0.0	0.48
−0.2	−0.2	0.48
−0.6	−0.5	0.56
−0.2	0.1	0.99
−0.4	2.9	15.18
−0.2	0.5	6.93
	.033	

表2　偏差値等別にみた四年制大学・短期大学への

偏差値等	1995年			2013年		
	中央値	平均値	標準偏差	中央値	平均値	標準偏差
70以上(6)	99.0	96.8	4.54	99.0	98.3	2.21
60～70未満(23)	67.0	61.3	28.64	75.8	59.6	30.26
55～60未満(38)	47.5	47.7	22.75	28.4	39.3	27.08
50～55未満(33)	29.0	34.2	23.58	10.0	16.3	18.21
50未満(24)	12.0	27.6	31.58	9.4	21.3	24.71
短期大学(33)	6.0	11.8	13.77	2.3	8.3	11.43
全体(157)	29.0	38.1	30.66	16.3	30.4	31.13
η^2	.427*			.496*		

＊(　)は該当する高等学校数．*$p < .001$.

埼玉、千葉、東京、神奈川の一都三県について、系列化・連携化された学校間関係にある四年制大学の入学難易度別に内部進学状況を示したものが**表2**です（同一の模擬試験から作成された偏差値情報がないため、短期大学は一つのカテゴリとして扱っています[4]）。二三〇校ほどある「エスカレーター校」のうち一五七校に限られてはいますが、一九九五年三月と二〇一三年三月の二時点間の変化を推し量るための貴重なデータになっています[5]。

内部進学率を全体的にみると、一九九五年の中央値は約二九％、二〇一三年の中央値は約一六％と、「エスカレーター校」と呼ぶほど大きくなく、かつ二時点間で下降しています（増減率をみると負の値になっています[6]）。中央値と平均値はいずれも分布の中心を代表する指標ですが、前者と後者の間に乖離が生じている理由は、内部進学率が突出して高い／低い「エスカレーター校」が存在することで分布を歪めている点に求められます。おおむね入学難易度が高くなるほど内部進学率は上昇する傾向にあり、η^2の値が.427から.496とやや大きくなっていることから、一九九五年から二〇一三年の間

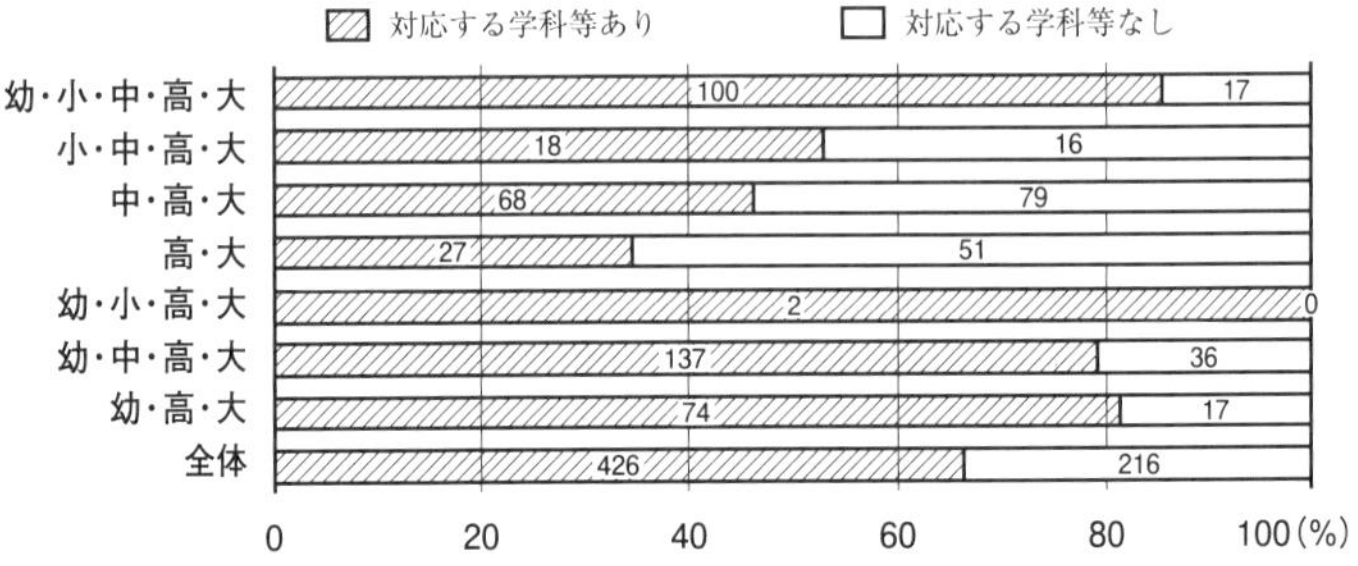

図２　系列化・連携化された学校間関係における教育課程の対応状況（2012年度）

に入学難易度と内部進学率の関係がやや強まった可能性があります。[7]

系列化・連携化された学校間関係にあるのが短期大学である場合、内部進学率の中央値は一九九五年と二〇一三年ともに一〇％を下回っていますが、偏差値七〇以上のカテゴリでは一〇〇％近くが内部進学しており、「エスカレーター校」の典型的なイメージに重なります。偏差値六〇～七〇未満のカテゴリでは、中央値は一九九五年の約六七％から二〇一三年の約七六％に増えていますが、平均値はほとんど変わっていません。これは内部進学率が総じて上がってはいるものの、内部進学率を大きく下げているケースが一部に含まれていることによります。中堅層以下になると、特に偏差値五〇台のカテゴリで内部進学率が大きく減少しています。

「エスカレーター校」は大学進学時のリスク回避的な利用を排除している国立大附属校との間に決定的な違いがありますが、「エスカレーター校」と呼ぶにふさわしい学校間関係はその中でもごく少数にとどまっているのです。また中央大学附属横浜中学校・高等学校や、早稲田中学校・高等学校、早稲田摂陵中学校・高等学校、早稲田佐賀中学校・高等学校などのように、同じ系属校であっても内部進学率が大きく異なるケースもあります。特に音楽系の技能系では、偏差値にかかわらず内部進学率が顕著なケースがあるのも見落とせません（ただし、一九九五年から二〇一三年の間に内部進学率は減小しています）。

図2は系列化・連携化された四年制大学や短期大学と高等学校の間に教育課程の対応関係があるかどうかを示したものです。全体の約六六％が教育課程に対応関係があり、接続性のある一貫教育を可能にしています。しかしながら、学部や学科等の選択しだいで接続性や一貫性の度合いは変わるでしょうし、幼稚園から大学までの内部進学を可能にする「幼・小・中・高・大」でさえ、対応する学科等がないケースがあります。学校間関係の系列化・連携化には、教学上の戦略のみならず、財政基盤の強化や財政破綻の回避といった経営上の戦略に依存する部分が少なからずあると考えられます。

四　大学入試の公平性と「エスカレーター校」のゆくえ

これまで系列化・連携化された学校間関係に注目して得られた内部進学に関する知見は、データの制約はあるものの、おおむね以下のように要約できます。①小学校以前の段階から四年制大学や短期大学まで一貫した内部進学のトラックは限定的にしか備わっていません。②学校間関係は内部進学への需要に支えられているばかりでなく、主として大都市圏に根差した「ローカル・トラック」をなしています。③大学の入学難易度が高いほど内部進学率は高くなるものの、一九九五年と二〇一三年の間に内部進学率が下降しているケースが少なくありません。④学校間関係には教育課程の接続性や一貫性が必ずしも貫徹されているわけではなく、系列化・連携化がただちにエスカレーター式の内部進学を前提にしているとは限りません。

「エスカレーター校」と呼べる内部進学のトラックがごく一握りの学校間関係にしか当てはまらないことから、「童心主義」と「学歴主義」の間にある葛藤を克服しようにも、後者に対して距離をおくことが困難である教育社会の深層が透けて見えます。三大都市圏など人口の多い地域の、入学難易度が非常に高い、あるいは技能系の学校間関係に偏在した、個別事情の色濃い少数のケースとして扱われるがゆえに誰の目にも見える社会問題へと発展しにくいだけで、「エスカレーター校」は制度としての公平性に対する疑義を払拭できていない可能性があります。しかしながら、「エスカレーター校」も幼稚園や小学校の「お受験」、中学受験か高校受験のいずれかを突破しなければなりません。かつ内部進学する段階でも教育課程を選択する自由が保障されているわけではなく、内部進学のためのコースを開講する学習塾があるほどです。

名門の公立学校であっても、私立の進学校との熾烈な競争を強いられ、伝統的な学校文化の継承が妥協を迫られるといった葛藤を経験するようになっています（黄 一九九八、一五一頁）。「童心主義」と「学歴主義」の結節点であったはずの内部進学のトラックも、やがて学校間の生き残り競争から、管理的な教育の徹底化に呑み込まれていくのかもしれません。しかしながら、「学歴主義」に貫徹されない「童心主義」に依拠した教育の効用が内部進学のトラックにどのくらい備わっているのかは外部の目には判然としませんし、かといって客観的で標準化された学力検査にしても、その裏付けとなっている高度なテスト技術を正しく理解している人はあまりいないのではないでしょうか。社会に配分される人材の能力が構成されていくプロセスに関する理解を欠いてしまえば、客観式／記述式であろうと民間委託しようと、大学入試は単なる選抜のシグナルを生む通過儀礼にしかならないでしょう。

だからこそ、さまざまな大学入試を通して構成される能力を、注意深く、体系的に観察するメカニズムが社会になるべく広く備わっていなければならず、「エスカレーター校」への注目がその一助になれば望外の喜びです。

注

（1）　主として『文部科学大臣所轄学校法人一覧』（財団法人文教協会）、『全国高等学校一覧』（全国高等学校長協会）に加え、日本私立学校振興・共済事業団の「学校法人情報検索システム」を利用して構築したデータベースを用いています。なお、図1および図2も同じデータベースから作成したものです。

（2）　学校段階間の接続性が非一貫型であるケースのいずれもが幼稚園を設置しているのは、幼稚園教諭免許状を取得するための幼稚園実習と少なからず関係があると考えられます。

（3）　アメリカ合衆国の準州であるグアム島のグアム大学付属英語学校（ELI at University of Guam）のように、大学の附属学校は中等教育修了者のための語学研修機関が多くなっています。また、台湾島にある国立台湾師範大学附属高級中学は、戦前の日本統治下で設置された中学校を前身とし、日本の国立大附属校に似た実験校として位置づけられています。

（4）　一九九五年データは、旺文社の『大学入試分析資料・合格状況一覧②　私立大学編』および『高校受験案内（平成九年入試用）』、学習研究社『私立高校受験案内（平成九年度）』などから作成しています。二〇一三年データは、晶文社『二〇一四年度用私立高校推薦・優遇入試ガイド』、朝日新聞社『カンペキ中学受験二〇一五』から作成したものです。

（5）　閉校または統合されているケースがあることに加え、内部進学に関するデータの年次が異なるケースについては除外し、残った一五七校を分析しています。一九九五年時点との比較はできませんが、京都、大阪、兵庫の三府県について二〇一三年または二〇一二年時点の内部進学率を参照すると、関西大学、関西学院大学、同志社大学、立命館大学と学校間関係にあるケースは大部分が八〇％を上回っています。

（6）増減率は、（二〇一三年の内部進学率／一九九五年の内部進学率）－1によって求めています。

（7）η^2は相関比と呼ばれ、0～1の値をとります。カテゴリ間の値のばらつきとすべての値のばらつきの比に対応します。

引用文献

天野郁夫 一九九二、『教育のいまを読む』有信堂高文社。

吉川徹 二〇〇一、『学歴社会のローカル・トラック――地方からの大学進学』世界思想社。

小針誠 二〇〇九、『〈お受験〉の社会史――都市新中間層と私立小学校』世織書房。

島田克美 二〇一〇、『企業間関係の構造――企業集団・系列・商社』流通経済大学出版会。

武石典史 二〇一一、『近代東京の私立中学校――上京と立身出世の社会史』ミネルヴァ書房。

濱本真一 二〇一二、「公立中高一貫校拡大の規定要因分析――学校タイプによる傾向の違いに着目して」『社会学年報』第四一号、一一五―一二五頁。

黄順姫 一九九八、『日本のエリート高校――学校文化と同窓会の社会史』世界思想社。

Scher, M. J. 1999, "Japanese Interfirm Networks: 'High-Trust' or Relational Access?" in Grandori, A. ed. *Interfirm Networks: Organization and Industrial Competitiveness*, Routledge, pp. 303-318.

2　障害のある人々の受験

近藤武夫（東京大学）

●入試での「受験者が同じ条件で受けること」による公平性の追求は、障害のある人たちには参加不可能の障壁にもなりうる。
●受験上の配慮にはまだ不十分な点も多く、「合理的配慮」の考え方の浸透と事例の積み重ねが大切。

はじめに

大学入試は、ときとして個人の人生を左右するほど大きな影響をもちかねない試験です。そのため、大学等の試験実施者側は、受験生同士が公平に競争できるよう、試験環境を整備する上でさまざまな配慮を行います。例えば、配布される問題用紙と解答用紙は、内容が同じであることは当然として、印刷物の大きさや品質も同じものが用意されます。受験生が使用する筆記用具も同様のものだけが認められ、リスニング試験のイヤホンやプレーヤーも、基本的には同じ規格のものです。試験実施者は、人によって例外を認めず、全員に同じ取り扱いをすることで、競争の公平性を担保しようとします。

ところが障害や疾患のある受験生の立場から見ると、公平性についてまったく異なった風景が見えてきます。試験実施者が「皆同じ取り扱いをすること」に固執してしまうと、障害や疾患のある受験生にとっては公平な競争どころか、そもそも試験自体に参加できなくなる状況を生み出してしまうことがあります。

例えば、「問題用紙が紙の印刷物であること」は、「印刷物を滞りなく読むことができる人」が受験することを、また、「解答用紙に鉛筆で書く必要があること」は、「鉛筆での手書きが流暢《りゅうちょう》にできる人」を、暗黙のうちに想定しています。目が見えないか見えにくかったり、体の動きに不自由があり、ページめくりや手書きで筆記する動作が難しい人には、印刷物と鉛筆による手書きは、受験上の大きな障壁となります。

そもそも、印刷物を目視で読めないことや、解答用紙に手書きができないことは、「試験が測ろうとしている能力をもっていないこと」を意味すると言えるでしょうか。例えばその生徒が、同じ内容を耳で聴いたら理解できたり、キーボードのタイピングや口頭で説明できたとしても、「能力をもっていない」と言えるでしょうか。同じ取り扱いをすることのみによって受験上の公平性を担保しようとすると、障害や疾患のある生徒たちを選択的に排除する試験になってしまいます。そこで、公平性を担保するために、障害を理由とした個別の変更・調整を認める配慮が、近年、行われるようになってきました。

一　受験上の配慮の基礎にある考え方

一九七〇年代以降、障害者の機会均等を保障する運動が世界各国で次第に高まりました。この運動では、障害を「障害者個人の心身にある医学的疾患を基礎として生じるもの」としては捉えず、障害を「障害者もそこに参加することをあらかじめ想定して、社会的な環境や慣行が作られていないことから生じるもの」と捉える「障害の社会モデル」が唱えられました[1]。このモデルの考え方が広がることで、障害は、障害者の身体の中に存在するのではなく、社会の中にあるのだ、というパラダイムシフトが起こりました。

二〇〇六年になると、国連で「障害者の権利に関する条約（略称・障害者権利条約）」が採択されました。障害者権利条約は、締約国に対して、障害を社会モデルに基づいて捉えること、法的拘束力をもつ形で「障害に基づく差別の禁止」と「合理的配慮の提供」を行うことを求めました。

日本でも、二〇一六年四月に「障害を理由とする差別の解消の推進に関する法律（略称・障害者差別解消法）」が施行され、障害者への「不当な差別的取扱いの禁止」と、「合理的配慮の提供」について、大学・学校にも法的な義務または努力義務が課されました。

「不当な差別的取扱いの禁止」とは、大学・学校が、児童生徒・学生に障害があることを理由として、正当な理由なく、入学や受験、他の生徒には提供されている機会の提供を拒否したり、成績を不当に低く評価することなどが挙げられます。次に「合理的配慮の提供」です。まず、障害者の参加を阻む社会環境や慣行にある障壁は、「社会的障壁」と呼ばれています。「問題用紙が紙の印刷物しかない」などは、この社会的障壁になりうる環境の例です。

大学・学校は、社会的障壁に出会った障害のある個人からの要望を受けて、その社会的障壁を解消するために、環境や慣行を変更・調整する必要があります。この変更・調整が「合理的配慮」と呼ばれています。障害者権利条約の中では以下のように定義されています。

「合理的配慮」とは、障害者が他の者との平等を基礎として全ての人権及び基本的自由を享有し、又は行使することを確保するための必要かつ適当な変更及び調整であって、特定の場合において必要とされるものであり、かつ、均衡を失した又は過度の負担を課さないものをいう。（障害者権利条約第二条より引用。傍線は筆者による）

「合理的配慮」とは、社会的障壁を解消するために、障害のある個人とその人を取り巻く環境ごと（＝特定の場合）に必要となっている「変更や調整」です。「配慮」と訳されてはいますが、「思いやり」のようなこととはされていないことがわかります。また、「合理的」という言葉は、その変更・調整が必要とされ、かつ適当なものであり、それが均衡を失していたり、過度な負担とならないことを意味しています。

例えば、同じ視覚障害であっても、点字で受験する必要のある人もいれば、問題文を拡大したり、音声にして耳で聞いて受験する必要のある人もいます。必要とされる変更・調整の内容は、障害種別ではなく、教科や受験方法などの環境と障害の状況との相互作用で変わるものです。個々の状況で、必要性と適当性、過重な負担かどうかを勘案して、それが合理的配慮と言えるかどうかを本人と試験実施者の間で合意形成する必要があります。

二　受験上の障壁とその解消としての合理的配慮の例

大学入試センター試験や大学の一般入試を例として、社会的障壁となりうる受験上の環境を以下四点で示します。また、社会的障壁を解消するための変更・調整として、試験実施者側から提供されることを例示します。もちろん、何が提供されるかは個別性が非常に高いので、ここで挙げた例はあくまでも一般論です。

（1）問題用紙・解答用紙

大学入試の問題用紙と解答用紙は、紙の印刷物で作られてきました。その結果、通常の印刷物から情報を得ることに困難のある受験生にとっては、印刷物での試験は大きな社会的障壁となってきました。具体的には、文字や漢字が読みにくかったり、写真の読み取りや図形・グラフの細部の認識が難しいといった困難が生じます。

印刷された問題用紙から生じるこれらの困難は、視覚障害のために視野欠損や視力が低い人（弱視）や、読字《どくじ》障害[2]のある人などで起こります。視覚障害や読字障害のある人は、印刷物を読むことに時間がかかってしまったり、読み間違いや見落としをしたり、人によってはまったく読むことができないこともあります。そこで以下のような変更・調整が行われることがあります。

- **試験時間を延長する**
- **文字や図表等が拡大された問題冊子を提供する**
- **代読（人間が音声で代読する）を提供する**

- 録音された問題またはコンピューターによる音声読み上げ機能の使用を認める
- 読字補助ルーラー[3]や蛍光ペンなど、通常認められないツールの使用を認める

また、障害により、鉛筆を使って手書きで文字や数式を綴《つづ》ることが難しい受験生がいます。そうした受験生にとっては、解答用紙に解答を記入することや、試験中にメモを取ることのほか、答えを考えるためにグラフを描いたり、計算の過程をメモしたり、筆算することなども困難となる場合があります。肢体不自由や書字障害[4]は、こうした手書きの困難が生じやすい障害です。書くことに時間がかかるほか、書き間違いが生じやすかったり、書くという行為自体に大きな負担がかかります。そこで以下の変更・調整が採られることがあります。

- 試験時間を延長する
- サイズの大きな解答用紙や下書き用紙を提供する
- 代筆（人間が代わりに口述筆記する）を提供する
- コンピューターによるキーボード入力の使用を認める

(2) 受験室等の環境

入試では受験室として、大学の教室が使われることが一般的です。大勢の受験生が一つの教室に集まって試験を受けるので、騒音や他人の立てる筆記の音が気になったり、試験開始後に部屋の出入り

がしにくいといった特徴があります。それらは、聴覚過敏のある受験生や、パニック障害などの不安障害により、閉鎖された環境にいることが難しい受験生、注意欠如・多動症により、周囲の物音などに過度に注意集中を乱される受験生などには、受験上の障壁となることがあります。

また、受験室での試験監督等からの指示は口頭で提示されます。聴覚障害があったり、手話を第一言語として使用する受験生、聴覚情報処理障害や注意欠如・多動症等により、聴覚や音声の処理に困難のある受験生では、口頭での指示だけでは、試験監督からの指示内容を理解することが難しい場合があります。

受験室では、固定式の椅子や机が使われることも少なくありません。車いすユーザーであったり、姿勢保持や筆記動作のために何らかの補助具を必要とする受験生なども、固定された机と椅子は使用困難です。加えて、介助者の同伴を必要とする受験生にとっては、本人のみしか入室できない受験室には不都合があります。そこで以下の変更・調整が採られることがあります。

- **別室受験を認める**
- **耳栓やノイズキャンセリングヘッドホン等の使用を認める**
- **口頭での指示内容を文書や手話で伝達する**
- **姿勢保持や筆記の補助のための用具や機器の使用、介助者の同伴を認める**

（3）試験時間・実施時期

障害により読み書きに時間がかかる受験生の場合、通常の試験時間では他の受験生と公平に競争できない場合があります。また、点字問題や代読、代筆等、通常と異なる方法を用いた場合でも、他の受験生よりも余分な時間が必要となることがあります。注意欠如・多動症でも、注意集中が困難な症状から、通常の試験時間では実力を発揮できない場合があります。そうした場合には、試験時間を延長する変更・調整がなされることがあります。

●試験時間を延長する（一・三倍または一・五倍が一般的）

入試の実施時期を変更・調整することは、筆者は日本での前例を耳にしたことがありません。日本の大学入試は、冬季に行われるのが主流です。冬季の気温低下や感染症の流行は、一部の障害や疾患のある受験生にとっては、生命を脅かすほど体調に影響があります。冬季の受験を避けるとなると、AO入試や推薦入試などを選択することになりますが、本人の志望校によっては、これらの選抜形式がない学部やコースもあります。機会均等の観点からは、受験時期のユニバーサルデザインも期待されます。

（4）試験内容

文部科学省高等教育局が二〇一七年に公開した「障害のある学生の修学支援に関する検討会報告

〈第二次まとめ〉」では、合理的配慮の決定における留意事項として、以下のような記載があります。

当該場面における教育の目的・内容・評価の本質（カリキュラムで習得を求めている能力や授業の受講、入学に必要とされる要件）に不当な差別的取扱いに当たるものや社会的障壁が存在し、それらが障害のある学生を排除するものになっていないかを個別かつ客観的に確認する必要がある。その上で、この本質を変えずに、過重な負担にならない範囲において、教育の提供方法を柔軟に調整する。（第二次まとめより引用。傍線は筆者）

したがって、合理的配慮にともなう試験の内容の変更・調整に関しては、それが「試験内容の本質的な変更」に当たらないかどうかを、第一義的には試験実施者が、作問者とともによく考えて判断する必要があります。

問題の変更の例として、全盲または弱視のため、日常的な学習場面では点字で読み書きすることを通じて学習しており、墨字《すみじ》（印刷された文字）を学んだ経験がないか、ごく限られている生徒（点字学習者）を想定してみましょう。墨字による試験が実施できない例です。

●墨字の試験問題を点字に翻訳した代替問題を提供する

点字学習者には、問題にも解答にも点字を用いた試験が実施されます。一般的な点字には漢字がないので、漢字そのものを記述式や選択式で答えるような問題や、「漢文」については、そのままの形では問題を作成できません。漢文も書き下し文を使用した問題に変更する必要があります。そこで点字受験においては、問題の本質をできるだけ保てるよう、点訳(点字翻訳)の専門家が関わり、点字による代替問題が作成されてきました。

一方で、同じように漢字を読むことが難しい、読字障害などのある受験生もいます。しかし、点字受験以外で漢文の代替問題が作られた前例は、筆者の知る限りはありません。

点字学習者は、大学進学後も、大学内の障害学生支援部署から、通常の教科書や、書籍、資料を、点字やテキストデータなどの代替形式に変換した資料を提供してもらう支援を受けます。コンピューターと点字ディスプレイ、スクリーンリーダーを組み合わせてそれらを読み、学習するのが一般的です。読字障害のある人も、テキストデータを使い、拡大表示機能や音声読み上げ機能などを使って学びます。進学後であれば、合理的配慮として代替形式の資料提供の支援を受けて学べるのに、入試では代替問題が提供されないのは一貫性がありません。入試で漢文に代替問題がないことは、例えば読字障害のある受験生にしてみれば、不当な取扱いと考えることができるかもしれません。

次に英語のリスニング試験についてです。大学入試センター試験では、一定以上の聴力の障害がある受験生に以下のような変更を認めています。

●リスニング試験を免除する

リスニング試験の免除は、従来から行われてきた受験上の配慮のひとつです。ただし筆者は、免除は試験内容の本質的な変更に当たるもので、合理的配慮とは言えない面があるとも考えています。受験生に合理的配慮があれば、その問題で問われている力を示すことができるかもしれないのに、安易な免除により、その機会を奪われている側面があると考えられるからです。免除ではない選択肢も用意する必要があります。

例えば英検では、聴覚障害のある受検者に、リスニングの代替として、文字のテロップを話速に合わせて表示する変更を行っています。もちろん個々の障害の状況に合わせた妥当性判断が必要ですが、筆者はこの支援は、免除よりも合理的と言えるケースがあると考えています。なぜならば、大学進学後、聴覚障害のある学生たちは、大学から手話通訳や文字通訳(5)などの支援を受けながら学習するのが一般的です。入試が、入学資格に足る能力をもっているかどうかを測るものであると考えるならば、進学後にどのように学ぶかを前提として、入試での配慮も提供されるべきでしょう。

また、スピーキング試験にもこれと共通した考え方が適用できます。手話を第一言語とする人(ろう者)には、音声での発話を行わない人もいます。もし、ろう者が英語圏に留学や出張に行けば、音声話者が英語を話すように、ASL(American Sign Language：米国手話)や国際手話を使うことが求められる場面もあるでしょう。説明が少し複雑になりますが、日本のろう者が米国に留学して、音声話者とコミュニケーションする際には、ASLを英語(音声)に通訳してくれる手話通訳を介して話します。となると、日本でのスピーキングの試験においても、ASLを使う力を評価する試験に変更することは、論理的には筋が通っているとも言えるでしょう。ただ、日本国内には、ASL通訳ができる通訳者があまりいませんから、その点で「試験実施上の過重な負担」と捉えられる可能性があるだけとも言えます。

また、同じくスピーキングについて、身体障害等により、発話することができない人もいます。発達障害等を背景として、緘黙《かんもく》など、音声言語を聞いて理解することができても、発話ができない人もいます。そうした人々は、教室や日常のコミュニケーション場面では、筆談やキーボード入力、意思伝達装置とも呼ばれる発話補助装置を用いて発話します。そのように考えれば、「スピーキング」を、発話ではなく筆談や入力という形に変更することも、合理性をもつケースがあるはずです。

もうひとつ、日本の入試であまり議論されたことのない点に、「計算」があります。例えば、視覚障害のために紙に手書きで筆算しても、読み返すことが難しく、筆算することが役に立たなかったり、書字障害や肢体不自由によって、筆算を計算用紙に書くことができなかったり、長い時間や大きな負担がかかったり、書き間違えたりすることがあります。[6] また、計算障害のある人の中には、問題の解き方がわかっていても、計算の過程で間違ってしまう人もいます。

- **点字そろばんの使用を認める**
- **大きな計算用紙を提供する**
- **電卓の使用を認める**

大学入試センター試験では、点字受験者に限り、点字そろばんを使うことができます。また、肢体不自由があって書字ができない受験生に、電卓を使うことが認められた前例があります。ただ、日本の大学入試で計算障害のある受験生に電卓利用が認められた事例を筆者は知りません。計算障害のある受験生には、米国や英国の大学入試共通試験では、四則演算だけができる電卓の利用が認められるケースがあります。計算を手書きの筆算または暗算で行うことが試験の本質と言えるかどうか、日本でも議論を深める必要があります。

このように、一般的な試験問題で受験生に問おうとしていることが、障害の状況によっては、そもそも他の受験生と同じ形式では問うことができない場合があります。その際には、本質を損なわない形で、適当な変更・調整を行う必要があるでしょう。しかし、聞こえる人、話せる人、印刷物が読める人、鉛筆で文字や図形が書ける人、暗算ができる人が受験することだけが暗黙の前提として作問されていると、その試験問題が何を本質的に問いたかったのかについて、試験実施者側が突き詰めて考えられず、曖昧になりがちです。すると、どこまで変更・調整して良いか、試験実施者側も「適当さ」について決めることができなくなります。結果、安易な免除しか選択肢がなくなることになります。試験実施者は、こうした問題を看過せず、障害のある受験生が入試という機会に、他の受験生と同じように参加することを想定して、評価基準について議論しておく必要があります。なぜなら、一般的に言って、暗黙の了解によって作られた不明瞭な基準は、人々がその本質や公平性について突き詰めて考えることを難しくし、そこで想定されていない人々を排除する社会的障壁になりやすいからです。

大学のアドミッション・ポリシーや特定の学科やコースのディプロマ・ポリシーにも、これと同じことが言えます。ポリシーや基準が、いわゆる健常者が進学することしか想定せずに作られていた場合、その基準が曖昧すぎて、変更・調整の妥当性を判断することが難しくなります。例えば米国等では、特に看護師などの専門職を育成するコースでは、「テクニカル・スタンダード」と呼ばれる、学生が卒業したり実習に参加する際に求められる技能や技術の基準を、理念的な水準ではなく、知覚や運動、コミュニケーション能力などの水準で定め、それを入学前の生徒も調べることができるように、誰もが閲覧できる自大学のウェブサイトに公開しておくことが一般的です。差別禁止や合理的配慮による権利保障の制度が作られていない国だと、こうした水準は障害者を排除するための欠格条項になってしまう恐れがありますが、制度のある国では、合理的配慮、すなわち一般的な環境や慣行をどこまで変更・調整するのが適当と言えるかについて障害のある本人と関係者が話し合う際に、対話のツールとして使われています。

インクルーシブ教育システムへ移行して日が浅い日本の教育制度は、多様な学生・受験生が進学することを想定してポリシーを策定することに大学や学校側も不慣れで、その成熟はこれからです。試験での評価という行為は、それが入試の場合、「試験実施者側が受験生の能力を序列化して、基準に沿わない者を排除するためのもの」という側面が強調されがちです。しかし本来、試験での評価は、その人に適した教育のあり方を考慮するための支援でもあるという視点をもっておくべきでしょう。

三　合理的配慮の妥当性をどう判断するか

大学入試における合理的配慮の可否判断の過程を図1に示しました。まず、受験生本人から試験実施者に対して、合理的配慮の要望が伝えられます。その際、本人の機能障害と受験環境との相互作用で社会的障壁が生じていること、すなわち、合理的配慮の「必要性」に関する根拠が必要になります。根拠資料は、受験生の側が用意して、書面の形で試験実施者に提出することが一般的です。この根拠資料については、先の文科省第二次まとめでは、以下のように示されています。

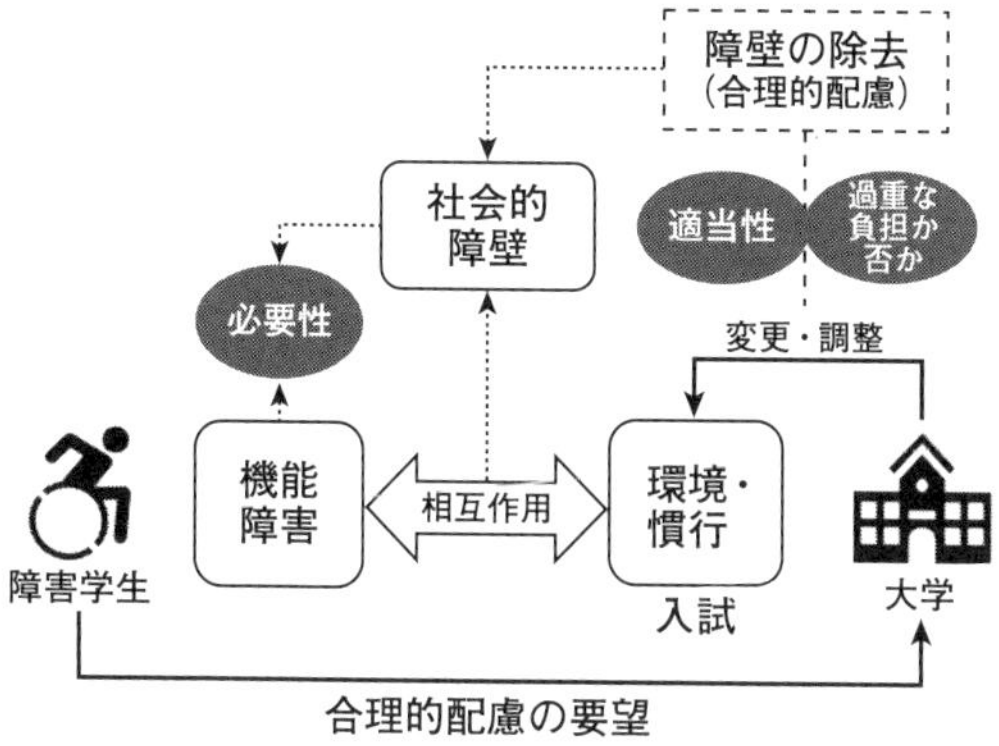

図1　合理的配慮の可否判断の過程

> 障害者手帳の種別・等級・区分認定、適切な医学的診断基準に基づいた診断書、標準化された心理検査等の結果、学内外の専門家の所見、高等学校・特別支援学校等の大学等入学前の支援状況に関する資料等が挙げられる。また、適切な配慮内容決定のためには、本人が自らの障害の状況を客観的に把握・分析した説明資料等も有効である。これらのうち、利用できる根拠資料を複合的に勘案して、個々の学生の障害の状況を適切に把握する必要がある。(第二次まとめより引用。傍線は筆者)

受験生はこれらの資料を添えて、特定の変更・調整を要望することを申請します。試験実施者は、提出された根拠資料によって、受験生が要望した変更・調整の必要性を判断します。

次に「適当さ」の判断です。何をもって適当な変更・調整とするかを判断するのは、第一義的には試験実施者側の役割と言えるでしょう。その変更・調整を行うことで、試験問題の本質を根本的に変更・棄損してしまっていないかを判断します。ただこの判断は、合理的配慮の専門家だけで行うことは難しく、試験問題の本質を理解した作問者との協議が必要です。

社会的障壁が無事解消できたかどうかは、第一義的には、障害のある受験生本人が判断することです。そこで、決定された配慮内容に問題があると感じたら、本人は異議申し立てをすることになるでしょう。入試では、配慮内容の決定通知は郵送で届くのが一般的ですが、入試直前に届いたら、異議申し立てと協議の時間が取れません。そこで試験実施者からの決定通知は、できるだけ早い時期に本人に届く必要があります。実際に、大学入試センター試験の配慮申請では、申込みと決定通知の時期が早期に行われるよう年々改善されてきています。

最後に、「過重な負担」をどう考えていくかです。変更・調整を実施する上での負担の過重さは、第一義的には、試験環境の変更・調整を担う試験実施者側が考えることになります。政府の「障害を理由とする差別の解消の推進に関する基本方針」(二〇一五年二月閣議決定)では、過重な負担の要素として、「事務・事業への影響の程度」、「実現可能性の程度」、「費用・負担の程度」、「事務・事業規模」、「財政・財務状況」を挙げています。しかし、それぞれの程度の線引きについての具体的な規定などは示されていません。過重な負担について、米国等では、本人からの異議申し立てに関する豊富な判例の蓄積があり、規範的な判断の参考基準があります。しかし日本ではまだこれからです。対話の積み重ねを通じて、偏見や社会的障壁をなくしていく努力が必要です。

例えば、日本の大学入試センター試験では、伝統的に一・三倍または一・五倍の試験時間延長が行われています。米国の大学入試共通試験であるSATでは、時間延長の選択肢は一・五倍、二・〇倍、またはそれ以上、という三つの選択肢があります。A-Level等の英国の共通試験では、一・二五倍、一・五倍、二・〇倍、またはそれ以上、という四つの選択肢があります。総じて、日本では最大の延長時間が短く、時間延長の認可にも厳しい見方があるようです。この見方の背景に、変更・調整の「適当さ」の観点があるのか、試験実施上の「過重な負担」があるのか、今後の対話の積み重ねが必要と言えるでしょう。

四　今後の大学入試改革に向けて残された問題

現在議論されている新制度、大学入試共通試験では、グラフや図版等を含めた複数の資料を読み解いて、作問者の意図を図り、記述式で解答することが当初、目指されていました。印刷物を取り扱うことに障害がある受験生には、思考力よりも、その視空間的な情報処理の負荷の高さから、これまでよりもさらに社会的障壁が大きくなることは間違いありません。これまでの大学入試センター試験よりも、さらに踏み込んだ変更・調整が必要になるでしょう。またそのためには、新しい大学入試共通試験において、個々の試験問題が問うている根本的・本質的な能力は何かが具体的に言語化されることを望みます。

一方、障害のある受験生の能力を適切に評価して選抜することを目指すならば、共通化・一元化された試験問題を作ることに向かうのではなく、全人的な評価ができ、高校段階からの成績のポートフォリオを生かすことができるような入試形態が必要となるでしょう。またそうした形態がいわゆる難関校や、競争率の高い学科での選抜でも選択できるなど、機会均等の保障が望まれます。

また、入試そのものでなく、入試を取り巻く環境として、日本で作られ始めたばかりのインクルーシブ教育システムに残されたいくつかの課題の解決も必要です。

まず一つは、特別支援教育の体制が極めて手薄な通常の高校で、合理的配慮を提供できる学内体制をどう作るかという課題です。大学では、障害者差別解消法施行の後、合理的配慮に関する専門性のある部署を学内に設置し、授業での情報保障や教育上の慣行の変更・調整を行うところが増えています。高校ではむしろ、大学の障害学生支援部署のような機能を置くことが必要でしょう。

もう一つは、受験生の根拠資料の作成をどう支援するかという課題です。筆者はDO-IT Japan(https://doit-japan.org)というプロジェクトで、障害のある高校生の大学進学を支える活動を長年行っています。プロジェクトに参加している生徒たちからの、客観的な根拠資料と意見書の作成などの相談にも応じています。根拠資料を作成するには高い専門性が必要です。現状、根拠資料を作る支援が得られない受験生が大多数であることが推測され、各地の自治体の教育センターの相談機能を生かすなど、早急な体制整備が必要です。

最後に、配慮内容に対して本人からの異議や不服の申し立てがあれば、それを第三者があっせん・調停し、権利保障する実効的な仕組みが必要です。障害者差別解消法は、他国の差別禁止法(米国のADA(Americans with Disabilities Act of 1990)や英国の平等法(Equality Act 2010))と比べると、その点に責任の所在の曖昧さが散見されます。良い配慮が得られていなくても、本人からの異議申し立てを誰かが調停したり権利擁護してくれなければ、本人だけでは不当な状況を変えられず泣き寝入りするしかないことも珍しくありません。大学入試や資格試験でも、本人からの異議申し立ての調停と権利保障の仕組みをしっかりと設計し、事例を蓄積して、大学入試がインクルーシブで公平な試験へと育っていく基盤とすることが本当に重要だと考えています。

注

(1)　障害の個人モデル(医学モデル)から社会モデルへの移行の歴史については星加(二〇〇七)を参照。

(2)　広義の発達障害に含まれる「限局性学習症(教育場面では、学習障害や、特異的学習障害という言葉も使われます)」の下位分類のひとつで、ディスレクシアとも呼ばれます。視力は低くなく、知的にも障害はありませんが、文字の認識に特異的に困難を生じる障害です。学習障害は発達性の障害、つまり生まれつきのものです。また、どの程度、文字の読みに困難があるかは、人によって大きく異なります。

(3)　読字補助ルーラーは、定規のような見た目ですが、多種多様な色がついているものがあり、本人が感じている文字の見えにくさを軽減したり、見落としや読み飛ばしを避けるために使われます。

(4)　限局性学習症の下位分類のひとつで、ディスグラフィアとも呼ばれます。肢体不自由はないが、文字を綴ることに特異的に困難を生じる発達性の障害です。またディスレクシアと同様に、書字困難の程度も個人差が大きく、漢字が書けない人もいれば、平仮名やカタカナを書くことが困難な人もいます。

(5)　教員が発話した音声内容を、文字通訳者がキーボード入力してリアルタイムに文字に変換し、聴覚障害のある学生に提示する支援。音声認識ソフトウェアと人間が協働して作業することもあります。

(6)　限局性学習症の下位分類のひとつで、ディスカリキュリアや算数障害とも呼ばれます。計算や数概念の処理、筆算などに特異的に困難が見られます。

参考文献

川島聡・飯野由里子・西倉実季・星加良司 二〇一六、『合理的配慮——対話を開く、対話が拓く』有斐閣。

近藤武夫編著 二〇一六、『学校でのＩＣＴ利用による読み書き支援——合理的配慮のための具体的な実践』金子書房。

竹田一則編著 二〇一八、『よくわかる！ 大学における障害学生支援』ジアース教育新社。

独立行政法人日本学生支援機構編著 二〇一九、『合理的配慮ハンドブック——障害のある学生を支援する教職員のために』ジアース教育新社。

星加良司 二〇〇七、『障害とは何か——ディスアビリティの社会理論に向けて』生活書院。

3　スポーツ推薦の現状

栗山靖弘
（鹿屋体育大学）

●スポーツ推薦は必ずしも体育学部だけの入試ではない。
●スポーツ推薦の実施状況は入試難易度とも関連があるが、実態はまだまだ知られていない。

はじめに

赤木が抜けてリバウンドはガタ落ちだ
もっとシュート率を上げねえと海南には勝てねえ
冬の選抜では何としてもＩＨの時より目立って推センとらねーと!!
赤木とちがって 学力ではノーチャンスだからな……(1)

これは、井上雄彦《たけひこ》の高校バスケットボール部を題材にした大ヒット漫画『スラムダンク』に登場する神奈川県立湘北高校三年生、三井寿の台詞です。夏の全国大会であるＩＨ（インターハイ）終了から一〇日、チームを支えた三人の三年生のうち二人が引退し、彼だけがチームに残留して冬の全国大会

（「選抜」）出場を目指すことになりました。この台詞はそのときのものです。部活動に情熱を傾ける高校生が、「全国大会出場」という夢と同時に進学のことを考え、進路を切り拓こうとする姿が描かれています。

「冬の選抜では何としてもIHの時より目立って推センとらねーと!!」というのは、大会で活躍し、その実績が認められて大学に推薦入学することを意味しています。成績優秀なキャプテンである「赤木とちがって学力ではノーチャンス」だからこそ、進学には大会での活躍が必要だと考えているのです。

このような例を最初にもちだしたのは、改めて詳細な説明を必要としないほど、部活動での競技実績と大学の推薦入学（以下「スポーツ推薦」）の強い結びつきを示すためです[2]。そして、漫画の世界で自然に使われていることからも理解できるように、「スポーツ推薦」は私たちに浸透しているといえます。例えば、全国大会で活躍した選手の進学先が話題になることに対して私たちがそれほど疑問を抱かないのも、運動部活動での競技実績が大学進学と結びついていることを理解しているからです。

しかし、よく見聞きする「スポーツ推薦」ですが、その実際についてはよくわかっていないことが多いというのが実情です。研究でも、大学入試は大きな関心を集めていますし、高校生の進路選択や進路形成に関する研究は多くなされていますが、スポーツ推薦を扱った研究は多くはありません。そこで、本章では、これまでのスポーツ推薦に関する研究を参考にして、その現状についてデータを示しながら紹介・考察していきます。

なお、本章で用いるデータは、二〇一四年度大学入学者選抜で各大学が公表した情報に基づいています。そのため、今般の入試改革が本格的に議論される直前のものにあたります。今年度（二〇二〇年度）からの入試改革がスポーツ推薦にどれほどの影響を及ぼすのかはまだわかりませんが、入試改革前後の比較を行う際の参考として考えてください。(3)

データから得られる基本的な情報を先に紹介しておきます。二〇一三年度時点で私立大学は六〇六校ありますが、そこには大学院大学や単科の医科大学、歯科、薬科、看護、音楽、通信制の大学等が含まれています。それらを除いた四九〇校のうち、スポーツ推薦の実施が確認されたのは、一八二校（五二八学部）であり、私立大学全体の三四・五％にあたります。また、スポーツ推薦の募集定員の合計は六六九七名となっています。

一　高大接続とスポーツ推薦

議論を始めるにあたって、高大接続改革におけるスポーツ推薦の位置づけを確認しておきます。まず、何よりも重要なのは、今般の高大接続改革では、スポーツ推薦についてほとんど触れられていないということです。高大接続改革は、高大接続入試改革、高大接続システム改革会議の「最終報告」にその基本的な性格を求めることができます。しかし、その「最終報告」でスポーツ推薦は一度も登場していません。「部活動」という言葉は本文中に三回出てきますが、それらは「高等学校段階における多面的な評価の意義」（一六頁）、「調査書の見直し」（四八頁）、「本人が記載する提出書類の多様化や内容の充実」（四九頁）の具体例の一つとして出てくるのみで、部活動の実績等に関する記述は見当たりません。部活動は「多面的・総合的評価」の具体例の一つとしての位置づけであり、生徒会活動やボランティア活動等の活動と並列に扱われています。

しかし、スポーツ推薦は、高校時代の部活動における競技実績に基づいており、そこに各種の入試方法が課されることで成り立っています。したがって、「多面的・総合的評価」の一環としての部活動という位置づけとは、そもそも性格を異にする入試だということです。

スポーツ推薦は、研究として明らかになっていないことが多いことに加えて、政策的な議論の中でも明確なポジションを得ていないという特徴があります。したがって、スポーツ推薦の議論を重ねるためには、基礎的な情報を共有し、その輪郭を明瞭にしておく必要があるでしょう。

二　スポーツ推薦＝体育学部の入試？

日本の大学入試では、一九六七(昭和四二)年度から推薦入試が公認されました。しかし、少なくとも一九五〇年代には、私立大学において競技者に対する入試の優遇措置が取られていたといわれています(4)。ただし、これらは募集要項等に記載されておらず、非公開の制度として実施されていたようです(5)。その後の展開は明らかではない点も多いのですが、一九六七年には、私立の体育大学で推薦入試が導入されるようになります(6)。こうした中、一九八〇年代から、体育学部をもたない私立大学でスポーツ推薦が導入されるようになります(7)。

現在でも、スポーツ推薦は体育・スポーツ系の学部で多く実施されていますが、みなさんの経験では、体育・スポーツ系学部以外への進学も見聞きしたことがあるのではないでしょうか。このことは、スポーツ推薦の現状を捉える上で重要な意味をもちますので、データで確認しましょう。**図1**は、二

○一四年時点でスポーツ推薦を実施している学部数を示しています。スポーツ推薦が、社会科学(法学・経済学・経営学・社会学・商学等)分野で多く実施されていることがわかります。体育・スポーツ系の学部は三二学部であり、七つの分類のうち五番目に当たります。

ただし、社会科学や人文科学系(文学部等)の学部は多くの私立大学に設置されており、反対に体育・スポーツ系の学部を設置している大学は限られています。そのため、体育・スポーツ系の学部よりも、他の分野の方がスポーツ推薦を多く実施していても不思議ではありません。そこで、それぞれの募集定員を算出したのが**図2**です。ここでも社会科学系の学部が三〇六一人と最多ですが、注目すべきは体育・スポーツ系学部が一七一四人で、二番目の定員数となっていることです。さらに、平均値も一学部あたり五三・六人と、社会科学系の一二・九人を大きく上回っています。

ここから、スポーツ推薦の実施を分野別にみた場合に、次のような特徴があるといえそうです。第一に、実施学部数、募集定員数ともに、社会科学系の学部がスポーツ推薦の最も大きな受け皿となっていることです。このことは、体育・スポーツ系の学部をもたない大学運動部の中にも、

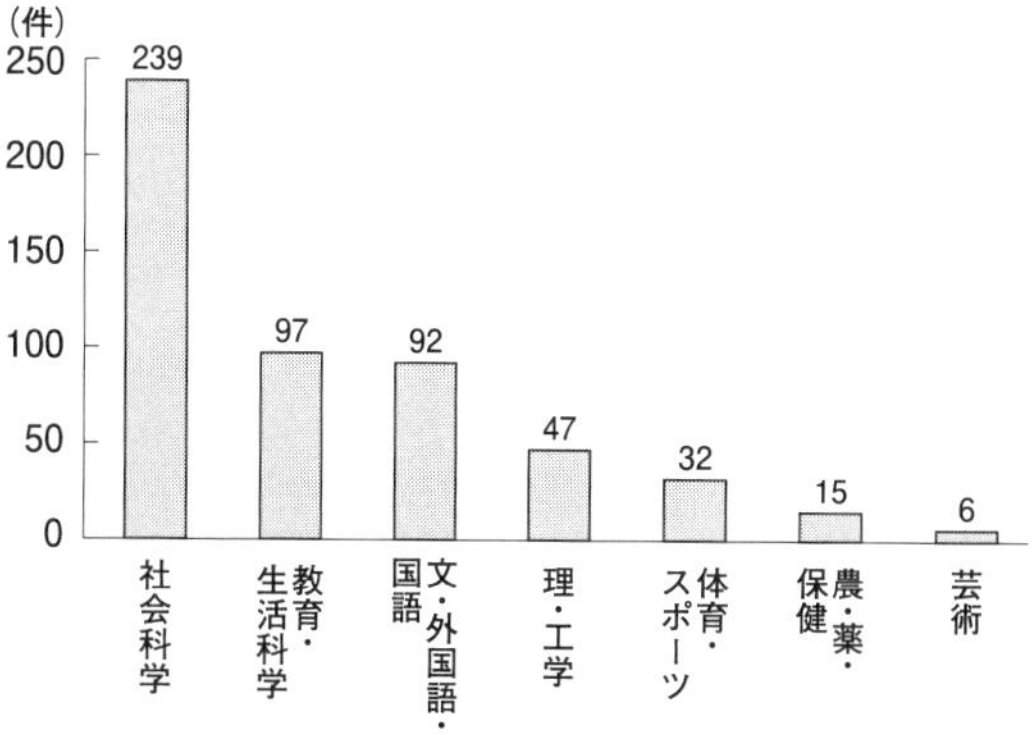

図1　分野別にみたスポーツ推薦入試を実施している学部数

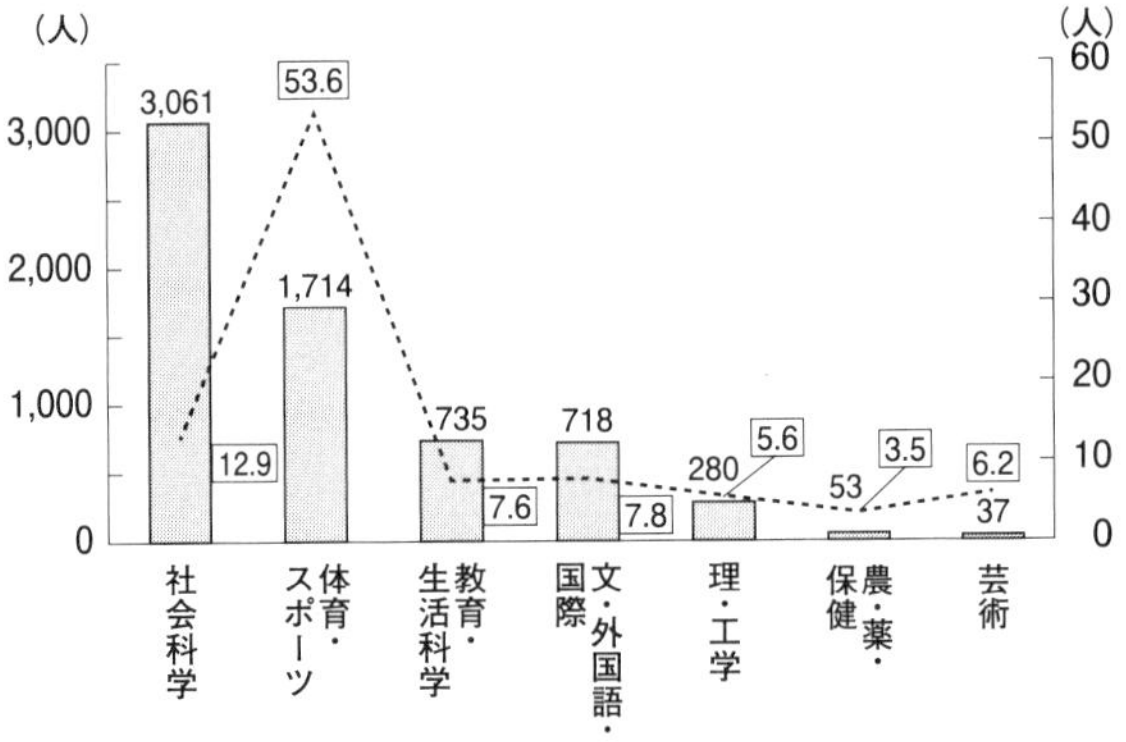

図2　分野別にみたスポーツ推薦の募集定員と平均値(四角内)

「名門」や「強豪」と呼ばれる私立大学が多く含まれていることからも理解できます。第二に、実施学部数は少ないものの、体育・スポーツ系の学部が一学部あたりの募集定員で他の分野を大きく上回っており、スポーツ推薦の中核の一つとして位置づいています。また、高校までに身につけた競技力や競技実績が評価された上で、大学で体育学を学ぶことを想定するならば、競技力・競技実績という選抜の指標と、大学入学後の学修内容という点で整合的な関係を備えているのが体育・スポーツ系学部のスポーツ推薦だといえます。

ここでは、スポーツ推薦を実施している学部を分野別にみることでその実施状況を概観しました。一言で「スポーツ推薦」といっても、分野別にみれば、体育・スポーツ系の学部に限らず、多くの学部でスポーツ推薦が実施されていることがわかります。このことは、スポーツ推薦という入試制度と、大学入学後の学修内容が必ずしも一致しているわけではないことを意味しています。すなわち、スポーツ推薦は、高校時代の競技実績が評価された結果として、大学への入学資格を得る試験であるといえます。このことの是非の判断はここでは留保しますが、少なくともスポーツ推薦入試

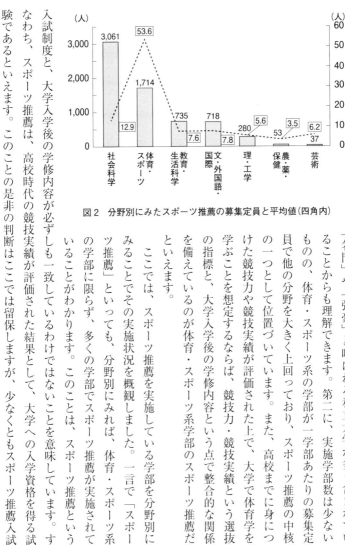

表1　偏差値ランク別にみたスポーツ推薦実施学部数および割合(上段)と募集定員数および割合(下段)

実施学部	S	A	B	C	合計
スポーツ推薦実施学部数	44	89	94	300	527
全体の学部数	95	275	220	778	1,368
偏差値ランクごとの スポーツ推薦実施率(%)	46.3	32.4	42.7	38.6	40.0
募集定員	**S**	**A**	**B**	**C**	**合計**
スポーツ推薦の募集定員数(人)	634	1,390	1,472	3,201	6,697
全体の募集定員(人)	54,166	111,696	75,675	172,563	414,110
偏差値ランクごとの スポーツ推薦の定員の割合(%)	1.8	1.2	1.9	1.9	1.7

出所：栗山靖弘(2017)「強豪校野球部員のスポーツ推薦入試による進学先決定のメカニズム――部活を通じた進路形成と強豪校の存立基盤」『スポーツ社会学研究』(25)1, 65-80頁.

が、多様な学部への入学と結びついている事実を確認することが大切です。そして、体育・スポーツ系学部以外の学部でスポーツ推薦が導入され、拡大していった過程は、ほとんど明らかになっていません。スポーツ推薦と進学する学部が適合的か否かの判断を留保するのは、この過程を明らかにしないと議論できない部分が大きいと考えるからです。

三　スポーツ推薦の現状
――入試難易度の視点から

(1) スポーツ推薦の実施状況と入試難易度の関係

ここでは、スポーツ推薦の実施状況について、入試難易度[8]に注目して考察を進めます。**表1**は入試難易度別にみたスポーツ推薦実施学部数(上段)と募集定員数(下段)およびそれぞれの割合を示しています。まず、上段をみると、スポーツ推薦実施率はSランクが最も多く、ついでBランク、Cランク、Aランクの順になっています。約二〇年前の調査では、スポーツ推薦は

「入試難易度が低くなるほど、そして私立大学ほど制度として取り入れられることが多い」とされていました。[9] 用いているデータが異なるため、過去との厳密な比較はできませんが、現在では入試難易度の最も高い大学でスポーツ推薦が実施されています。

次に、下段をみると、大学全体の募集定員に対して、一・二%（Aランク）〜一・九%（B、Cランク）がスポーツ推薦の定員であることがわかります。

ただし、実施学部・入学定員とも、割合ではなく実数に注目すると、入試難易度の低い大学に多くの高校生が進学していることがわかります。そのため、スポーツ推薦が入試難易度の低い大学を中心に実施されているわけではありませんが、スポーツ推薦利用者の多くは、入試難易度の低い大学に入学していることがわかります。

推薦基準（N＝457, 下段は %）

地区予選（都道府県大会への予選）上位	競技実績に関する具体的な基準を要求しない	客観的な基準のない条件	その他の推薦	合計
5 12.8	1 2.6	0 0.0	0 0.0	39 100.0
4 5.8	1 1.4	3 4.3	0 0.0	69 100.0
4 4.5	12 13.6	13 14.8	0 0.0	88 100.0
6 2.3	68 26.1	17 6.5	15 5.7	261 100.0
19 4.2	82 17.9	33 7.2	15 3.3	457 100.0

（2） スポーツ推薦で必要とされる競技実績と入試難易度

冒頭の三井の台詞から、大会で「目立つ」＝「活躍する」ことが、スポーツ推薦での進学に必要な条件であることがわかります。この「活躍」を客観的な指標で表すと、高校時代の競技実績とみなすことができま

表2　偏差値ランク別にみた

偏差値ランク＼推薦基準	全国・ブロック大会出場以上	都道府県大会ベスト4	都道府県大会ベスト8	都道府県大会ベスト16	県大会出場（予選通過）	県大会出場（予選なし）
Sランク	29 74.4	2 5.1	0 0.0	0 0.0	2 5.1	0 0.0
Aランク	16 23.1	19 27.5	21 30.4	1 1.4	2 2.9	2 2.9
Bランク	20 22.7	5 5.7	20 22.7	5 5.7	4 4.5	5 5.7
Cランク	21 8.1	38 14.6	40 15.3	26 10.0	6 2.3	24 9.2
全体	86 18.8	64 14.0	81 17.7	32 7.0	14 3.1	31 6.8

出所：前掲，栗山靖弘(2017)．

す。では、スポーツ推薦での進学には、どれくらいの競技実績を残せばよいのでしょうか。

表2は、スポーツ推薦の「出願資格」から、スポーツ推薦に要求される競技実績の最低基準を一〇のカテゴリに分けて、入試難易度との関連を示しています。

全体的な傾向としては、Sランクを除いた各ランクで、県大会上位（ベスト4〜8）を最低基準とする大学が多くみられます。これは、都道府県大会でベスト8くらいの実績が最低基準として要求されるということです。

次に、「全国大会・ブロック大会出場」では、Sランクが七四・四％と突出して高くなっていますが、Cランクでは八・一％となっています。また、入試難易度が下がるほど、「競技実績に関する具体的な基準を要求しない」が多くなっています。この「競技実績に関する具体的な基準を要求しない」には、「同一競技を三年間継続した者」や「課外活動に熱心に取り組んだ者」などが含まれています。Cランクでは四分の一以上が、そうした客観的な把握が難しい基準を推薦要件として設定しているのです。

このように、推薦要件としての競技実績は入試難易度と明確な関連をもっています。重要なのは、なぜそうした関係が成立しているのかということです。ここには、入試難易度に基づく大学のブランドと、私立大学の経営方針が関わっていると考えられます。すなわち、入試難易度の高い有名大学は多くの志願者を集めることができるため、高い競技実績を要求しても競技力の高い学生を選抜できます。一方で、入試難易度の低い大学では、競技実績を低く設定することで、より多くの学生を確保しようとしていると考えられるのです。

(3) 入試では何を測定しているのか?

スポーツ推薦が「入試」である以上、何らかの入試方法が課されますが、実際にはどのような入試方法が採用されているのでしょうか。ここでも、入試難易度を指標として、スポーツ推薦の入試方法をみていきます(10)。

スポーツ推薦で課されている入試方法を入試難易度とクロス集計したものが表3です。面接、書類審査、小論文、実技試験、基礎学力試験、セレクション(部活単位の実技選考会)、講座・授業の受講、課題作文の八つが主な入試方法です。そして、入試難易度を問わず、ほとんどの大学で面接が行われており、書類審査は全体の八割近い大学で実施されています。ここから、多くの大学で面接と書類審査がセットで実施されていることがわかります。

小論文と実技試験は、面接と書類審査より採用率は低いものの、入試難易度との関連から興味深い

表3　入試難易度別にみたスポーツ推薦の入試方法（下段は％）

入試難易度	面接	書類	小論文	実技	基礎学力	セレクション	その他①講座受講・授業を受ける	その他②課題作文
Sランク（N＝36）	36 100.0	29 80.6	26 72.2	0 0.0	0 0.0	0 0.0	0 0.0	0 0.0
Aランク（N＝59）	58 98.3	51 86.4	48 81.4	9 15.3	0 0.0	0 0.0	0 0.0	0 0.0
Bランク（N＝83）	69 83.1	66 79.5	45 54.2	24 28.9	4 4.8	1 1.2	0 0.0	0 0.0
Cランク（N＝242）	222 91.7	188 77.7	47 19.4	56 23.1	6 2.5	7 2.9	3 1.2	11 4.5
全体	385 91.7	334 79.5	166 39.5	89 21.2	10 2.4	8 1.9	3 0.7	11 2.6

出所：栗山靖弘（2018）「スポーツ推薦入試とキャリア形成――「言語活動の充実」に注目して」『体育の科学』（68）12, 891頁の表を一部簡略化して再掲.

傾向を読み取ることができます。

小論文の実施率は全体の約四割であり、SランクとAランクで七割以上、Bランクで約五割、Cランクで約二割となっています。ここから、入試難易度の高い大学で小論文が採用される傾向にあることがわかります。

実技試験は、Sランクで実技試験を課す大学が確認されなかったのに対して、Aランクでは約一五％、Bランクでは約三〇％、Cランクでは約二三％となっています。実技試験実施率と入試難易度は完全な対応関係にはありませんが、実技試験を課す大学は、入試難易度上位の大学よりも、Bランク〜Cランクの大学で多くなっています。

このことは、先述の入試難易度と推薦要件の関係と符合しているといえます。入試難易度の高い大学ほど高い競技実績を要求するのですから、実技試験を課さなくても、受験者の競技力の予測が可能です。かわりに、入学後の学修に耐えうるか否かを、小論文で測定していると解釈できます。

一方で、入試難易度の低い大学では競技実績はそれほど高い要求をしないかわりに、実技試験で競技力を評価している可能性が示唆されます。そして、小論文等の筆記試験に準じる試験を課すことで、受験生に敬遠される可能性を考慮していると推察されます。筆記試験が「意識の面で日本においてエリート選抜の規範となっている」[11]ことに鑑みれば、筆記試験に準じると考えられる小論文試験も、相対的にエリート選抜的要素を含んだ試験だとみることができます。そうであれば、筆記試験的要素をもった小論文試験を入試方法として採用しない大学がCランクで多く観察される理由も説明できます。

ここでの議論は推論の域を出るものではありません。同じデータから、まったく別の解釈も可能でしょう。しかし、注目すべきは、入試方法と入試難易度が関連をもっているということは、入試方法として何を課すのかということが、大学にとって大きな意味をもっているということです。今後は、入試を実施する大学側の論理と、実際に受験校を選択する高校生側の論理[12]を考察の対象にすることが求められています。

おわりに――スポーツ推薦を議論するためのスタートライン

本章では、主に入試難易度の視点からスポーツ推薦の世界を概観してきました。最後にお伝えしたいのは、スポーツ推薦の実施が入試難易度と関連しているということは、「スポーツ推薦」を一枚岩の入試制度として捉えることはできない、ということです。各大学の特性や置かれた状況によって、どのような推薦要件が設定されているか、どのような入試方法が採用されているのかは異なります。

しばしば、報道等でスポーツ推薦の弊害を指摘する記事を見かけることがありますが、それらの多くは、一部の大学で生じていることをすべての大学に適用しているようにみえてしまいます。しかし、本章で検討したように、スポーツ推薦の実態が大学ごとに異なっていることを無視して議論することはできません。

本章が提供できるのは、スポーツ推薦を肯定するにせよ、否定するにせよ、大学の特性や置かれた状況を踏まえることが、スポーツ推薦を議論するためのスタートラインになるということです。そのためにも、客観的なデータによる実態の把握と、それに基づく議論が求められているといえるでしょう。

注

(1)　井上雄彦 二〇〇九、『SLUM DUNK 10 DAYS AFTER complete』フラワー、七頁。
(2)　本章では「スポーツ推薦」を、スポーツや運動、部活動などの語のつく入試(推薦やＡＯ入試を含む)として扱います。
(3)　本章で用いるデータは、二〇一四年度大学入試において、全国の私立大学がＨＰまたは募集要項で公表した情報を収集し、集計したものです。そのため、限定的にしか公表されていない情報もあると考えられます。したがって、本章のデータは公開された情報から得られる最低限の数値を示しています。スポーツ推薦に関する研究が緒についたばかりであることから、まとまったデータの蓄積がないため、本章のような集計で実態把握を試みました。
(4)　小野雄大・友添秀則・根本想 二〇一七、「わが国における大学のスポーツ推薦入学試験制度の形成過程に関する研究」『体育学研究』六二(二)、五九九―六二〇頁。
(5)　前掲、小野ほか 二〇一七。
(6)　前掲、小野ほか 二〇一七。

（7）前掲、小野ほか 二〇一七。

（8）本章の「入試難易度」は、学研編（二〇一三）『二〇一四年度用 大学受験案内』に掲載されている河合塾提供のデータに基づいています。偏差値ランクは、Sランク＝六〇以上、A＝五〇～五九、B＝四五～四九、C＝四四以下と区分けしています。

（9）中村高康 一九九七、「大学大衆化時代における入学者選抜に関する実証的研究——選抜方法多様化の社会学的分析」『東京大学大学院教育学研究科紀要』三七、七七—八九頁。

（10）入試方法は、今後、変化する可能性の大きい部分です。なぜなら、学校推薦型選抜（旧推薦入試）において「（1）各大学が実施する評価方法等（例：小論文、プレゼンテーション、口頭試問、実技、各教科・科目に係るテスト、資格・検定試験の成績等）もしくは（2）「大学入学共通テスト」の少なくともいずれか一つによる評価を必須化すること」とされているからです。文部科学省HP https://www.mext.go.jp/a_menu/koutou/koudai/detail/1402203.htm（二〇二〇年五月五日取得）。

（11）中村高康 二〇一一、『大衆化とメリトクラシー——教育選抜をめぐる試験と推薦のパラドクス』東京大学出版会、一四一頁。

（12）スポーツ推薦で進学する場合、高校と大学の部活動の指導者間の「人脈」が重要な役割を果たしていることが明らかになっています。詳細は、栗山靖弘 二〇一七、「強豪校野球部員のスポーツ推薦入試による進学先決定のメカニズム——部活を通じた進路形成と強豪校の存立基盤」『スポーツ社会学研究』（二一五）一、六五—八〇頁。

4 美大(芸術系大学)の受験

喜始照宣(園田学園女子大学)

●芸術系の大学入試で試される内容が高校教育と異質なのは、専門教育に適した人材の選抜に重点があるから。
●受験予備校や入試のあり方は、芸術系独自の大学文化や学生文化に影響を与えている。

一　一般入試＝学力選抜、ではない世界

「一般入試」。この言葉を聞くと、おそらく多くの人は、筆記試験(ペーパーテスト)による学力選抜を思い浮かべるのではないでしょうか。つまり、国語や外国語(英語)、数学などの学科試験のイメージです。

しかし、芸術系の大学、いわゆる美大や音大の場合、必ずしもそうしたイメージとは一致しないことがしばしばです。(1)なぜなら、そうした大学が行う一般入試では、概して実技試験が重視されているからです。こうした傾向は近年高まってきたわけではなく、大学入学者選抜の多様化、非学力選抜の拡大が言われる以前からのものです。もちろん美大や音大の入試でも、合否判定に学科試験(センター試験含む)あるいは面接、小論文の評価が加味されます。大学で芸術について広く学ぶには、高校まで

の基礎学力や言語的・数学的思考力などが必要になるためです。ですが、これまで多くの美大や音大では、大学での専門教育の内容に対応して、実技試験による評価の比重が大きい入学者選抜が一般的でした。

二　東京藝大の入学者選抜

例えば、日本で唯一の国立の総合芸術大学である東京藝術大学について、その入学者選抜の概要を見てみましょう。東京藝大の入試の競争率は高いことで知られており、二〇二〇年度一般入試の志願倍率は美術学部で約一二倍、音楽学部で約四倍となっています。最も高いのは美術学部・絵画科（日本画、油画）の約一七倍ですが、ピーク時には四〇倍以上を記録したこともありました。同大学の美術学部七科、音楽学部七科の一般入試の試験科目をまとめたものが**表1**です。[2]なお、最終的な合否は、大学入試センター試験結果や出身校からの調査書も用いて総合的に判断されるようです。[3]

表を見ると、どの学科・専攻でも実技試験やそれに近い選抜方法が採用されています。また、美術学部では「デッサン」（素描、鉛筆写生）によって描写力、表現力、観察力が主に試される傾向があり、音楽学部では実演だけでなく、音楽に関する基礎能力検査（聴音書き取りや楽典、新曲視唱、リズム課題）も課されるなど多角的な選抜がなされています。[4]この例は、合否判定が複数回にわたり、なおかつ学科試験（センター試験含む）の比重が小さいという点で、ほかの芸術系の大学と比べてやや極端であるかもしれません。しかし、大学で各専攻分野の専門教育を受ける上で求められる基礎的な知識・技術あるいは能力を評価するための重要な方法として、実技試験が位置付けられていることがわかると思い

表1　2020年度東京藝術大学入学者選抜(一般入試)の試験科目

			個別学力検査	実技検査等					
美術学部	絵画科	日本画	—	一次試験	鉛筆素描		二次試験	着彩写生	
		油画	—		素描			絵画，面接	
	彫刻科		—		素描			彫刻I，彫刻II(塑造)	
	工芸科		—		鉛筆写生			平面表現，立体表現	
	デザイン科		—		鉛筆写生(石膏像デッサンまたは構成デッサン)			デザインI(色彩)，デザインII(形体)	
	建築科		—		空間構成，総合表現			—	
	先端芸術表現科		—		素描または小論文			総合実技	
	芸術学科		地理歴史＋外国語		小論文または鉛筆素描(石膏像)			—	
音楽学部	作曲科		—	専攻実技	3回	音楽に関する基礎能力検査	【筆記試験】聴音書き取り，楽典【実技試験】新曲視唱，リズム課題	副科実技等	副科ピアノ，ピアノ新曲	面接
	声楽科		—		3回				副科ピアノ	
	器楽科	ピアノ	—		2回				—	
		オルガン	—		2回				副科ピアノ	
		弦楽	—		2回				副科ピアノ	
		管打楽	—		2回				副科ピアノ	
		古楽	—		1回				—	
	指揮科		—		2回		楽典		副科ピアノ，和声	
	邦楽科		—		2回		楽典		—	面接
	楽理科		国語＋外国語		—		聴音書き取り，楽典，新曲視唱，リズム課題		副科ピアノ等の副科実技，和声	小論文(口述試問含む)
	音楽環境創造科		音楽		—		—		—	小論文，面接(自己表現含む)

＊2020年度(令和2年度)東京藝術大学「入学者選抜要項」「学生募集要項」をもとに作成．

ます。さらに、その結果が合否を大きく左右することがここから推察できます。

このように美大や音大の入試では実技試験が中心となっていますが、そこで試される内容は高校までの学校教育で習得が期待される知識・技術とは質的に異なります。なぜなら、高校までの芸術教育の目的が主に感性・創造性の涵養《かんよう》による人格の完成にあるのに対して、美大や音大の目的は芸術諸分野の専門職業人養成であり、美大や音大の入試では後者の専門教育に適した人材の選抜に重点が置かれるからです。そのため、これらの大学への入学を希望する者は、各専攻分野の受験対策として、学校外での訓練に身を投じることになります。美大の場合は美術系予備校・画塾(以下、予備校)での講習が、音大の場合は専門家による個人レッスンが、その中心にあります。

以下では、筆者がこれまで調査研究を行ってきた美大に焦点を当て、受験と進学の様子について説明したいと思います。

三　美大の受験と予備校

まず、美大の受験について知る上で、予備校は良くも悪くも無視できない存在となっています。「美術系大学と美術予備校は、車の両輪のように、互いを支え合いながら日本の美術教育産業を牽引してきた」(荒木 二〇一八、一八八頁)と言われるほどです。それはなぜでしょうか。ここでは、少し長くなりますが、ある美大受験案内の一節を紹介します。

高倍率の伝統校を目指すなら、美術系の予備校に通うことが必須となる。歴史のある美術系大学の合格者のほとんどは予備校経由であり、独学で合格している学生を見つけるほうが難しい。／その理由は入試の難しさ。一般大学の入試問題は解答が1つしかないものがほとんどなので、基本的にだれが採点しても答えは同じだ。(中略)だが芸術系大学は違う。デッサンや水彩画などの実技試験は、たとえ、まったく同じ作品を書いたとしても、大学によって点数が変わる。これが美大・芸大の受験の難しさなのだ。／予備校は大学別の入試の傾向や採点者が評価するポイントなど、これまでに築きあげてきた独自のノウハウを持っている。また、受験までにやるべきことも把握しており、(中略)受験校の絞り込みも含め、芸大・美大入試のスペシャリストである予備校のサポートがあるとないとでは、その結果は大きく変わるだろう。(学研教育出版 二〇一四、三〇―三一頁)

筆者が美大四校で実施した学生調査(質問紙)(5)によると、美大受験のために予備校を経験した学生は全体の約八割(学科・コース通学が約六三%、講習会のみ参加が約一六%)であり、一般入試での入学者に限定するとその割合は約九割にも及びます(喜始 二〇一六)。また、生駒(二〇〇七、二〇一〇)が京都造形芸術大学(現・京都芸術大学)の学生を対象に行った調査でも、進路選択の際、「高校の先生とは相談せずに校外の画塾などの先生の指導を受けた」者が約四五%、高校時代での「自分にとっての大きな出来事や体験」として「画塾・美術系の予備校へ通う」を挙げる者が最多であるなど、美大受験生にとっての予備校の存在の大きさがうかがわれます。そして実際に、予備校通学者の多くが、そこでの経験の有用性を認めており、肯定的な評価を与えています(喜始 二〇一三、二〇一六)。

特に首都圏にある主要な美大受験予備校──例えば、すいどーばた美術学院、新宿美術学院、御茶の水美術学院、湘南美術学院、河合塾美術研究所など──は、「独自のノウハウ」をもとに数多くの合格者を有名美大に送り出しており、美大の中で最難関とされる東京藝大美術学部の合格者の大多数は、それらの予備校出身者によって占められています。そうした予備校では、東京藝大を中心に有名美大の学部生・大学院生、卒業生・修了生が数多く雇用されており、かれらが講師として受験指導や心理的サポートを行っています。

そのため、芸大・美大合格を目指す多くの浪人生が全国各地から主要予備校に集まってきます(6)。また、地方の高校生は、美大受験対策の最新の情報や効率的な指導を身近に得られる環境がないため、休み期間に一時上京し、首都圏にある予備校の春期・夏期講習等を受けていたりもします。

このように予備校は、美術にまつわるネットワークのハブ(中心地)となっており、「美術の基礎としてのデッサン技術を習得させる場としてだけでなく、そこに集う学生や講師の間に「社会的紐帯を育む場」としての役割も果たしてきました(荒木 二〇〇七、四〇〇頁)。そして、予備校は、美大特有の文化、具体的には作家(アーティスト)的なものの見方や考え方、振る舞いなどを先取りして経験させる文化的「緩衝材」ともなってきました(喜始 二〇一三)。しかし、その反面、予備校は都市に偏在しており、学費も安価ではないことから、美大受験に関わる格差と結びついている可能性があります。筆者が行った美大生調査(質問紙)によると、家庭の経済的・文化的背景(親学歴、父職、世帯年収)や居住地域(都市か否か)、高校タイプ(美術系高校か否か)によって、予備校の利用状況が異なることがわかっています(喜始 二〇一六)。こうした事実は、美大受験について考える上で無視してはならない論点でしょう。

ちなみに、美大受験生は限られた試験時間内で完成度の高い作品を作ることを目指し、そのためのノウハウを学ぶために予備校に通うわけですが、「限られた試験時間」と言っても、美大入試は一般的な学力試験と比べて長丁場となります。一例として、武蔵野美術大学造形学部の一般選抜(一般方式)を見てみましょう。国語や外国語の学科試験は全学科共通して各一時間ですが、実技試験は、油絵学科油絵専攻で「デッサン(木炭または鉛筆)」六時間＋「油絵(F一五号)」六時間、視覚伝達デザイン学科で「鉛筆デッサン」三時間＋「デザイン」三時間となっています。それ以外の専攻分野でも、実技試験は一科目につき最低三時間となっています(「二〇二〇年度武蔵野美術大学学生募集要項」)。さらに、先に見た東京藝大美術学部の場合、試験時間はそれ以上に長く、絵画科・油画専攻では一次試験「素描」が五時間、二次試験「絵画」が一八・五時間(三日間)、デザイン科では一次試験「鉛筆写生」が七時間、二次試験「デザインⅠ(色彩)」「デザインⅡ(形体)」が各六時間(計一二時間)となっています。(7) 受験生、特に現役生にはこれでもかなり短い時間に感じられるようですが、このように美大入試では、実技の技術だけでなく長時間集中して取り組む力が試されます。受験生は、予備校等での受験対策を通じて、そうした時間感覚を身につけていくと考えられます。

四　変わりゆく美大の受験

ここまで見てきたように美大の入試制度は、実技試験を中心に築かれてきました。しかし、美大を取り巻く環境は刻々と変化しており、芸術諸分野でも表現方法や職種の拡大が進んでいます。そのため、近年はそうした状況の変化にともなって、私立の美大を中心に、実技試験を課さない学科・専攻が出てきたり、ＡＯ・推薦入試、センター試験利用のみで合否を決める入試も広がりを見せていたりします。「デッサンの共同体」としての美大は、入試の多様化状況のもと変容の途にあり、アトリエや工房で制作活動に注力する従来の「作品制作型」の学生に加えて、アートプロデューサーやキュレーターなどを志向する「プロジェクト型」の学生など、ますます多様なタイプの学生を内包するようになっています（加島 二〇一〇）。

ただし、実技を課さず学科試験や小論文のみで受験できる制度を導入している大学でも、大学入学前にデッサンを学ぶことは依然として奨励されているようです。例えば、一般入試に「国語・英語」「小論文」のみで受験可能な選択肢を用意している京都造形芸術大学（現・京都芸術大学）は、「学生募集要項（二〇二〇年度入試用）」の「Ｑ＆Ａ よくある質問」に「デッサンや美術の勉強をしたことがありません。エントリーや出願は可能でしょうか」という質問を載せています。そして、それに対して「可能です」とした上で、「ただし、入学試験に使うかどうかは別問題として、「デッサン」を学ぶことをお勧めします。デッサンにおいて養われる基礎造形力（観察力や表現力、描写力、空間構成）は、どのコースに入学されても大変意義のあるものだからです」と回答しています。ここから、選抜方法が多様化される中でも、美大では「アートの世界に入門するには誰しもまずデッサン力が必須」という「常識」（大野 二〇一四、六七―六八頁）が深く根付いている様子がうかがえます。

　以上、本章では、芸術系の大学の受験について、美大を中心に見てきました。時代や各大学・専攻分野の考え方、求める人物像によって、入試の具体的な内容には違いがありますが、美大をはじめ芸術系の大学入試では実技試験が要となっていることを示すことができたと思います。大学教育には専攻分野それぞれに目的があり、それに応じて入学者選抜の中身が決められています。

　芸術系の大学は「特殊」な場に見られがちですが、その特殊性の一端は入学者選抜にあると言えます。そうした入試の違いが芸術系独自の大学文化や学生文化を生み出し、維持する働きをしてきたのではないでしょうか。

注

（1）　本章では、美術系学部を設置している大学を美大、音楽系学部を設置している大学を音大とし、その両方に該当する大学を芸大とします。なお、教員養成を主目的とする専攻・コースは含まれないと想定しています。

（2）　また、入学定員は少ないですが、一般入試以外にも、私費外国人留学生入試（全学科）や帰国子女入試（美術学部の五学科のみ）、東京藝術大学音楽学部ＳＳＰ（Special Solist Program＝飛び入学）入学者選抜（音楽学部器楽科のみ）、外国教育課程出身者特別入試（音楽学部のみ）もあります。

（3）　さらに、美術学部先端芸術表現科では個人資料ファイル（受験者の活動内容をまとめたもの）、音楽学部音楽環境創造科では志望理由書の提出が出願時に求められます。

（4）　声楽科ではコールユーブンゲン（合唱曲練習書）の試験も含まれます。表1では大まかに学科や一部専攻ごとの試験科目をまとめましたが、実際には声種・楽器・流派などによって試験内容や試験曲は異なっており、それぞれに具体的な実技課題の提示があります。

（5）　質問紙調査の概要は次の通りです。調査期間＝二〇一三年七〜一一月。調査方法＝主に一・二年生中心の授業内での集団自記方式。調査協力大学・有効回答数（留学生除外）＝W大学［地方、国公立、小規模、上位］・八八名、

X大学〔地方、私立、中規模、中位〕・九四名、Y大学〔都市、私立、大規模、上位〕・二四〇名、Z大学〔都市、私立、中規模、中位・上〕・九一名（〔　〕内は所在地、学校種別、学生規模、大学ランク）。合計五一三名。

（6）ちなみに、平成二六（二〇一四）年度学校基本調査から、現役入学生の割合を見ると、全体では約八四％なのに対して、美術学部は約五九％、造形学部は約七五％となっています。また、国立・美術学部（東京藝術大学のみ）に限定すると、現役入学は約二四％にとどまり、一浪後が約二七％、三浪以上が約二五％とそれよりも高くなっています。ただし二〇一九年現在、現役入学者の割合は三割台にまで高まっているようです（「東京藝術大学　大学案内二〇二〇」）。

（7）ただし、試験が午前・午後にわたる場合、一時間の昼休憩があります。その時間で飲食することも、個人の判断で、昼食をとらず作業を続けることもできるようです。また、各試験室の内外には監督官が複数人常駐しており、監督官の案内のもと、試験時間中のトイレ退出も許可されています。

参考文献

荒木慎也 二〇一八、『石膏デッサンの一〇〇年――石膏像から学ぶ美術教育史』アートダイバー。
荒木慎也 二〇〇七、「美術学校・大学の予備校」多木浩二・藤枝晃雄監修『日本近現代美術史事典』東京書籍、四〇〇頁。
生駒俊樹 二〇一〇、「キャリアデザイン形成過程の研究――芸術系大学生の進路選択」『キャリアデザイン研究』第六号、一〇三―一一二頁。
生駒俊樹 二〇〇七、「大学生のキャリアデザインの形成過程の研究――芸術系大学学生の大学受験までのライフヒストリー」『京都造形芸術大学紀要』第一二号、一九一―二〇五頁。
大野左紀子 二〇一四、「なぜデッサンは必要なのか？」フィルムアート社編集部編『現代アートの本当の学び方』フィルムアート社、六六―七一頁。
加島卓 二〇一〇、「美大論――専門教育の境界の融解」遠藤知巳編『フラット・カルチャー――現代日本の社会学』せりか書房、一二六―一三三頁。
学研教育出版 二〇一四、『二〇一五年度用「芸大・美大受験案内」』学研教育出版。

喜始照宣 二〇一六、「美術系大学の学生の予備校・画塾経験——学生への質問紙調査をもとに」『東京大学大学院教育学研究科紀要』第五五巻、七九—八九頁。
喜始照宣 二〇一三、「美術系大学生と予備校——大学生活における現役/浪人の差異に着目して」『東京大学大学院教育学研究科紀要』第五二巻、一三七—一四六頁。

荒井克弘（あらい かつひろ）

1947 年生まれ．東北大学，大学入試センター名誉教授．元独立行政法人大学入試センター副所長．高等教育研究．東京工業大学理工学研究科博士課程修了．博士(工学)．『全国学力調査日米比較研究』(共編著，金子書房)，『高校と大学の接続――入試選抜から教育接続へ』(共編著，玉川大学出版部)など．

村山詩帆（むらやま しほ）

1971 年生まれ．佐賀大学全学教育機構准教授．教育社会学．東北大学教育学研究科教育学専攻博士課程・博士後期課程単位取得満期退学．「日本の教職労働市場をめぐるガバナンス改革――国立大学法人における教職大学院一斉移行の事例分析」『文系大学院をめぐるトリレンマ――大学院・修了者・労働市場をめぐる国際比較』(共著，玉川大学出版部)，「日本の教育社会における地域化の趨勢――私教育の発展過程に関する実証分析」『佐賀大学全学教育機構紀要』8 など．

近藤武夫（こんどう たけお）

1976 年生まれ．東京大学先端科学技術研究センター人間支援工学分野准教授．DO-IT Japan ディレクター．特別支援教育，支援技術．広島大学大学院教育学研究科博士後期課程修了．博士(心理学)．『発達障害の子を育てる本　スマホ・タブレット活用編』(監修，講談社)，『学校での ICT 利用による読み書き支援――合理的配慮のための具体的な実践』(編著，金子書房)など．

栗山靖弘（くりやま やすひろ）

1983 年生まれ．鹿屋体育大学スポーツ人文・応用社会科学系講師．教育社会学，スポーツ社会学．筑波大学大学院人文社会科学研究科博士後期課程単位取得満期退学．修士(教育学)．「学校外進路形成としての中学時代の硬式野球経験――高校野球強豪校を事例に」『人間教育と福祉』8，「強豪校野球部員のスポーツ推薦入試による進学先決定のメカニズム――部活を通じた進路形成と強豪校の存立基盤」『スポーツ社会学研究』25(1)など．

喜始照宣（きし あきのり）

1987 年生まれ．園田学園女子大学人間健康学部助教．教育社会学．東京大学大学院教育学研究科博士課程修了．博士(教育学)．「美術系大学の学生の予備校・画塾経験――学生への質問紙調査をもとに」『東京大学大学院教育学研究科紀要』55，「美術系大学からの卒業後進路選択――作家志望に着目して」『高等教育研究』18 など．

大多和直樹（おおたわ なおき）
1970年生まれ．お茶の水女子大学基幹研究院人間科学系准教授．教育社会学．東京大学大学院教育学研究科博士課程中退．博士(教育学)．『高校生文化の社会学――生徒と学校の関係はどう変容したか』(有信堂高文社)，『放課後の社会学』(北樹出版)など．

西郡　大（にしごおり だい）
1975年生まれ．佐賀大学アドミッションセンター教授．教育情報学．東北大学大学院教育情報学教育部博士課程修了．博士(教育情報学)．「多面的・総合的評価がもたらす教育の質保証」『カレッジマネジメント』214，「面接試験の印象を形成する受験者の心理的メカニズム――大学入試における適切な面接試験設計をするために」『日本テスト学会誌』5(1)など．

小針　誠（こばり まこと）
1973年生まれ．青山学院大学教育人間科学部教育学科教授．教育社会学，教育社会史．東京大学大学院教育学研究科博士課程修了．博士(教育学)．『アクティブラーニング――学校教育の理想と現実』(講談社現代新書)，『〈お受験〉の歴史学――選択される私立小学校　選抜される親と子』(講談社選書メチエ)など．

大塚雄作（おおつか ゆうさく）
1952年生まれ．国際医療福祉大学大学院特任教授，教育心理，教育評価．東京大学大学院教育学研究科修士課程修了．教育学修士．「学生の多様化と高大接続――共通試験の変遷の視点から」『高等教育研究』21，「共通試験の課題と今後への期待――英語民間試験導入施策の頓挫を中心に」『名古屋高等教育研究』20など．

山村　滋（やまむら しげる）
1955年生まれ．独立行政法人大学入試センター教授．教育行政学．京都大学大学院教育学研究科博士課程学修認定．博士(教育学)．『大学入試改革は高校生の学習行動を変えるか――首都圏10校パネル調査による実証分析』(共著，ミネルヴァ書房)，「知識基盤社会の高大接続システム――新学習指導要領の背景にある世界的動向に照らして」『教育制度学研究』24など．

杉山剛士（すぎやま たけし）
1957年生まれ．私立武蔵高等学校中学校校長．東京大学大学院教育学研究科教育社会学専攻修士課程修了後，埼玉県教員となり，地理歴史科・公民科教員として3校で勤務した後，同県の教育委員会や知事部局で行政職員をつとめ，埼玉県立浦和高等学校校長を経て現職．『埼玉県立浦和高校 人生力を伸ばす浦高の極意』(共著，講談社現代新書)など．

吉野剛弘（よしの たけひろ）
1975年生まれ．埼玉学園大学人間学部准教授．教育史．慶應義塾大学大学院社会学研究科博士課程修了．博士(教育学)．『近代日本における「受験」の成立──「資格」試験から「選抜」試験へ』(ミネルヴァ書房)，『明治前期中学校形成史　府県別編(3)東日本』(共著，梓出版社)など．

腰越　滋（こしごえ しげる）
1965年生まれ．東京学芸大学教育学部准教授．教育社会学．立教大学大学院文学研究科教育学専攻博士後期課程単位取得退学．文学修士(教育学)．『教師のための教育学シリーズ11　子どもと教育と社会』(編著，学文社)，「進学適性検査の廃止と日本人の階層組織化の規範──適性か努力か」『教育社会学研究』52など．

木村拓也（きむら たくや）
1978年生まれ．九州大学大学院人間環境学研究院教育学部門准教授．教育社会学，教育測定評価論．東北大学大学院教育情報学教育部博士後期課程中退．博士(教育学)．「大学入学者選抜と「総合的かつ多面的な評価」──46答申で示された科学的根拠の再検討」『教育社会学研究』80，「大学入学者選抜制度における「複数回受験」の研究──能研テスト昭和39年・40年連続受験者の得点分析」『データ分析の理論と応用』6(1)(共著)など．

光永悠彦（みつなが はるひこ）
1979年生まれ．名古屋大学大学院教育発達科学研究科准教授．教育測定学，テスト理論．東京工業大学大学院社会理工学研究科博士課程修了．博士(学術)．『テストは何を測るのか──項目反応理論の考え方』(ナカニシヤ出版)，「多群IRTモデルにおけるモデル簡素化の評価──水平等化場面のシミュレーションを通じて」『行動計量学』40(1)(共著)など．

宇佐美　慧（うさみ さとし）
1984年生まれ．東京大学高大接続研究開発センター准教授．心理統計学，教育測定学．東京大学大学院教育学研究科博士課程修了．博士(教育学)．『発達心理学のための統計学──縦断データの分析』(共著，誠信書房)，「論述式テストの運用における測定論的問題とその対処」『日本テスト学会誌』9(1)など．

羽藤由美（はとう ゆみ）
1956年生まれ．京都工芸繊維大学教授．応用言語学．文学修士(教育学，ロンドン大学教育研究所)．『英語を学ぶ人・教える人のために──「話せる」のメカニズム』(世界思想社)，「民間試験の何が問題なのか──CEFR対照表と試験選定の検証より」『検証　迷走する英語入試──スピーキング導入と民間委託』(共著，岩波書店)など．

中村高康

1967年生まれ．東京大学大学院教育学研究科教授．教育社会学．東京大学大学院教育学研究科博士課程単位取得退学．博士(教育学)．『暴走する能力主義――教育と現代社会の病理』(ちくま新書)，『大衆化とメリトクラシー――教育選抜をめぐる試験と推薦のパラドクス』(東京大学出版会)など．

大学入試がわかる本――改革を議論するための基礎知識

2020年 9月25日　第1刷発行
2020年11月16日　第2刷発行

編　者　中村高康《なかむらたかやす》

発行者　岡本　厚

発行所　株式会社　岩波書店
〒101-8002 東京都千代田区一ツ橋2-5-5
電話案内 03-5210-4000
https://www.iwanami.co.jp/

印刷・三秀舎　カバー・半七印刷　製本・中永製本

ISBN 978-4-00-061421-4　　Printed in Japan